"一带一路"参与企业
合规风险与应对研究

丁继华 王志乐 主编

RESEARCH ON COMPLIANCE RISKS
AND COUNTERMEASURES
OF ENTERPRISES PARTICIPATING
IN THE "THE BELT AND ROAD"

企业管理出版社
ENTERPRISE MANAGEMENT PUBLISHING HOUSE

图书在版编目（CIP）数据

合规："一带一路"参与企业合规风险与应对研究 /
丁继华，王志乐主编 . -- 北京：企业管理出版社，2022.12
ISBN 978-7-5164-2714-9

Ⅰ.①合… Ⅱ.①丁… ②王… Ⅲ.①企业管理—风
险管理—研究 Ⅳ.① F272

中国版本图书馆 CIP 数据核字（2022）第 169927 号

书　　名：合规："一带一路"参与企业合规风险与应对研究
书　　号：ISBN 978-7-5164-2714-9
作　　者：丁继华　王志乐
选题策划：周灵均
责任编辑：张　羿　周灵均
出版发行：企业管理出版社
经　　销：新华书店
地　　址：北京市海淀区紫竹院南路 17 号　　　邮编：100048
网　　址：http://www.emph.cn　　　　　　电子信箱：26814134@qq.com
电　　话：编辑部　（010）68456991　　　发行部（010）68701816
印　　刷：河北宝昌佳彩印刷有限公司
版　　次：2022 年 12 月第 1 版
印　　次：2023 年 4 月第 2 次印刷
开　　本：710mm×1000mm　　1/16
印　　张：20.5
字　　数：280 千字
定　　价：98.00 元

《合规："一带一路"参与企业合规风险与应对研究》
编写组分工

王志乐 北京新世纪跨国公司研究所所长
本书主编，撰写本书前言

丁继华 北京新世纪跨国公司研究所原副所长
本书主编、总策划、统筹，修订书稿，撰写上篇一，中篇一、四及六部分内容，下篇一部分内容

陈远飞 北京安理律师事务所顾问、建设工程业务中心主任
撰写上篇二

刘羽扬 北京新世纪跨国公司研究所合规部副主任
撰写上篇三

徐永前 北京大成律师事务所高级合伙人、大成"一带一路"建设研究中心主任
撰写上篇四部分内容

高 洋 北京大成（杭州）律师事务所合伙人、律师
撰写上篇四部分内容

金爱伟 中国社会经济系统分析研究会办公室副主任
撰写上篇五

贾 申 中伦律师事务所顾问
撰写中篇二部分内容

周以诺 中伦律师事务所律师助理
撰写中篇二部分内容

曹雅琳 北京新世纪跨国公司研究所项目经理
撰写中篇三、五及六部分内容

郭小明 北京市通商（深圳）律师事务所资深合伙人、深圳市鹏城法律
合规研究院院长
撰写中篇七部分内容

刘润兴 北京市通商（深圳）律师事务所高级顾问、深圳市鹏城法律合
规研究院副院长
撰写中篇七部分内容

王　源 北京高勤律师事务所合伙人
撰写中篇八

张智超 中国贸促会商事法律服务中心合规处处长
撰写下篇一部分内容

王　微 北京新世纪跨国公司研究所项目经理
撰写下篇一部分内容

陈凤霞 北京市道可特律师事务所合伙人
撰写下篇二

董　芳 中国电力建设集团（股份）有限公司法律与风险管理部
撰写下篇三

前　言
PREFACE

增强企业合规竞争力，实现
"一带一路"高质量发展

　　2008 年以来，"走出去"成为中国企业全球化发展的新常态。"走出去"的企业面临一个非常重要的问题，就是要在"走出去"的全过程中如何强化合规管理。中国企业"走出去"，往往与共建"一带一路"密切相关。鉴于此，本文将从推进企业合规管理、增强企业合规竞争力的角度探讨如何更好地"走出去"，推动"一带一路"高质量发展。

一、"一带一路"企业面临严峻的合规风险挑战

　　2013 年以来近 10 年间，推进"一带一路"建设提高了国内各区域开放水平，拓展了对外开放领域，推动了制度型开放，实现了同共建国家互利共赢。

　　在看到"一带一路"巨大成绩的同时，也应该看到，我国企业在"一带一路"建设上或者说在"走出去"时，也面临一些困难。主要原因不是缺乏资金，或者缺乏有竞争力的技术和产品，而是企业面临着各种风险，特别是合规风险，我们的企业也往往缺乏应对合规风险的能力。

　　合规风险是指企业因未能遵循法律、监管规定、规则以及自律性组织制定的有关准则，而可能遭受法律制裁或监管处罚、重大财务损失或声誉

损失的风险。合规通常是指履行组织的全部合规义务,包括外部合规监管要求与企业自愿选择的合规承诺。它表现为三种形态:一是法律法规;二是规章制度,即企业内部响应合规监管、体现合规承诺的制度准则;三是职业操守和道德规范。

走向"一带一路"或者"走出去"的中国企业面临如何应对经营所在国或地区大量的法规、规制、规范等规则的挑战,主要包括以下方面:商业腐败(商业贿赂)、环境保护(ESG/HSE)、社会责任(ESG/HSE)、贸易规则(出口管制)、人权规则(尊重与保护人权)、税收规则(逃税漏税)、知识产权(侵权与盗窃)、数据保护(滥用盗用)、金融规则(反洗钱、反恐怖融资等)和竞争规则(反垄断、反不正当竞争)等。

不少企业在如此多样和复杂的合规风险面前往往被动应付,结果损失惨重。我们的企业在"走出去"和共建"一带一路"中取得了很多成功的经验,这些经验理应得到肯定和推广。与此同时,我们也一定要重视面临的各种风险和挑战。

二、提升合规管理能力与合规竞争力

合规管理是现代企业一项核心的风险管理活动。

2018 年中美贸易摩擦以来,美国有关执法部门加大对中国企业的监管。美国司法部(DOJ)发布了一项新的"防范中国方案"。该方案列出了十个目标,其中一个目标是彻查与美国企业竞争的中国企业涉及《反海外腐败法》(Foreign Corrupt Practices Act,FCPA)的相关案例。该目标特别指出"与美国企业竞争"的中国企业的《反海外腐败法》(FCPA)案件,表明美国司法部将优先调查那些与美国企业竞标最后胜出的中国企业,调查这些中国企业是否有腐败行为而使美国企业处于不利竞争地位。美国有关机构加大监管力度,其中不少通过单方面制定的规则对中国企业进行打压。美国有关机构往往通过强化对中国企业的合规监管保护其商业利益。从这个角度，人们可以看到，在一定意义上中美贸易摩擦实际是规则之争。

中国政府高度重视保护走向世界的中国企业，针对来自外部的与我国国家主权、安全、发展利益相抵触的外国规则，中国政府制定了一系列反制规则。

2020年9月，中华人民共和国商务部（以下简称商务部）出台《不可靠实体清单规定》；2021年1月，商务部出台《阻断外国法律与措施不当域外适用办法》（以下简称《阻断办法》）；2021年4月，商务部出台《商务部关于两用物项出口经营者建立出口管制内部合规机制的指导意见》；2021年6月，第十三届全国人民代表大会常务委员会第二十九次会议通过了《中华人民共和国反外国制裁法》（以下简称《反外国制裁法》），反对外国不当制裁上升到法律层面。

现在，中国企业"走出去"，包括"一带一路"参与企业面临的合规挑战比过去复杂得多，大体上有四大类：第一，中国国家制定的有关企业经营的各类商贸规则；第二，国际通行的商贸规则，例如世界贸易组织（WTO）的规则；第三，非国际通行规则（"走出去"企业在境外经营，需要遵守经营所在国规则，而经营所在国规则有一些并不是国际通行规则）；第四，与中国国家主权、安全和发展利益相冲突的规则。

中国政府制定的规则，包括反外国制裁的法规，一定要遵守。例如，中国政府要求企业在境外经营时要保护当地环境，承担社会责任，反贿赂、反腐败，等等。这些要求都已经写入企业跨国经营的各项指引，成为国家对企业的监管要求（见2018年中华人民共和国国家发展和改革委员会（以下简称国家发展改革委）等七部门制定的《企业境外经营合规管理指引》）。

2018年中美贸易摩擦以来，中国政府出台了一系列法规为企业应对损害我国国家主权、安全和发展利益的外国规则提供了遵循。

对于国际通行规则，企业应该认真遵守。2020年5月，李克强总理在政府工作报告中指出，高质量共建"一带一路"，要"遵循市场原则和国际通行规则"。至于在境外经营遭遇那些非国际通行规则，由于企业受制于经营所在国，因此也应该遵守。

"走出去"以及"一带一路"参与企业应该了解这些不同的规则，根据企业自身经营领域和经营方式的不同特点加以区别和应对。企业在谋划和制定"走出去"以及走向"一带一路"倡议之初，就必须引进合规管理。在境外经营时，都需要遵守应该遵守的各项规则。企业应该制定全方位和全流程的合规方案并认真有效地实施，在这个过程中，不断提升自己的合规管理能力和合规竞争力。

三、合规管理能力是企业重要的软实力

合规本质上是管理。合规不是一般意义上的遵规守法，而是一个组织自觉地把履行合规义务，包括防范合规风险、遵守法律法规、实现合规承诺以及遵循职业操守、道德规范等各项合规义务转化为本组织的日常管理活动，即把合规嵌入业务全流程各个环节，以及全员参与的常态化可持续的管理活动。因此，合规管理能力是企业的软实力。

合规管理能力包括五个方面的能力：第一，知晓，即要知道有哪些规则；第二，遵守，即应该严格地遵守我们国家的规则、国际通行规则等；第三，规避；第四，化解；第五，抵制。有一些规则恐怕要规避、化解，当然还有一些需要抵制。

2018年以来，中央领导积极倡导企业合规经营；国务院领导及各个政府部门，一方面出台企业合规经营的指引，另一方面加大监管处罚力度；不少地方政府搭建企业合规建设平台，"条块结合"落实中央和国务院各部门强化企业合规的要求。具有中国特色的推进企业合规管理的潮流已经形成，越来越多的企业极大地提高了自身的合规管理能力。

四、遵循国际通行规则，推进对外开放新发展

2021 年 11 月，党的十九届六中全会审议通过了《中共中央关于党的百年奋斗重大成就和历史经验的决议》（以下简称《决议》），指出："必须顺应经济全球化，依托我国超大规模市场优势，实行更加积极主动的开放战略。"《决议》强调，更加积极主动地开放，就要"推动规则、规制、管理、标准等制度型开放，形成更大范围、更宽领域、更深层次对外开放格局"。

推动共建"一带一路"高质量发展，显然需要根据新阶段制度型开放要求，政府有关部门应该加快构建与国际通行规则相衔接的营商环境制度体系，吸收借鉴国际成熟市场经济制度经验以及人类文明有益成果，加快国内制度规则与国际接轨，以高水平开放促进深层次市场化改革。

各个国家基于不同意识形态或价值观展开的博弈往往难以调和；但是，随着全球市场的形成和经济全球化的发展，在企业间和国家间市场竞争与合作的发展过程中，国际通行的商贸规则逐步形成。拥有不同价值观或意识形态的企业和国家在商贸行为中可以找到共同认可和接受的规范。

20 世纪 70 年代，新一轮经济全球化潮流兴起，经济合作与发展组织（OECD）于 1976 年出台《跨国公司行为准则》。该准则经过 2000 年和 2011 年两次修订，逐步为经济合作发展组织 30 多个发达国家政府接受，为跨国经营企业认可，成为约束跨国经营企业的国际通行规则。

2000 年，联合国全球契约组织成立，提出包括人权、劳工、环境、反腐败四大方面共计十项原则，被全球主要的企业所接受。这些恰恰是我国企业走向世界应该遵循的规则，如果不了解、不遵守这些规则就可能会遭遇国际舆论的谴责和执法部门的监管制裁。

2010 年，世界银行推出诚信合规指南，对于腐败、欺诈等行为进行制裁，要求企业建立合规管理体系。世界银行所制定的规则促进了企业在实施世界银行项目过程中的合规性。

2001 年 12 月，中国加入世界贸易组织，意味着接受世界贸易组织所代

表的国际通行的经贸规则的约束。加入世界贸易组织前后,中国修订了中央层面 2300 个法规和地方 19 万个法规,让经济与市场管制的制度和规则更加公开透明并符合国际惯例,营商环境得到很大程度的改善并日益国际化。

2020 年,中共中央、国务院印发《关于新时代加快完善社会主义市场经济体制的意见》,明确提出推动由商品和要素流动型开放(也可理解为政策引导型开放)向规则等制度型开放转变。因此,我们要吸收借鉴国际成熟市场、经济制度经验以及人类文明有益的成果,加快国内制度规则与国际通行规则接轨。

我们作为后进者,在融入全球市场体系的过程中,首先应当尊重、理解和遵循这些规则。随着经济全球化进一步发展,现有的国际通行规则需要进一步完善,一些新的领域需要建立新的规则。中国企业应该积极参与原有规则的修订和新规则的制定。

近年来,习近平总书记多次倡导企业合规经营。2019 年在第二届"一带一路"国际合作高峰论坛开幕式主旨演讲中,习近平总书记提出在"一带一路"项目的全过程中"引入各方普遍支持的规则标准,推动企业在项目建设、运营、采购、招投标等环节按照普遍接受的国际规则标准进行"。这里讲的实际上就是国际通行规则。

2021 年 11 月,在"一带一路"第三次座谈会上,习近平总书记提出"一带一路"建设的三个联通:硬联通、软联通和心联通。习近平总书记提出"提升规则标准等'软联通'的水平",要求我们的企业自觉尊重当地的法律、风俗习惯,特别提出要反腐败,加大处罚力度。

我们要高质量"走出去",高质量共建"一带一路","软联通"是关键。推动企业"软联通"就是要强化合规管理,提升合规管理能力和合规竞争力。

基于上述分析,我们对于中国企业"走出去"和共建"一带一路"提出以下几点建议,供企业参考。

第一,我们的企业走向"一带一路",首先要敬畏经济规律,遵循市场原则。我们的项目要有可行性，要合乎经济规律，要遵循市场原则。

第二，要善于识别企业面临的合规义务。要了解国际通行规则和企业在经营所在国必须遵守的规则。企业要对合规风险进行评估，不仅要发现现实的合规风险，还要敏锐地发现潜在的合规风险。

第三，按照国内外合规管理指引以及世界一流企业的最佳实践，建设合规管理体系。合规管理体系包括制度体系、组织架构、运行机制、文化建设四个方面。在体系建设过程中，要根据企业面临不同的合规风险，在强化专项合规方面下功夫。合规管理体系建设关键在于有效。因此，合规管理体系建设需要与时俱进，不断完善。

王志乐

2022 年 8 月

目 录
CONTENTS

上 篇

一、强化合规管理，推动"一带一路"参与企业可持续发展 ····003

    （一）强化合规管理对企业可持续发展具有重要意义 ·················003

    （二）"一带一路"参与企业面临的合规挑战 ·····················005

    （三）"一带一路"参与企业应加强合规管理 ·····················007

二、建设合规管理体系，管控"一带一路"合规风险 ··········010

    （一）合规体系构建与制裁应对 ·······························012

    （二）经典案例评析 ···017

    （三）中国企业被动应对世界银行制裁回顾 ·····················020

    （四）"一带一路"合规趋势和体系构建 ·······················021

三、FCPA 案例对"一带一路"企业强化合规的启示 ·········025

    （一）近年来《反海外腐败法》（FCPA）案件概述 ················025

    （二）FCPA 案例分析 ·······································026

    （三）FCPA 案件执法的特点 ··································030

    （四）FCPA 案件执法的趋势 ··································032

（五）FCPA 案例对企业强化合规的启示 ·················· 035

（六）附表：2019—2021 年 FCPA 执法案件 ·················· 037

四、强化境外园区合规运营，打造"一带一路"合规明珠 ·····063

（一）"一带一路"境外园区的发展状况 ·················· 063

（二）境外园区开发运营面临的合规风险和挑战 ·········· 065

（三）境外园区合规发展的具体路径 ·················· 068

五、重视"一带一路"低碳政策变化，关注碳排放合规风险 ··072

（一）强化碳排放合规是各国共同的政策取向 ·········· 072

（二）"一带一路"投资项目具有高碳排放特征 ·········· 074

（三）企业和"一带一路"项目面临多重碳排放规制 ·············· 077

（四）相关建议 ·················· 081

中 篇

一、经贸战下的贸易合规风险管控 ·················075

（一）美国对中国企业制裁不断扩大化 ·················· 085

（二）列入美国实体清单企业的特点 ·················· 086

（三）列入实体清单企业的影响分析 ·················· 088

（四）应对企业出口管制的合规建议 ·················· 091

二、中美出口管制与经济制裁风险及企业合规 ·················095

（一）美国出口管制与经济制裁概述 ·················· 096

（二）企业如何防范具体业务场景下的相关风险 ·················· 100

（三）中国出口管制和经济制裁概述 ……………………………… 102

（四）中国版企业出口管制合规指南 ……………………………… 105

三、了解美国国防部清单，积极做出应对预案 ………………106

（一）美国国防部清单出台的背景 ………………………………… 106

（二）"中国军方拥有或控制的企业"的定义 …………………… 107

（三）对国防部清单上企业的影响 ………………………………… 107

（四）中国企业对美国国防部清单的应对建议 ………………… 108

四、建立诚信合规管理体系，管控世界银行制裁风险 ………110

（一）中国企业被世界银行制裁案例与趋势 …………………… 111

（二）世界银行制裁类型与企业诚信合规方案 ………………… 116

（三）企业管控世界银行制裁风险的建议 ……………………… 125

五、关注德国《供应链法》，开展供应链合规尽职调查 ………129

（一）《供应链法》的出台背景 …………………………………… 129

（二）《供应链法》的主要内容 …………………………………… 130

（三）《供应链法》的监管及惩治措施 ………………………… 132

（四）欧盟各国的《供应链法》 ………………………………… 133

（五）《供应链法》对中国企业的影响 ………………………… 134

六、全球数据保护监管趋严，促进数据保护合规管理 ………135

（一）数据保护全球立法概况 …………………………………… 136

（二）数据保护全球执法案例 …………………………………… 141

（三）中国数据保护立法概况 …………………………………… 143

（四）中国数据保护执法案例 …………………………………… 145

（五）中国数据保护执法趋势 …………………………………… 146

（六）给企业的数据合规建议 ……………………………… 148

七、健全数据出境审批机制，应对涉案企业数据出境困境 ……150
（一）有关数据出境的主要法律规定 ……………………… 150
（二）企业在国外涉案时的现实困境 ……………………… 151
（三）完善数据出境合规管理的建议 ……………………… 152

八、关注欧盟新标准合同条款，重视跨境数据转移合规 ………155
（一）欧盟新标准合同条款适用时间 ……………………… 156
（二）欧盟新标准合同条款适用目标 ……………………… 157
（三）欧盟新标准合同条款适用主体 ……………………… 158
（四）欧盟新标准合同条款适用地域 ……………………… 158
（五）欧盟新标准合同条款适用效力 ……………………… 161
（六）欧盟新标准合同条款数据主体 ……………………… 161
（七）欧盟新标准合同条款法律适用 ……………………… 163
（八）欧盟新标准合同条款管辖法院 ……………………… 163

下　篇

一、中国企业境外合规管理体系建设问卷调查报告 …………167
（一）构建企业境外经营合规管理指标体系目的 ………… 167
（二）构建中国企业境外经营合规管理指标体系 ………… 170
（三）中国企业境外经营合规管理问卷调查分析 ………… 174
（四）推进企业境外经营合规管理体系建设 ……………… 187

二、重视跨境经营风险，加强合规管理 ··············189

（一）合规应行 ····································190

（二）企业合规管理架构 ···························191

（三）重点关注 ····································192

（四）特别提示 ····································193

三、对标世界一流企业，推进海外经营合规管理提升 ··········198

（一）世界一流同类企业的合规管理现状概述 ···········198

（二）中国电力建设集团合规管理工作开展情况 ··········199

（三）对标世界一流，提升合规管理的思路和举措 ·········202

附录　反腐败风险评估指南

A. 关于《反腐败风险评估指南》 ··············207

B. 引言和背景 ····························210

C. 建立流程 ····························224

D. 识别风险因素、风险内容和隐患 ············230

E. 评估每个腐败隐患的发生概率和潜在影响 ·······242

F. 确认缓解行动、控制措施及流程 ············249

G. 缓解控制评级和流程 ·····················256

H. 计算剩余风险 ·························261

I. 腐败风险响应计划 ·····················264

J. 总结和报告反腐败风险评估结果 ············268

附录指数 ·····························273

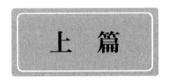

上　篇

一、强化合规管理，推动"一带一路"
参与企业可持续发展

近年来，我国企业积极参与"一带一路"建设，取得了一定的成绩，但是一些企业也暴露出跨国经营经验不足、合规意识不强等问题。有的企业因为发生了违规问题，不仅给自身造成了损失，还给国家形象带来了负面影响。在当前国际国内强化企业合规经营的趋势下，推动我国企业在走向"一带一路"时，应促进企业建立合规管理体系，强化合规经营，才能实现可持续发展。

（一）强化合规管理对企业可持续发展具有重要意义

强化合规管理是"一带一路"参与企业应对跨境经营面临合规风险的重要手段，对企业境外持续稳健发展具有重要意义。

首先，强化合规管理有助于企业防范合规风险。合规风险是指企业因为未能遵循法律、监管规定、规则、自律性组织制定的有关准则，而可能遭受法律制裁或监管处罚、重大财务损失或声誉损失的风险。合规管理被看成现代企业一项核心的风险管理活动。2012—2016 年，中兴通讯股份有限公司(以下简称中兴通讯)把原产于美国的核心零部件通过出口贸易的形式卖到美国制裁的伊朗和朝鲜等国家,违反了美国的《出口管制条例》(EAR)。中兴通讯因为出口贸易的不合规,付出了沉痛的代价。为了与美国政府达成和解,中兴通讯支付8.92亿美元的罚款,同时缴纳3亿美元的保证金,并按照美国政府的要求,建立出口贸易合规管理体系,在未来7年内不得有任何的出口贸易不合规行为。2018年4月,美国商务部又对中兴通讯进行制裁。其理由是,中兴通讯不但没有对过去参与出口贸易的35位人员给予处罚,反而给他们发放了奖金。在中美贸易摩擦背景下,不排除美国借制裁中兴通讯来打压中国政府。令人无可奈何的是,中兴通讯收到美国商务部再次制裁的通知后,就不得不立即在当天停止主营业务,当时就进入"休克"状态。2018年6月,中兴通讯再次与美国政府达成和解。按照协议要求,缴纳10亿美元的罚款和4亿美元的保证金,并撤换董事会和管理层,由中兴通讯承担费用聘任向美国政府独立汇报的合规协调员,全面开展合规培训等。通过这一系列整改措施,中兴通讯得以继续经营,为此,付出了惨痛的代价。这个案例说明,强化合规管理可以化解合规风险。如果不合规,就可能会影响到企业的存亡。

其次,强化合规管理可以促进企业规范化发展。2016年,国务院国有资产监督管理委员会(以下简称国务院国资委)选择了5家中央企业,开展合规管理建设试点工作。中国石油天然气集团有限公司(以下简称中石油)作为试点单位,以此为契机,深刻汲取了2013年部分领导干部严重违法违规案件的教训,推动合规管理,促进了企业规范化发展。中石油具体开展了以下四个方面的工作:一是推进组织协同。要求各层级员工参与合规管理,做到"时时、处处、事事、人人"合规。二是完善合规制度。2016年,从集团层面修订了52项制度,废止了183项制度,所属企业新制定和修订了4000多项制度。三是保障合规运行。严格落实"三个不能用"政策,即对发现有违规问题的人员,坚决不能用;对履职中存在违规嫌疑的,在问题查清前,坚决不能用;对合规意识不强、合规管理不力的,无论是否出问题一律不用。此外，中石油还对企业主要领导依法合规经营进行考核。四是建设合规文化。通过抓住关键少数，进行合规培训与宣传等。中石油通过强化合规管理，促进了整个集团公司规范化发展。

最后，强化合规管理可以赢得国外政府的信任。2017年，吉利收购了美国一家飞行汽车公司（terrafugia）。因为这是一家高科技公司，并购时要接受美国外资投资委员会和美国国防部的并购安全审查。这两个部门在审查时，问的第一个问题就是，吉利有没有首席合规官，有没有合规管理体系？针对这个问题，吉利公司首席合规官进行了肯定的回答。然后这两个部门又问了一系列与合规相关的问题，最后吉利顺利通过了并购审查程序。2018年2月，吉利又收购了德国戴姆勒集团9.69%的股权。期间，德国政府、媒体舆论等都对吉利是否合规收购进行了质疑。最后，德国总理默克尔出面进行了回应。默克尔表示，德国对其贸易伙伴持开放的态度，从这个层面来看，吉利斥资90亿美元入股德国戴姆勒集团没有任何违规行为。通过德国总理默克尔的表态，让吉利顺利地实现了并购。为了合规地开展并购，在整个过程中，吉利论证了相当长的时间，并在多种方案中选择了一种最保守、耗时最长，也是最合规、风险最低的方案。

（二）"一带一路"参与企业面临的合规挑战

我国企业在参与"一带一路"沿线国家的投资经营过程中，由于沿线国家和地区的政治、法律、宗教、文化等存在较大差异，会面临各种不同的法律法规政策的规制。如果不能吃透当地的规则并开展行之有效的合规管理，企业就可能面临严峻的合规风险挑战。

第一，沿线复杂监管规则增加企业合规难度。从"一带一路"国家与地区的文化和宗教背景来看，这些国家与地区具有多样的文化和不同的宗教背景，既影响着当地的政治、经济、社会，也影响着相关国家政府针对商业活动制定的规制政策。企业在参与"一带一路"建设时，特别是涉及多个地域经营时，面临不同的规制政策，因此企业在制定合规管理制度时不仅要考虑当地具体的规制政策，还要了解规制政策背后的价值理念。这使得企业面临的监管规则较为复杂，增加了"一带一路"建设企业合规管理的难度。

第二，企业面临的反商业贿赂合规风险严峻。从"一带一路"沿线国家的经营环境来看，在这些国家或地区投资经营面临着严峻的反腐败合规风险。根据某国际组织发布的近年全球清廉指数排名，"一带一路"沿线国家的清廉指数排名很多处在后 50%。总体来看，沿线国家的经济社会发展水平、市场监管、透明度差异较大。我国企业在这些地方开展投资活动，很容易遭遇贿赂风险，这既给企业参与"一带一路"稳健经营带来了非常大的合规风险，也给企业参与"一带一路"可持续发展带来了挑战。

第三，企业面临新型合规风险"灰犀牛"冲击。近年来，无论是发达国家，还是发展中国家，都积极参与全球气候变化治理，低碳合规受到各国关注，"一带一路"沿线国家与地区也不例外。此外，供应链合规也日益受到各国政府重视，从英国现代供应链奴隶法案到德国供应链立法，从过去的供应链合规自律转变为法律约束，企业参与"一带一路"建设需要做好供应链合规管理。受全球新冠肺炎疫情的影响，各国企业数字化转型加快，数据跨境转移合规风险也变得格外突出。

第四，企业自身合规管理能力有待加强。我国企业强化合规管理还处于起步阶段，无论是企业合规管理体系建设的投入程度，还是企业对合规管理体系的重视程度，都有待进一步提高。"一带一路"参与企业不仅面临合规管理能力缺乏问题，还面临合规管理专业人才短缺问题。上述因素制约着企业建设有效的合规管理体系，也影响着企业进行有效的合规风险管控。

（三）"一带一路"参与企业应加强合规管理

"一带一路"参与企业面对严峻的合规风险挑战，要实现可持续发展，需要加强合规管理，强化合规经营。企业在强化合规管理时，以下四个方面值得注意。

第一，强化合规管理是适应全球企业竞争的新规则要求。自 1992 年冷战结束，全球市场出现，跨国公司转型成为全球公司。全球公司打造全球价值链，从过去的产品竞争转变成全球价值链的竞争，从而改变了企业全球竞争的方式；全球公司通过强化合规文化，从过去不合规经营到现在不仅自己强化合规经营，还要求其商业合作伙伴强化合规经营，从而改变了全球竞争的规则。我国企业走向世界时，面对的是已经改变了的全球竞争新方式和新规则，显然，面临严峻的挑战。如果我们能够理解并把握好全球竞争的新方式和新规则，则有可能实现跨越式的发展，创造发展中国家企业成长的新经验。

第二，把握国内合规发展的新趋势。2017 年 5 月，习近平总书记主持召开了中央全面深化改革领导小组第三十五次会议，会议指出，规范企业海外经营行为，补足制度短板，加强企业海外经营行为合规制度建设。2018 年 8 月，习近平总书记出席推进"一带一路"建设工作 5 周年座谈会并发表重要讲话，他强调：要规范企业投资经营行为，合法合规经营，注意保护环境，履行社会责任，成为共建"一带一路"的形象大使。2018 年 7 月，国家发展改革委发布了《企业境外经营合规管理指引（征求意见稿）》，该稿指导企业在对外贸易、境外投资、海外运营、海外工程建设四个方面强化合规。2018 年 12 月 16 日，《企业境外经营合规管理指引》正式下发。针对"一带一路"合规建设，2018 年 1 月，中央纪委、国务院国资委与世界银行共同举办了"一带一路"沿线有关国家中国企业合规经营培训班。中央纪委领导在培训班上指出："合规廉洁是确保'一带一路'投资质量和项目健康发展的必然要求，也是'一带一路'从数量增长到质量提高的必由之路。"

第三，以"一把手工程"来推进合规管理，需要企业最高层领导的重视。比如，吉利在开展合规管理建设时，得到了李书福董事长的高度重视。他公开表示，企业要想在全球化中取得发展，对世界各国的政治、经济、法律和文化都要了解，要考虑怎么在一条合规的道路上走得更远。合规就像在公路上一样，如果你想开车，既要了解交通规则，也要遵守交通规则，还要提高自己的驾驶水平，这样才不会发生交通事故。换言之，只有强化合规经营，才能达到企业的战略目标，这样企业就会走得更远。否则，企业不知道什么时候发生了什么问题，一下子"翻车"了，这样企业就无法发展了。尤其在全球的发展更为重要，各国的情况都不一样，企业要有自己的核心竞争力理念，始终坚持自己的合规理念。华为公司成长为具有国际影响力的全球公司过程中，公司领导层不断地强化合规。2017 年，华为公司持续优化区域合规监管体系，并通过海外子公司基本制度的建设，夯实子公司法人维度合规管理基石，完成 95 家海外子公司合规基本制度建设，在 100 多个国家或地区任命和培养了合规官。走在全球化前沿的复星集团对合规也有深刻的体会。2017 年 4 月，复星集团董事长郭广昌先生在点评中兴通讯的案例时指出，对于一个全球化发展的企业而言，合规既是生命，也是底线。他还说："要遵守人家的规则，不能说对我有利的时候就按照你的规则做，对我不利的时候就按自己的规则来做，这样没人跟你玩。要全球化的企业，首先一定要从灵魂深处认可，要按照全球化的规则来做。"最后，他还强调"合规文化是全球化里最最最重要的文化"，用了三个"最"来强调。

第四，掌握步骤与方法建立有效的合规管理体系。结合国家标准化管理委员会发布的 GB/T-35770《合规管理体系要求及使用指南》和《中央企业合规管理办法》等文件，企业可以通过以下六个步骤，创建有效的企业合规管理体系：第一步，通过调查研究企业经营所在国家、企业经营行业特点及自身经营规模与业务结构等，识别相应的合规风险；第二步，以风险为导向，建立健全合规制度体系；第三步，建立合规管理组织体系，强化各个部门及其领导的合规职责，推动全员开展合规管理；第四步，建立培训沟通、举报查处、责任考核、改进优化的运行机制，保障合规管理体系有效运行；第五步，定期与不定期对合规效果进行评审，持续推进合规并不断地优化合规管理体系；第六步，企业要持之以恒，培育合规文化。

值得注意的是，我国企业在"一带一路"投资经营的过程中，不仅自身需要强化合规管理，还可以与其他在"一带一路"开展投资的企业共同强化合规管理，甚至用较高的商业行为标准带动－当地合作伙伴强化合规经营，促进共同合规，这样有利于"一带一路"参与建设企业行稳致远，从而实现可持续发展。

二、建设合规管理体系，管控
"一带一路"合规风险 [1]

习近平总书记于 2013 年提出"丝绸之路经济带"建设以来，"一带一路"倡议实施的主要着力点之一就是加强东道国包括交通、电信、能源在内的基础设施的建设，实现区域的基础设施互联互通。经过近十年的发展，签订合同约 43000 个，完成营业额约 5500 亿美元，举世瞩目，成就巨大。然而，随着世界政经环境和地缘政治的急剧变化，欧美保守主义抬头，"一带一路"沿线国家经济和政治环境越发复杂多变。

在这种背景下，中国企业由于合规风险导致声誉、经济等巨大损失。从世界银行官方网站发布数据来看，我国众多企业在参与"一带一路"建设中因违反合规制度而受到世界银行、亚洲发展银行、非洲发展银行等银行联合制裁。自 2009 年以来，受世界银行制裁的中国企业数量总体呈上升趋势，尤其是最近三年，被列入制裁名单的中国企业显著增多。2017 年，国内受制裁企业数量达到 21 家，2018 年激增到 44 家，2019 年 5 月，已有 114 家中国实体和个人受到世界银行及其他银行的联合制裁。根据《世

---

[1] 本部分"合规体系""合规计划"与"合规管理体系"相同注义。

界银行制裁体系 2020 财年年度报告》，截至 2021 年 1 月底，世界银行网站公布有 152 家中国企业和个人被列入"禁止合作企业和个人名单"（List of Ineligible Firms and Individuals，以下简称"世界银行制裁黑名单"），所涉及的被制裁的中国企业已经超过 800 家[1]。

以上数据显示，我国实体和个人在境外的违规成本越来越高，政府与企业均应对合规体系建设予以高度重视，尤其是"一带一路"沿线，我国企业在经营中面对国际环境、条件发生根本变化时，缺乏体系化的内部控制、合规体系。从集团经营管理层面来说，在无体系性的、具有可操作性的、适合不同法域和外部环境的合规体系，当面临国际经营环境变化时，企业被动应对已无法满足当前市场环境对合规管理提出的挑战。

关于企业的合规制度建立的依据，世界银行出具指导性文件《世界银行诚信合规指南》（以下简称《世行合规指南》），列出企业合规制度的指导性原则，同时我国政府参考该指南出台相关指引文件，积极协助企业建立符合国际标准的合规制度。世界银行出具的《世行合规指南》、世界银行制裁制度源于美国法律体系，是保证其采购政策得以实现的制度保障。因此，跨国企业在构建合规体系时，除参考世界银行出具的指导性文件外，还应该关注美国相关的立法执法情况。

综上所述，本文拟梳理世界银行合规体系的构建原则、制裁手段，评析 2018 年我国政府出台的《中央企业合规管理指引（试行）》《企业境外经营合规管理指引》，并结合经典案例，试图探索"一带一路"参与企业合规体系建设，从集团层面出发，面对"一带一路"沿线区域公司、分子公司和代表处，着手建立共同合规责任但有角色分工、一体合规但有层次的合规管理体系。

---

[1]　List of Ineligible Firms and Individuals, see https://www.worldbank.org/en/projects-operations/procurement/debarred-firms.

（一）合规体系构建与制裁应对

合规体系的构建本质上属于公司内部治理的议题，是为了防范企业面临的风险。企业面临的诸多风险，可以大致分为经营风险、财务管理风险、合规风险。合规风险不同于前述两种风险，是指企业因为在经营中存在违法违规乃至犯罪行为，而遭受行政监管部门处罚和司法机关追究刑事责任的风险。合规风险可以分为两大类：第一类是企业因违法违规行为受到行政监管部门调查、处罚的监管合规风险，如美国财政部、商务部、证监会等行政监管部门做出的行政处罚、达成的行政和解，以及由此引发的合规风险；第二类是企业由于受到起诉而被定罪量刑的风险。

具体回到本文关注的"一带一路"合规体系构建的议题，世界银行发布的《"一带一路"经济学：交通走廊的机遇与风险》一文赞许此为促进跨大陆互联互通的宏伟举措，将改善交通基础设施，提升地区经济环境水平，从而大幅降低贸易成本，促进跨境贸易和投资，显著地推动沿线国家和地区乃至全球经济的增长[1]。随着中国企业承接的世界银行贷款项目逐渐增多，近年来，中国企业受到世界银行制裁的情形每年逐步攀升。一旦被世界银行列入"黑名单"，将受到世界银行制裁，最常见的制裁手段为在一段时间内被禁止参与世界银行所资助的项目，因此对于世界银行发布的相关指引、指南，我国企业需要格外关注。下文将重点解读分析世界银行发布的合规体系构建的指引文件，并以 2010 年世界银行颁布的《世行合规指南》为核心解读重点，梳理并构建符合我国"一带一路"的合规管理体系。

1. 世界银行合规体系构建的指引文件

世界银行一直致力于完善其制裁体系。作为这项工作的一部分，现行

---

[1] Michele Ruta, Somik Lall, Erik Churchill, Cristina Constantinescu, Mathilde Lebrand, Alen Mulabdic：《"一带一路"经济学：交通走廊发展机遇与风险》，世界银行集团，2019.

附带解除条件的取消资格制裁已成为世界银行最新修订版制裁程序下的默认或"基本"制裁，该制裁程序于 2010 年 9 月生效。建立（或完善）和执行世界银行认为满意的诚信合规计划未来将成为世界银行解除取消资格制裁（或有条件解除取消资格制裁）的主要条件；或者对于部分现行制裁而言，将成为提前解除取消资格制裁的主要条件。

鉴于合规体系对于企业的重要性与必要性，世界银行于 2010 年颁布了《世行合规指南》，统整出企业构建合规体系的 11 项指导性标准。上述指南所使用的标准、原则和内容是诸多机构与实体普遍认可、能够实现良好治理以及反欺诈、反腐败的实践措施。此外，该指南并非包罗万象的唯一规范性文件，世界银行允许企业综合考虑自身规模、地理位置、行业领域、所在国家，以及与业务伙伴和政府官员的关联度等因素，根据个体风险评估状况，持续改进合规管理体系，重视合规文化建设，灵活采取合规形式和具体措施，并投入相应资源，但最终必须满足《世行合规指南》的各项指标。

《世行合规指南》共提出 11 项标准，依序为禁止不当行为，职责，合规管理体系启动、风险评估和检查，内部政策，针对业务伙伴的政策，内部控制，培训与交流，激励机制，报告制度，不当行为的补救措施，集体行动。

（1）禁止不当行为

本原则是指在行为守则或类似文件、信息沟通中明文规定和明确禁止不当行为，如欺诈、腐败、串通和强迫行为。世界银行于 2016 年 7 月 1 日修订了《预防和打击欺诈和腐败指南》，以确保所有的世界银行贷款资金用于正当目的，其中具体地罗列出世界银行所禁止的不当行为，包含腐败行为、欺诈行为、强迫行为、串通行为和阻碍行为。虽然世界银行制裁的不当行为仅为腐败、欺诈、强迫、串通和阻碍，但其本身包含了合规管理组织、合规管理制度、合规管理运行机制、合规管理保障机制等方面的各个构成要素，构成一个完善的合规管理体系。因此，世界银行要求被制裁企业进行的合规整改，旨在要求被制裁企业按照《世行合规指南》建立有效运行、完整的合规管理体系，而非对某一问题、某一领域的个别整改。

（2）职责

本原则是指企业应创建基于信任的包容性组织文化，鼓励道德行为和守法承诺，对不当行为绝不姑息。它包含以下三个层面：第一，公司高级管理人员、董事会或类似机构应全力、明确、公开、积极地支持并承诺推动诚信合规管理体系（以下简称合规管理体系）及其贯彻执行，无论从形式上还是从实质上发挥领导作用；第二，遵守合规管理体系是公司各级员工的强制性个人义务，员工应承担个人责任；第三，合规管理体系的监督和管理应由一个或多个公司高级管理人员负责，该管理人员应享有充分的自主权、足够的资源和有效的执行权并同时承担合规职责与义务。

（3）合规管理体系启动、风险评估和检查

在综合考虑公司规模、业务领域、经营地点及其他特殊因素的基础上，首先对公司业务和经营过程中出现欺诈、腐败或其他不当行为的潜在可能进行综合风险评估，然后定期并在必要时对风险评估进行检查和更新，以适应现实情况的发展变化。公司高管人员应采用系统的方法监督合规管理体系，定期检查合规管理体系在预防、发现、调查和应对各种不当行为方面的适用性、充分性和有效性；同时应考虑合规领域的相关变化，以及国际和行业标准的演变。

（4）内部政策

合规管理体系必须明确阐述相关价值、政策和程序，用以预防、发现、调查和补救在公司／个人有效控制下的任何形式的不当行为。本原则罗列出企业必须遵守的八项要求：第一，做好员工尽职调查、限制；第二，限制与前政府官员的关系安排；第三，馈赠、接待、娱乐、旅行和开支的控制；第四，政治捐款的限制；第五，慈善捐款和赞助资金来源与使用正当性；第六，禁止好处费；第七，企业做好文档记录保存；第八，欺诈、串通和强迫行为的预防与保护。

（5）针对业务伙伴的政策

该原则要求企业合规需进行外部推广，如对业务伙伴在合作前履行尽职调查程序，将合规管理体系内容告知业务伙伴并要求其遵守，并与其他企业一同推进合规建设等。《世行合规指南》特别要求企业根据其能够对其他企业施加影响和控制的程度，尽力确保代理人、顾问、咨询专家、代表、经销商、承包商、分包商、供应商、合资方等商业伙伴防控不当行为。

（6）内部控制

该原则要求建立整套合规制度，定期进行合规风险评估，制定覆盖全体员工的行为准则，以及雇用前公职人员的尽职调查、投标、采购、礼品和招待（包括宴请、旅行等）、捐赠和赞助、现金及融通费等的内部政策，定期进行合规审查以及设置独立的合规调查机制等。

（7）培训与交流

该原则要求企业定期宣传合规管理体系，同时根据不同的需求、情况、职位和职责，为公司各级职员（尤其是从事高风险活动的职员）提供有效培训并予以记录，适当时也可为业务伙伴提供培训。

（8）激励机制

该原则要求企业采取正面的激励措施，鼓励员工遵守合规制度，对于有不当行为或有其他违反合规管理体系行为的个人，包括高级管理人员和董事等各级人员，应给予适当惩戒（包括终止劳务合同）。

（9）报告制度

企业应告知全体职员，如果遇到任何与合规管理体系相关的问题，无论是本人行为还是他人行为，均有义务立即上报；为管理层、职员及（在适当情况下包括）业务伙伴提供关于遵守公司合规管理体系的指导建议；对于受到上级指示或压力却不愿违反合规管理体系的个人，或有意检举公司内部违规行为的个人，应为其提供沟通渠道（包括秘密渠道）及保护；对于拥有决策权或能够影响业务结果的所有相关人员，应要求其定期（至少每年一次）提供书面证明，说明其已经参阅公司行为准则并严格遵守合规管理体系。

（10）不当行为的补救措施

公司应执行相关程序，对所报告或发现的不当行为和其他违反合规管理体系的行为进行调查。一旦不当行为得以确定，公司应按照合理步骤，采取适当的纠正措施，防止出现类似甚至更为严重的不当行为或者其他违反合规管理体系的行为。

（11）集体行动

在适当情况下，积极与商业组织、工业团体、专业协会及民间社会组织合作，鼓励并协助其他实体制订预防不当行为的相关计划，特别是那些尚未制订完善合规管理体系的中小企业和其他实体，已经制定合规管理体系的大型企业，以及自愿合作的贸易协会和类似机构。

2. 世界银行的制裁手段

世界银行向发展中国家提供贷款和投资支持，同时要求项目参与者在采购过程中和履行项目合同时遵守最高的道德标准。除了前文所述的2010年发布的《世行合规指南》，为了将上述原则具体化，随后世界银行发布一系列文件和制度，包括《世界银行反腐败指导方针》《世界银行采购指导方针》《世界银行借款人选择和聘请咨询顾问指导方针》《世界银行政策：欺诈与腐败》《世界银行制裁程序》《世界银行制裁委员会规则》《世界银行制裁指南》《国际复兴开发银行贷款和国际开发协会信贷采购指南》（以下简称《世行采购指南》）等，如发生世界银行规定的可制裁行为，相关主体将受到世界银行制裁。若相关主体违反上述文件规范被列入"黑名单"，世界银行可采取以下五种措施：一是训诫函（Letter of Reprimand）。对于轻微的违规行为，世界银行可以发送谴责信（Letter of Reprimand）加以训诫。二是附条件免予取消资格（Conditional Non-Debarment）。被制裁主体可以继续投标并参与世界银行融资的项目，但是被要求在规定期限内采取整改措施，建立有效的合规体系，或满足附加的特定条件时可以免于取消资格。

三是取消资格（Debarment）。被制裁主体被宣告永久或在一定期限内禁止（i）中标世界银行资金项目或者从其中受益；（ii）成为另一个未被取消资格的中标世界银行资金项目主体的指定分包商、顾问、制造商、供应商；和（iii）收到世界银行提供贷款的任何受益或者参与任何世界银行资金项目。四是附解除条件的取消资格（Debarment with Conditional Release）。被制裁主体在一定期限内被取消投标和参与世界银行融资项目的资格，且在此期间必须建立有效的合规体系、实施合规整改措施并满足世界银行合规要求，方可解除制裁；前述条件包括为了改善合规管理而采取建立或完善其企业合规制度（Integrity Compliance Program，ICP），处罚实施不当行为的员工，与世界银行有关部门合作进行调查；等等。附解除条件的取消资格是世界银行对不当行为的"基本制裁"，也是世界银行目前使用最频繁的制裁方式；其目的在于鼓励被制裁方采取补救措施并进行内部合规整改，以提高企业的合规管理水平。五是赔偿（Restitution）。被制裁主体必须向贷款方或其他主体做出赔偿。此外，根据2010年世界银行与亚洲开发银行、欧洲复兴开发银行、美洲开发银行、非洲开发银行等其他多边开发性金融机构签订的《共同执行制裁决定协议》，当一家机构签发了针对一家公司的制裁通知，应及时通知其他金融机构，说明被制裁实体的名称、被发现的可制裁行为及制裁 。在收到此类通知后，在符合特定条件的情况下，其他参与机构应在可行范围内尽快执行该制裁决定，其中包括该可制裁行为应符合《共同执行制裁决定协议》中规定的制裁行为，以及最初制裁期限超过1年。

（二）经典案例评析

经统计，在中国企业受世界银行的制裁中，其受制裁理由多为不实陈述和欺诈，即违反《世行合规指南》第一条的禁止不当行为。结合上述原则对以下三个案例进行评析。

1. 何志平行贿案

2017 年 11 月 18 日，何志平在美国被捕，美国司法部指控其涉嫌代表中国华信能源有限公司（以下简称中国华信，CEFC），向非洲两个国家的高级官员行贿数百万美元，部分汇款经由美国银行系统完成，因此触犯美国《反海外腐败法》（FCPA）。纽约联邦陪审团经过多次聆讯和开庭审理，于 2018 年 12 月 5 日裁定，总部位于中国香港和弗吉尼亚州的非政府组织负责人何志平参与贿赂计划的七项罪名成立，这一贿赂计划持续多年，涉及数百万美元，通过贿赂乍得和乌干达政府首脑换取中国华信的商业竞争优势。法院指控他犯有密谋违反《反海外腐败法》（FCPA）罪、四项违反《反海外腐败法》（FCPA）罪、密谋实施国际洗钱罪及实施国际洗钱罪七项罪名，经过为期一周的陪审团审判，何志平被判有罪。根据审讯时提供的证据，何志平参与了两项贿赂计划，向乍得和乌干达的高级官员支付报酬，以换取中国华信的商业优势。

何志平的行贿行为受到 FCPA 管辖，其原因主要表现为以下两个方面：首先，CEFC NGO 是注册于弗吉尼亚州的慈善组织，属于 FCPA 下的"美国国内主体"，何志平构成该"美国国内主体"的高级管理人员；其次，何志平部分行贿款通过纽约银行进行汇款。在何志平案的审判过程中，何志平方曾以中国的"一带一路"政策作为其抗辩理由。根据中国专家证词，何志平在 CEFC 的工作是为了"推动中国的国家议程"，何志平支付的款项"旨在促进慈善捐赠而非贿赂"；抗辩还指出，何志平的动机是为了提升中国国家和中国公司（包括 CEFC）在内的一般长期声誉，而不是为保住特定的合同或商业优势。然而，该抗辩并未被法院采纳。在何志平之前，已有中国澳门富商吴立胜因贿赂联合国官员、中石化瑞士子公司因贿赂尼日利亚官员而被认定违反 FCPA 的案例。

反腐败和反贿赂是世界银行重点关注的禁止行为，世界银行除了在《世行合规指南》中列出禁止不当行为的原则，之后更是出具反腐败、反贿赂的专项指南。由此可见，世界银行对于企业或是个人申请融资时，特别关注申请企业、关联公司或法人代表等的廉洁行为，若经调查发现，将会被世界银行列入"黑名单"，使其受到前文所述的制裁。因此，企业为预防该风险应做好预先的风险识别，完善内控合规制度，增强企业的合规意识。

2. 中国铁建股份有限公司（中国铁建，CRCC）格鲁吉亚项目

自 2019 年 6 月 4 日起，世界银行制裁中铁建集团及其旗下全球730 家子公司，包括中铁建设集团、中国铁建 CRCC、铁建国际 CRCC International、铁建国内国外所有子公司。此次制裁的实体数量破了纪录，导致中国公司被世界银行制裁数量反超加拿大，成为排名第一。之前的纪录由加拿大兰万灵保持，因兰万灵在孟加拉国和柬埔寨向当地公务人员行贿，2013 年兰万灵全球 100 多家子公司被世界银行制裁十年，也是世界银行历史上制裁最严重的一次（除了永久制裁）。中国铁建的制裁内容包括：一是禁令制裁 9 个月（说明：因未超过 1 年禁令制裁，此次没有引起其他国际发展银行的联动制裁）。二是合规监管期 2 年（9 个月禁令之后），中国铁建的合规实施必须达到世界银行合规官的要求，才能在 2 年 9 个月后解除制裁；如果合规项目未达到世界银行合规官的要求，则 2 年监管期过后自动转为禁令制裁。中国铁建要配合世界银行对其更多项目进行深入调查（未披露数量）。本起制裁的起因是，中国铁建参与世界银行提供融资的格鲁吉亚 E60 高速公路第二标段资格预审及投标时，提交虚假和误导性信息，未按要求披露分包安排，存在欺诈行为，违反了世界银行 2014 年采购指南与项目资格预审及招标文件要求。更直接的表述就是，中国铁建所属国际集团以中国铁建名义参与世界银行项目投标，在提交的投标文件中使用了所属中国铁建二十三局集团有限公司的人员、设备和业绩，并拟在项目中标后由国际集团和中国铁建二十三局集团有限公司内部联合体实施。这是建筑中央企业及其所属单位的一种通常做法，在国内市场可能根本不算事儿，但在世界银行提供的融资项目上，最终被认定存在欺诈行为。虽

然中国铁建多次与世界银行沟通,积极挽回影响,取得世界银行一定程度的谅解,缩短了禁令制裁期,但是最终还是没有免于制裁。

3. 中国电气设计研究院有限公司(CEDRI)卢萨卡输配电改造项目

卢萨卡输配电改造项目,价值 2.1 亿美元,是为了帮助赞比亚升级和加强首都卢萨卡的输配电网络。在一份声明里,世界银行认为中国企业提供了虚假文件,在 2010 年和 2012 年向世界银行资助的两项目提交投标时,没有披露向第三方支付款项的情况,构成欺诈行为,且中国电力工程有限公司(CNEEC)作为 CEDRI 的控股公司,没有起到监督其不当行为的作用。该公司的母公司中国电力工程有限公司被允许继续参与和解协议下的项目,但如果未能满足协议条件,可能会被禁止参与。此外,针对中国电气设计研究院有限公司的禁令也使该公司丧失了参与其他多边开发银行项目的资格。根据和解协议,如果两家公司合作并遵守世界银行的诚信遵守准则,制裁期限将从 18 个月缩短。

(三)中国企业被动应对世界银行制裁回顾

2018 年国务院国资委、国家发展改革委分别发布《中央企业合规管理指引(试行)》《企业境外经营合规管理指引》,两份文件均为我国企业全面推进合规管理体系建设提供了参考依据,并在五家中央企业开展了合规管理体系建设工作试点。世界银行与国务院国资委、国家发展改革委等国内监管机构在立法技术上各具特色。世界银行作为多边国际组织,具有国际法主体的超然地位,在制度的制定上有更大的灵活性;而国务院国资委、国家发展改革委则要充分尊重我国国内法的制度要求和国内监管趋严的司法环境。

世界银行在《世行合规指南》中提到,企业在建设合规体系时,应当充分考虑经营地的当地法律要求。在明确了相关方要求后，如何对相关方要求进行梳理并内化成为企业的合规制度就成为重要问题。在实践中，较为有效的做法是全面梳理外部法律、法规等相关方要求和企业内部制度。对于外部制度，要充分分解，总结出"需要做"和"不能做"两个列表，为企业管理人员和员工提供行为指引和明确监管红线。对于企业内部制度，要对照外部要求，评估企业现有的内部政策和流程能否体现监管要求，能否确保外部制度得到有效的贯彻落实，通过查漏补缺，发现企业内部管理制度和流程中的风险点，为企业合规制度的完善确定方向。

（四）"一带一路"合规趋势和体系构建

1. 合规历史沿革和趋势判断

根据巴塞尔银行监督管理委员会发布的《合规与银行内部合规部门》规定，合规管理是指确保银行在开展业务经营活动时遵守"法律、规则和准则"的内部职能。另据国务院国资委发布的《中央企业合规管理指引（试行）》规定，合规管理以有效防控合规风险为目的，以企业和员工经营管理行为为对象，开展包括制度制定、风险识别、合规审查、风险应对、责任追究、考核评价、合规培训等有组织、有计划的管理活动。需要注意的是，合规管理区别于民事行为是具有公法属性的；换言之，企业遵守的合规义务来源为上对下并带有公权力属性的义务，并非源于民事主体纠纷的违约责任。

要想做好合规管理，就必须掌握其未来的发展方向，紧跟国际趋势。合规管理最早起源于美国 20 世纪 60 年代，其影响显著的法规为，1977 年美国国会通过的《反海外腐败法》（FCPA），是目前美国控制美国企业海外商业贿赂行为的重要法律。随着欧美各国法律制度的发展以及一些国际组织的强力推动，如 2005 年 4 月巴塞尔银行监督管理委员会发布了《合规与银行内部合规部门》；2010 年世界银行发布了《世行合规指南》；2010 年 3 月经济合作与发展组织（OECD）发布了《内部控制、企业道德及合规最佳实践指南》，对成员国和跨国企业提出了预防腐败行为的要求，并确立了有效合规的十二项准则；2014 年，国际标准化组织（ISO）发布了 ISO19600《合规管理体系指南》，以国际法律文件的形式确立了有效合规的基本标准。上述标准的发布成为现今各国企业制定合规管理的参考依据。

随着金融科技、互联网大数据的发展，未来合规管理的趋势与走向将具有以下三大特色：第一，就驱动因素而言，由外部压力转化为内生需求，外部监管将完善的合规管理体系作为减轻处罚的"法律红利"。在国外的实践中，除了通过出罪、量刑激励方式推动企业合规，起诉激励机制（缓 / 不起诉制度）也被广泛使用。第二，就合规内容而言，由专项合规转向全面合规，随着合规监管范围的不断拓展，合规管理的外延从早期以反腐败为主的专项合规转向以业务合规为内容的全面合规管理。企业不仅要应对日渐法制化、市场化且监管趋进严厉的国内营商环境，更要防范应对国际制裁，尤其是美国对我国的各种制裁政策，特别是针对知识产权、能源、军事及高新技术产业的制裁。第三，就管理手段而言，大数据、信息化成为合规管理的重要手段。

2. "一带一路"合规管理体系的构建

（1）落地原则和思想

以母公司为责任主体，倡导共同合规责任但有角色分工、一体合规但有层次的合规体系构建思想，才能避免母公司或总部以烦琐的、"一刀切"的制度将国别区域公司、分子公司的合规管理流于形式。"一带一路"合规管理体系的构建是整个企业和全体员工共同的责任。母公司主要承担搭架体系的责任，强化其领导和指导作用，通常负责收集法律、法规、监管规定及行业准则等。它必须构建一个广泛的、普遍适用的合规指引来指导旗下公司遵循我国各种规范。对于国别区域公司、分子公司或代表处，其除了遵守母公司制定的规范，还要收集业务项目所属国应遵循的法规、行业习惯及准则，密切关注行业监管规则，建立健全从业务论证、上线到后评估的全过程闭环管理流程，做好业务合规初审和各种规则的跟踪与落实。

（2）合规指引的搭建框架

企业合规指引可从两个方面展开：其一为企业合规管理的普适指引，此内容包含公司合规管理办法、公司合规管理体系遵循手册、员工合规培训办法等；其二为企业合规管理的专项指引，此部分为母公司旗下子公司根据业务类型、所在国的不同选择适用，内容具体包含反舞弊专项合规指引、诚信专项合规指引、环境环保专项合规指引、海外反腐败专项合规指引等。专项合规指引指明企业应当遵守的合规义务，并给出如何不触犯的一些操作形式指南。形式可以多样化，以图文方式，以文字方式，以清单方式，均可。在一些业务领域，如反腐败，甚至可单独制作成一个"反腐败合规手册"，把相关内部全部包含进去。如关于礼品招待的，关于慈善捐赠的，关于商务旅行的，关于销售代理人的，关于合伙伙伴的，关于海外 FCPA 反腐败的，等等，这些相关规定都可放在一起，形成该领域的一套完整手册。

（3）合规管理的方法与实践手段

传统的合规方法多为事后发现问题再进行防范，然而预防胜于治疗，对于参与"一带一路"建设的众多大型跨国企业，首先，应建立事前风险识别机制。早在几年前，微软公司就开始使用人工智能，通过大数据进行合规风险识别，通过改变交易结构及合规管理，管控业务流程中的风险，与传统方式不同的是在交易未完成之前把风险扼制住，帮助企业避免处罚。其次，合规管理的实践可通过年度或季度合规测试进行检测，其主要测试项目包含企业受行政处罚的种类、数量、每年的趋势、地域执法力度区别，从而形成企业合规风险清单。最后，企业应提高自身员工的合规遵循文化，做好多层、立体的普法宣传教育工作，推进合规文化融入企业文化工作，积极践行社会法治建设责任，展现良好的合规风貌。

总之，合规管理体系关系着"一带一路"参与跨国大型企业健康可持续发展,既是企业经营成果的重要保障,也是参与市场竞争的重要软实力。母公司在贯彻新发展理念、推动高质量发展的过程中,是做好合规管理体系构建的责任主要承担者,倡导共同合规责任但有角色分工、一体合规但有层次的合规管理体系构建思想;子公司及其业务部门作为业务第一线日常生产经营中的实践者,要密切关注项目对应的所在国管理规范。只有两者共同努力,通过现代科技方式进行合规管理的实践与落地,才能凭借完善的合规治理系,预先进行风险识别与应对,降低企业的违规成本,提高净收益。

三、FCPA 案例对"一带一路"企业
强化合规的启示

（一）近年来《反海外腐败法》（FCPA）案件概述

1977 年，美国就制定了《反海外腐败法》（FCPA）。经 1988 年、1994 年和 1998 年三次修改，FCPA 已变成了一部在全球范围内打击腐败的重要法律。FCPA 执法是美国证券交易监督委员会（以下简称美国证监会，SEC）和司法部（DOJ）一贯以来的要务。根据公开公布的 FCPA 执法信息，2019—2021 年，SEC 和 DOJ 共公布了 110 起执法行动（见后面附表）。在 110 起执法行动中，49 起执法行动是针对企业的执法，其余的 61 起是针对个人的执法。这些执法行动大多数是执法机关在针对企业的调查案件中，对于涉案个人开展的一些平行执法，对企业主要违规责任人进行处罚。

截至统计日期，2019 年针对企业的执法行动 23 起，2020 年和 2021 年分别是 19 起和 7 起。其中，有一些执法行动是同一起案件，SEC 和 DOJ 分别对涉案企业进行的执法，也可能是执法部门针对企业集团内不同实体进行的平行执法。三年内的处罚案件中，处罚力度最大的三起案件分别是

美国高盛公司的处罚案件（2020 年 10 月公布），被 DOJ、SEC、其他美国和国际监管部门共处以罚金 33 亿美元；法国空客公司的处罚案件（2020 年 1 月公布），被 DOJ 处以罚金 20.9 亿美元；瑞典爱立信公司的处罚案件（2019 年 12 月公布），被 DOJ、SEC 共处以罚金 10.6 亿美元。

从 49 起针对企业的执法行动来看，企业行业分布非常广泛。其中，针对金融企业执法行动 11 起，针对医疗器械、制药等医药企业执法行动 9 起，针对油气等能源企业执法行动 9 起，针对网络通信、软件等 IT 企业执法行动 5 起，针对电信相关企业执法行动 5 起。其他被处罚的企业中，食品加工行业、零售业、航空航天行业、重工企业等均有涉及。

（二）FCPA 案例分析

1. 违反反贿赂条款的案件

FCPA 的反贿赂条款首先包括对"发行人"的规定。[1] 除了上述对于

---

[1] § 78dd-1 [1934 年证券交易法第 30A 条]. 发行人禁止从事的海外交易

(a) 禁止

按照本篇第 781 条注册某一类证券的发行人或按照本篇第 780（d）条规定提交报告的发行人，或代表该发行人行事的管理人员、董事、雇员、代理人或股东，如果利用邮件或州际商业的任何工具腐败地促进提出支付、支付、承诺支付，或授权支付任何金钱，或提出给予、赠与、承诺给予，或授权给予任何有价值之物给以下这些人，都是违法行为。

(1) 为以下目的提供给任何外国官员：

(A)（i）影响该外国官员职务范围内的行为或决定，（ii）引诱该外国官员做违反其法定职责的事情，或不履行其法定职责，或（iii）获得任何不当利益；

(B) 引诱该外国官员利用其在外国政府或其机构的影响力来影响该政府或机构的行为或决定，以帮助该发行人获得或保留业务，或将业务交给特定的人。

(2) 任何外国政党、政党官员，或外国政治职位的任何候选人，其目的在于：

(A)（i）影响该政党、政党官员或候选人职务范围内的行为或决定，（ii）引诱该政党、政党官员或候选人做违反其法定职责的事情，或不履行其法定职责，或（iii）获得任何不当利益；

"发行人"的规定，反贿赂条款对于"国内人"也有类似规定。[1] 非"发行人"或"国内人"在一定的情况下也受到反贿赂条款的制约。[2]

从立法条款可以看出，FCPA 的反贿赂条款所适用的对象包括在美国的国家级证券交易所上市或在美国的柜台市场进行股票交易的公司、美国公民或居民，以及根据美国或各州、属地、控制地，或联邦法律成立或主要业务地在美国的任何类型的公司。如果上述对象及其代表为腐败目的给予、赠与、承诺给予等方式直接或间接地提供任何有价值之物给国外官员，就违反了反贿赂条款。FCPA 的反贿赂条款还适用于一种情况，即使非上述公

（接上页）(B) 引诱该政党、政党官员或候选人利用其在外国政府或其机构的影响力来影响该政府或机构的行为或决定，以帮助该发行人获得或保留业务，或将业务交给特定的人。

(3) 任何人明知该等款项或有价之物的全部或部分将会直接或间接提出给予、给予或承诺给予给任何外国官员、政党、政党官员或外国政治职位的任何候选人，其目的在于：

(A)（i）影响该外国官员、政党、政党官员或候选人职务范围内的行为或决定，（ii）引诱该外国官员、政党、政党官员或候选人做违反其法定职责的事情，或不履行其法定职责，或（iii）获得任何不当利益；

(B) 引诱该外国官员、政党、政党官员或候选人利用其在外国政府或机构的影响力来影响该政府或机构的任何行为或决定，以帮助该发行人获得或保留业务，或将业务交给特定的人。

[1] § 78dd-2. 国内人所被禁止的海外贸易行为

(a) 禁止

本篇第 78dd-1 条所述发行人以外的任何国内人，或任何代表该国内人行事的管理人员、董事、雇员、代理人或股东，如果利用邮件或州际商业的任何工具或腐败地促进提出支付、支付、承诺支付，或授权支付任何金钱，或提出给予、赠与、承诺给予，或授权给予任何有价值之物给以下这些人，都是违法行为。

[2] § 78dd-3. 发行人或国内人以外的人的被禁止的海外贸易行为

(a) 禁止

1934 年《证券交易法》第 30A 条所述发行人或该法第 104 条所述国内人以外的任何人或任何代表该人行事的管理人员、董事、雇员、代理人或股东，如果在美国境内利用邮件或州际商业的任何工具腐败地促进提出支付、支付、承诺支付，或授权支付任何金钱，或提出给予、赠与、承诺给予，或授权给予任何有价值之物给以下这些人，都是违法行为。

司或个人，如果在美国境内利用邮件或州际商业的任何工具腐败地促进提出支付有价值之物给外国官员，也触犯了此条款。

企业行贿可能为了达到各种"腐败目的"，比如促进销量，取得放松监管或低关税、低税费等优惠待遇，寻求减免处罚，等等。企业贿赂也存在多种形式，除行贿现金、礼品卡外，还有宴请，提供旅行机会，支付招待、娱乐费用，提供昂贵礼物，慈善捐赠，等等。很多 FCPA 处罚案件都涉及企业在礼品款待上的违规操作。比如 2020 年 7 月，Farias-Perez 涉嫌向委内瑞拉国有石油公司 PDVSA 行贿的案件中，贿赂形式包括直接现金支付和电汇，提供休闲旅游和酒店住宿、超级碗橄榄球赛和其他体育门票、餐饮、娱乐、原创艺术品以及珠宝和手表等奢侈消费品，诱使 PDVSA 官员利用职权帮助被告人的公司赢得 PDVSA 供应设备和服务的合同。

三年内，多起医药企业的案件也涉及在多地向医护人员行贿现金、礼物和其他贵重物品，进而向医疗机构出售药品或医疗设备。也有企业通过慈善捐赠、赞助等形式来实施贿赂，如 2021 年 9 月公布的案件，英国营销服务公司 WPP 涉嫌在多国实施贿赂以保留政府业务，WPP 的秘鲁子公司充当了一家秘鲁建筑公司的中间人，通过其他 WPP 实体进行贿赂，为秘鲁利马市长的一场政治竞选提供资金。

2. 违反会计条款的案件

除反贿赂条款外，FCPA 还包含了会计条款。[1] 根据会计条款，发行人

---

[1]　§ 78m. 定期和其他报告

(a)　证券发行者的报告；内容

每一个按照本篇第 78l 条登记的证券发行者，必须按照委员会认为必要或合适适当保护投资者和确保证券公平交易的规则和条例，向委员会提交以下材料：

(1) 委员会规定的信息和文件（及其副本），使得按照本篇第 78l 条提出的申请或登记中必须列入或同时提出的信息和文件保持合理的最新内容，除非委员会可能不要求提交在 1962 年 7 月 1 日之前已经完成的任何重要合同。

需"设立并保持能够准确并适当地反映发行人交易和资产处置的内容合理详尽的账簿、记录和账户","设立并保持一项充分的内部会计控制系统"以合理保证交易的执行和资产的使用均遵守管理层的一般或特别授权，确保会计报表的编制遵守通用会计准则或任何适用于该等报表的其他条件，并保持资产的可核查性等，由此防止上市公司财务和账目出现不实记录，防范欺诈风险。FCPA 的会计条款适用于在美国的证券交易所上市交易的发行人，包括在证券交易所上市交易的美国存托凭证的外国发行人和股票在美国的场外交易市场交易并向证交会提交定期报告的公司。

赙赂通常都隐藏在合理付款的伪装下，如利用虚假合同、虚假发票等形式，谎报为佣金或咨询费等合法支出。在一般 FCPA 的执法案件中，被处罚的公司在触犯上述反贿赂条款的同时，都因为违反了账簿记录条款和内部控制条款而受到处罚。贿赂在公司财务中可能被隐藏成咨询费、研发费用、差旅费、服务费、营销费用、折扣、供应商付款、佣金等多种形式。

（接上页）(2) 委员会可能规定的年度报告（及其副本），如果委员会有规则和条例规定，必须由独立公共会计师出具证明和季度报告（及其副本）。

每一个在全国证券交易所登记的证券发行者也必须向交易所提交关于这种信息、文件和报告的复制本原件。

(b) 报告格式；账簿、记录和内部会计；指令

(2) 按照本篇第 78l 条登记的一类证券的每一个发行者以及按照本篇第 78o(d) 条规定提出报告的每一个发行者必须：

(A) 维持和保留账簿、记录和账目的合理细节，足以准确而公正地反映发行者资产的交易和处置情况；

(B) 设计和维持一个内部会计控制系统，足以提供以下合理保证：

(i) 交易是按照管理部门的一般或具体授权进行；

(ii) 保留必要的交易记录，以便 (I) 按照普遍接受的会计原则或任何其他适用的标准准备财务报表 (II)，以保证资产的可靠性；

(iii) 只有按照管理部门一般或具体的授权才能使用资产；

(iv) 每隔一段合理的时间把资产的账目记录与资产现状进行核对，并对任何差异采取适当的行动。

2020 年 12 月公布的德意志银行案件就体现出违反会计条款。2009—2016 年,德意志银行利用第三方在多国贿赂国外官员,尽管此类业务存在固有的贿赂风险,使用中间人的做法得到了德意志银行高级管理层和各地区委员会成员的批准。德意志银行向中间人支付了贿赂和其他款项,在账簿和记录中对此做了虚假陈述,向中间人支付的总计约 700 万美元款项被不正当地计为合法费用。

2020 年 6 月公布的瑞士诺华制药公司的案件中,诺华公司及其子公司在多国向医疗保健提供商支付不当款项。除了违反反贿赂条款,案卷还显示诺华子公司 Alcon 2013—2015 年与中国设备融资安排(EFA)相关的内部会计控制缺陷导致了伪造合同、缺少手术设备,以及与 EFA 执行不良相关的大量 EFA 应收账款余额,Alcon 中国公司因此核销了超过 5000 万美元的坏账。

(三)FCPA 案件执法的特点

1. 长臂管辖原则

由上述分析可见,FCPA 反贿赂条款可以同时适用于美国境内及境外的行为。美国公司或个人在美国之外的行为仍然可以受制于反贿赂条款。FCPA 反贿赂条款也可以同时适用于美国企业或个人及非美国企业或个人,如果非美国企业在美国上市,或者非美国企业在美国境内直接或通过代理从事任何促进腐败付款,或者仅在美国境内利用邮件或州际商业的任何工具腐败地支付或促进支付有价值之物给外国官员,也受制于反贿赂条款。这也就是 FCPA 的长臂管辖原则,即非美国企业或个人,只要满足了"最小联系",无论是电话、邮件还是银行转账,只要和美国发生了任何联系,美国都具有管辖权。例如,如果一家中国企业不在美国开展业务,也可能因为使用美国银行提供金融服务或者使用美元结算而受制于 FCPA 的条款。

在被处罚的案件中，有不少案件的腐败行为并没有发生在美国境内，涉案企业也不是美国企业，但因为企业是在美国上市的公司、股票在美国的证券交易所交易，因而受到FCPA管辖。

2. 打击通过中间人行贿

历年来的FCPA案件还反映出，通过第三方向外国官员行贿是一种常用的行贿手段。近年来，大部分被处罚的案件都涉及公司通过中间人实施腐败计划。

例如，2022年9月公布的对美国沥青公司Sargeant Marine Inc的执法案件中，Sargeant Marine Inc及相关公司曾在巴西贿赂国有石油公司Petrobras的官员，贿赂手段包括伪造咨询合同和发票，将数百万美元汇至以贿赂中间人空壳公司名义持有的离岸银行账户。又如，前文提到的德意志银行的案件中，2009—2016年，德意志银行利用第三方中介机构、业务发展顾问和中间人（统称为BDC）在中国、意大利、阿布扎比，以及从中东王室的高级成员获得或保留业务。这些BDC包括外国官员以及他们的亲属和同事。德意志银行通过贿赂不正当地敛财约3500万美元。

3. 被处罚企业中美国本土企业占比高

三年内49起针对企业的执法行动中，针对美国本土企业的执法行动占比最高，有18起。其中，三年内因违反FCPA被处以罚金最高的案件是对美国本土金融企业高盛公司的处罚案件，总罚金超过30亿美元。此外，针对英国和德国企业的执法案件分别为7起和5起，针对瑞士、瑞典、法国、俄罗斯等其他欧洲国家企业的执法行动共11起。其余的一些案件中，针对巴西企业的执法行动4起，针对亚洲企业的执法行动2起，分别涉及韩国和新加坡企业。

由此可以看出，近年来被FCPA处罚的企业大多数是欧美发达国家企业，而美国本土企业一直是FCPA的执法重点。历年来的案件执法普遍反映出这一特点，例如 2016—2019 年三年间，由 SEC 发起的执法案例中，被处罚的企业（或处罚个人所属的企业），超过半数是美国本土的企业。

4. 大多数案件在发展中国家涉案

从执法案件涉案的地区来看，不少案件都在多国和多地区出现违规行为。三年间的 110 项执法行动中，至少 21 起执法行动涉及在巴西涉案，19 起执法行动涉及在中国涉案，17 起执法行动涉及在委内瑞拉涉案，13 起执法行动涉及在厄瓜多尔涉案，11 起执法行动涉及在印度涉案。除上述涉案比较集中的地区外，其他案件较多发的地区包括沙特阿拉伯、马来西亚、阿联酋、乌兹别克斯坦、印度尼西亚等。由此可以看出，大多数案件是在发展中国家涉案。除少数案件涉及在韩国等国家作案外，被调查的违规案件中在发达国家涉案的情况很少。这从一个侧面反映出，很多发展中国家在发展成为全球新兴市场的同时，在建设透明、公正和廉洁的商业环境方面仍与发达国家存在差距。

其中，19 起执法行动涉及在中国涉案，在调查案件中占有不小的比例。历年来的数据也反映了这一情况，2016—2019 年三年间，SEC 公布的调查和处罚案件中，涉及在中国涉案案件的占比约为 40%，中国成为 FCPA 案件涉案的"重灾区"。

（四）FCPA 案件执法的趋势

1. 执法力度加大

近年来，虽然执法机构 DOJ、SEC 公布的 FCPA 执法行动相较于之前几年，数量上有所减少，但经过分析可以看出，美国执法部门对于 FCPA 案件的执法力度并没有减弱。确切地说，近年来 FCPA 执法力度显著加大，被处以巨额罚金的大案频发。对比之前的数据，2017 年最大罚金案件为瑞典通信商 Telia 公司案件，罚款金额为 9.65 亿美元；2018 年最大罚金案件为巴西石油天然气公司 Petrobras 案件，处罚金额为 17.8 亿美元；而近两年一些处罚案件中处罚金额大幅提高，其中美国高盛公司的处罚案件罚款金额为 33 亿美元，法国空客公司的处罚案件罚款金额为 20.9 亿美元。由此可以发现，案件的处罚力度明显加大。

同时可以看到，多国执法机构在 FCPA 案件执法上加强配合。近年来的案例表明，在 FCPA 案件的调查执法上，除 SEC、DOJ 外，美国各地的检察官办公室等执法和管理机构、美国监管部门，与欧洲、拉美以及亚洲、非洲一些国家执法部门加强了配合，加大联合执法力度，形成了更大的威慑力。

2. 强调个人责任

FCPA 的条款的适用对象包括企业和个人。只要是属于条款所规制的对象，个人和公司一样，如果直接参与，或者协助、促成了贿赂，或违背了会计条款，都有可能被追责。对于企业的调查案件，其中一半都同时涉及对主要责任人的执法行动，三年内超过半数的执法行动是对个人责任的追究。

执法部门对于企业大型腐败案件旷日持久的调查中，一般会对涉事的多名企业前高级管理人员或雇员开展平行调查。与高盛案件有关的一项执法行动中，Asante K Berko 曾任高盛子公司高盛国际 GSI 的投资银行部门主管，他安排 GSI 的客户——一家土耳其能源公司，向加纳的中介机构输送 250 多万美元用于向加纳政府官员行贿，以获得他们批准一个发电厂项目。Berko 还直接或间接帮助中间人向其他政府官员行贿。为了防止高盛公司发现他的贿赂计划，Berko 蓄意采取一些措施，包括就中介公司的真实角色和目的误导本公司合规人员。这家土耳其能源公司向 Berko 支付了 200 万美元，作为他协助行贿的报酬。Berko 被 SEC 起诉，并被处以罚金 329 164 美元。

2021 年 11 月公布的另一起案件中，Frederick Cushmore Jr 曾担任美国矿山公司 Corsa Coal Corp 公司（以下简称 Corsa 公司）高级管理人员。Cushmore 涉嫌与他人合谋向埃及国有 Al Nasr 公司的高级管理人员及其他埃及官员行贿，该计划涉及 Corsa 公司出售给 Al Nasr 公司的每吨煤炭向 Corsa 公司在埃及的销售代理支付佣金，而部分佣金被意图作为贿赂转交给埃及官员。Corsa 公司通过煤炭贸易从 Al Nasr 公司获得约 1.43 亿美元的业务。在此类案件中，等待 Cushmore 及其他被告人的将是被判刑的命运。

3. 引导企业自我纠正

多起 FCPA 案件表明，美国执法部门重视涉案公司和个人的自我披露、配合调查以及及时采取补救措施的行动。这些行为成为减轻处罚甚至是达成不起诉协议或暂缓起诉协议的重要条件。美国证监会认为，如果企业开诚布公地自行汇报违规行为，充分配合调查，有效收回不当得利，可以节约政府大量的时间和资源。

比如，2021 年 10 月 DOJ 指控瑞信银行共谋实施电信欺诈，瑞信银行与 DOJ 达成一项为期三年的暂缓起诉协议，并同意向 DOJ 支付 2.47 亿美元的罚款（其中 7000 多万美元与瑞信在平行诉讼中向其他监管机构缴纳的罚金相抵）。这一罚款比美国量刑指导范围下限低了 15%。在达成处罚决定时，执法部门考虑到瑞信公司配合调查和主动整改措施的行动，这些都作为减轻处罚的考虑因素。瑞信公司还同意在三年内报告公司的反腐败合规状况。

历年来，这方面也有反面的案例。2016 年公布的比利时百威英博公司的案件中，百威英博除了因利用第三方销售商向印度政府官员行贿和账目不实记录而被处罚，还因阻止一位举报者报告此违规行为被处罚。这些都说明美国执法部门重视涉案公司认错和改正的态度和行动。SEC 早就表态，不容忍对告密者进行财务处罚的威胁，对这类案件会有严格的审查。

（五）FCPA 案例对企业强化合规的启示

纵观十多年来国际合规潮流的发展，2008 年西门子公司因在全球行贿以提升销量而违反 FCPA，被罚 16 亿美元，成为国际企业强化合规的里程碑式事件。与近几年国际强化合规的趋势相一致，自 2018 年以来，国内部门倡导并指导企业合规的力度空前加大，GB/T 35770-2017《合规管理体系指南》（国家标准委）、《企业境外经营合规管理指引》（国家发展改革委等七部门）、《中央企业合规管理指引（试行）》（国务院国资委）等重要文件相继实施或发布。多个国内监管部门强化监督监管，中国银行保险监督管理委员会等金融管理部门加大金融领域反腐败、反垄断、数据合规等方面的监管力度；国家市场监督管理总局加强对互联网平台公司等多个行业的反垄断执法；最高人民检察院以检察履职助力构建有中国特色的企业合规制度。企业强化合规建设成为全国的潮流。

具体到企业内部，中国企业需建立并完善合规管理体系来防范 FCPA 执法调查风险，同时防范跨国经营中的各种合规风险。

首先，在专项合规管理领域，很多违反 FCPA 反贿赂条款的案件反映出礼品和捐赠领域的合规是企业合规管理的一个重点领域。FCPA 及其他规范商业行为的法律并不禁止赠送礼品，招待、宴请官员等行为，因为在正常的商业交往中，有合理目的、价格在适当范围以内的招待、赠送礼品等行为是允许的。FCPA 也不禁止赞助和慈善捐赠等商业行为。关键在于企业需要保证这些行为不能作为带有腐败意图进行贿赂的手段，而且款项不会被用于腐败用途。FCPA 执法重点关注这些行为背后的实质。因此，企业需要发布关于礼品、款待、赞助捐赠以及与官员交往的行为准则，来管控贿赂腐败的风险。企业在捐赠之前，需要对接受捐赠的机构做尽职调查，对于付款和资金用途做出规定，并且在捐赠之后监督资金的使用，这样尽可能地减少腐败的风险。

其次，商业伙伴管理是合规管理的一个重点领域。为了避免中间人成为公司逃避责任的工具，FCPA 规定，如果公司的第三方机构行贿，公司本身无法以"不知情"为自身辩护。因此，公司应该知晓第三方相关的腐败行为，有义务时时警惕与第三方交往中以及第三方自身行为中的警示信号，如尽职调查中反映出的风险信息，第三方与外国官员的特殊关系，高于正常价格的咨询费、佣金，以及异常的付款方式或要求，等等。中国企业应该建立第三方商业伙伴的尽职调查与持续监督的管理政策，来防止中间人成为公司或员工腐败的工具。

最后，并购要重视标的企业的合规情况。FCPA 案件反映出企业在兼并和收购中，收购方可能需要对被收购方不准确的财务记录和内控失效负连带责任。这要求收购方在收购前通过尽职调查充分了解并评估被收购公司存在的风险，并通过一系列规制手段让被收购方明确腐败责任。在收购后，收购方还需要及时地将被收购公司纳入合规管理体系，强化被收购公司的反腐败政策，对员工进行合规准则和政策的培训，并强化审计，等等。

由此可见，强化合规是一项系统性工程，企业除了完善专项的合规管理领域，还需要逐步确立合规的总体框架，并随着公司和业务的发展对合规管理体系加以完善。企业建立合规管理体系一般包括识别评估合规风险，完善合规管理制度体系，建立合规管理组织架构，逐步健全合规培训、考核、举报、查处等机制，持续评审并改进合规管理体系，以及培育合规文化。通过建立有效的合规方案强化公司内部控制，是防范 FCPA 违法行为，以及其他各领域如贸易管制、反垄断、反欺诈等领域违规风险的必要途径。FCPA 执法部门在评估企业的合规体系时，重点关注的是企业是否建立了较为完善的合规管理体系，以及该合规管理体系是否有效。因此，企业需要根据自身情况，基于监管要求和相关的国际合规文件的要求建立和完善合规管理体系，确保自身的合规管理体系包含必要的合规管理要素，保证公司交易透明度和内部控制体系的有效性。

（六）附表：2019—2021 年 FCPA 执法案件

此表根据斯坦福大学 FCPA 信息网站公布的 FCPA 执法行动列表整理（数据更新时间：2022 年 3 月 1 日）。

案件	公司/个人（执法对象）	总部所在地/国籍	行业	控方	公布时间	案件概述	罚款金额（美元）	涉案国家
1	Jose Luis De La Paz Roman	美国	—	DOJ	2019/01/08	Gustavo Trujillo 任职于一家美国金融服务公司的厄瓜多尔办事处。Cevallos 和 Cisneros 都是美国国内公司董事。Prado 是厄瓜多尔国有石油公司 PetroEcuador 的一名高级管理人员，Barerra 是其副手。Juan Sebastian 是厄瓜多尔和美国商人。被控的几人均与 PetroEcuado 的贿赂案件有关	2 145 100	厄瓜多尔
2	Frank James Lyon	美国	工程咨询	DOJ	2019/01/16	Lyon 是一家美国私营工程咨询公司的所有者。Lyon 与不具名名同谋向密克罗尼西亚联邦官员行贿。Halbert 被指控共谋洗钱	100	密克罗尼西亚
3	Master Halbert	密克罗尼西亚	—		2019/01/24		7600	密克罗尼西亚

续表

案件	公司/个人（执法对象）	总部所在地/国籍	行业	控方	公布时间	案件概述	罚款金额（美元）	涉案国家
4	Naeem Riaz Tyab, et al		—	DOJ	2019/02/07	2009年8月至2014年7月，乍得驻美国和加拿大大使团人员 Mahamoud Adam Bechir 和 Youssouf Hamid Takane 向加拿大能源公司 GEI 索贿200万美元，他们承诺利用其在乍得政府的官方职位和权力，协助 GEI 获得石油权利。Tyab 安排通过虚假的咨询服务合同向 Niam 支付贿赂。GEI 还向 Niam、Takane 的妻子和另一位乍得人发行了该公司股票	0	乍得
5	Rodrigo Garcia Berkowitz	加拿大等	—	DOJ	2019/02/08		0	巴西
6	Cognizant Technology Solutions Corporation	美国	信息技术、咨询	DOJ	2019/02/13	Cognizant 总裁 Gordon Coburn，首席法务官 Steven E Schwartz 和首席运营官 Thiruvengadam 等人授权承包商向印度高级官员支付贿赂	1937万	印度
7	Gordon J Coburn & Steven Schwartz	美国	—	DOJ	2019/02/14		0	印度
8				SEC	2019/02/15		—	
9	Cognizant	美国	信息技术、咨询	SEC	2019/02/15		2500万	
10	United States of America v Hector Nunez Troyano	西班牙、委内瑞拉	—	DOJ	2019/02/20	2011年至2018年，委内瑞拉国有石油公司 PDVSA 员工 Troyano 是两起向 PDVSA 的多名官员行贿计划的受益人和参与者。他受贿的形式是收取了一家匿名沥青公司从 PDVSA 购买每桶沥青的佣金。Troyano 从 PDVSA 辞职后，代表 Sargeant Marine 向 PDVSA 的官员行贿	0	委内瑞拉

续表

案件	公司/个人（执法对象）	总部所在地/国籍	行业	控方	公布时间	案件概述	罚款金额（美元）	涉案国家
11	Rafael E Pinto—Franceschi & Franz Herman Muller—Huber	委内瑞拉	—	DOJ	2019/02/21	Pinto 和 Muller 是一家美国工业设备供应商的高级管理人员。两人参与贿赂委内瑞拉国有石油公司 Petroleos de Venezuela S A (PDVSA) 官员 Petrocedeno S A 是 PDVSA 的子公司，Rangel 和 Orsoni 曾担任 Petrocedeco 高级管理人员。Rangel 和 Orsoni 曾分别接受 PDVSA 承包商贿赂，协助他们获得采购合同	1 327 120	委内瑞拉
12	Jose Carlos Grubisich	巴西	石油化工	DOJ	2019/02/27	Grubisich 曾担任巴西石油化工公司 Braskem，S A 高级管理人员。Grubisich 合谋参与了一项贿赂和洗钱计划，向巴西政府官员行贿	3 242 635	巴西
13	Mobile Telesystems PJSC (MTS), et al	俄罗斯	电信供应商	DOJ	2019/02/28	2004 年到 2012 年，MTS 及其子公司向乌兹别克斯坦时任总统的女儿 Karimova 行贿，以进入乌兹别克斯坦电信市场并开展经营	8.5 亿	乌兹别克斯坦
14	Cyrus Allen Ahsani & Saman Ahsani	美国、英国、伊朗	石油	DOJ	2019/03/04	两人曾担任摩纳哥的能源公司 Unaoil S A M 高级管理人员。两人参与向阿尔及利亚、安哥拉、阿塞拜疆、刚果、伊朗、伊拉克、哈萨克斯坦、利比亚和叙利亚的政府官员行贿	0	阿尔及利亚等
15	Mobile Telesystems PJSC (MTS), et al	俄罗斯	电信供应商	SEC	2019/03/06	2004 年到 2012 年，MTS 及其子公司向乌兹别克斯坦时任总统的女儿 Karimova 行贿，以进入乌兹别克斯坦电信市场并开展经营	1 亿	乌兹别克斯坦

续表

案件	公司/个人（执法对象）	总部所在地/国籍	行业	控方	公布时间	案件概述	罚款金额（美元）	涉案国家
16	Gulnara Karimova, et al	乌兹别克斯坦	电信	DOJ	2019/03/07	Karimova是时任乌兹别克斯坦总统的女儿和政府官员。Bekhzod Akhmedov曾担任乌兹别克斯坦电信运营商Uzdunrobita的总裁。2001年至2012年，Karimova和Akhmedov参与了一场涉及MTS、Telia和VipelCom三家公司的大规模贿赂计划，这些公司试图进入乌兹别克斯坦电信市场并开展运营	0	乌兹别克斯坦
17	Luis Alberto Chacin Haddad & Jesus Ramon Veroes	委内瑞拉	电力	DOJ	2019/03/14	Chacin和Veroes参与串谋向委内瑞拉国有电力公司Corpoelec的官员Motta和Lugo行贿，以换取采购合同	200	委内瑞拉
18	Fresenius Medical Care AG & Co KGaA（FMC）	德国	医疗器械	DOJ				
19				SEC	2019/03/29	2007年至2016年，FMC在沙特阿拉伯、摩洛哥、安哥拉、土耳其、西班牙、中国、塞尔维亚、波斯尼亚、墨西哥和西非地区的8个国家通过各种方案支付不当款项	2.31亿	沙特阿拉伯，摩洛哥，中国等
20	Gustavo Trujillo	厄瓜多尔	—	DOJ	2019/04/04	（同2019年1月8日Jose Luis De La Paz Roman案件）	50万	厄瓜多尔
21	Armengol Alfonso Cevallos Diaz & Jose Melquiades Cisneros Alarcon	厄瓜多尔	—	DOJ	2019/05/09	（同2019年1月8日Jose Luis De La Paz Roman案件）	8 835 300	厄瓜多尔
22	Telefônica Brasil S A	巴西	电信	SEC	2019/05/09	在公司主办的与2014年世界杯和2013年联合会杯有关的招待项目中，Telefônica向相关政府官员提供门票和招待等贿赂	412.5万	巴西

续表

案件	公司/个人（执法对象）	总部所在地/国籍	行业	控方	公布时间	案件概述	罚款金额（美元）	涉案国家
23	Larry E Puckett	美国	电力	DOJ	2019/06/10	Larry E Puckett 和 Edward Thiessen 曾担任阿尔斯通高级管理人员。两人分别参与了向印尼国有电力公司 Perusahaan Listrik Negara (PLN) 官员行贿的计划	5100	印度尼西亚
24	沃尔玛（Walmart Inc）	美国	零售商	DOJ	2019/06/20	沃尔玛在巴西、中国、印度和墨西哥的子公司向政府官员支付不当款项，以获取门店许可和执照	1.37 亿	巴西、中国、印度、墨西哥
25				SEC			1.44 亿	
26	WMT Brasilia S.a.r.l	巴西		DOJ			435 万	巴西
27	ZwiSkornicki	巴西				FMC Technologies 和 Technip 是 Technip FMC plc 公司的两个前身公司。Technip 公司曾参与向巴西官员行贿，以获得石油和天然气项目。Skornicki 与 Technip 的代理和顾问。Skornicki 曾担任 Technip 的高级管理人员并共谋向巴西国有石油公司和巴西官员行贿。FMC Technologies 曾参与向伊拉克克政府官员行贿	5.01 万	巴西
28	TechnipFMC plc	英国					296 184 000	巴西、伊拉克
29	Technip USA Inc	美国	油气服务公司	DOJ	2019/06/25		500 400	巴西
30	Luis Alfredo Motta Dominguez & Eustiquio Jose Lugo Gomez	委内瑞拉	电力	DOJ	2019/06/27	Chacin 和 Veroes 参与串谋向委内瑞拉国有电力公司 Corpoelec 的官员 Motta 和 Lugo 行贿，以换取采购合同	0	委内瑞拉
31	Edward Thiessen	美国	电力	DOJ	2019/07/10	（同 2019 年 6 月 10 日 Larry E Puckett 案件）	1.51 万	印度尼西亚
32	MS Hungary	匈牙利		DOJ		微软在匈牙利子公司 MS Hungary 通过第三方向政府官员支付不当款项。微软在沙特阿拉伯和泰国的子公司向政府官员和非政府客户的雇员提供了不正当的旅行和礼物	875 万	匈牙利
33	微软（Microsoft Corporation）	美国	IT	SEC	2019/07/22		1656 万	匈牙利、沙特阿拉伯、泰国和土耳其

续表

案件	公司/个人（执法对象）	总部所在地/国籍	行业	控方	公布时间	案件概述	罚款金额（美元）	涉案国家
34	Alex Nain Saab Moran & Alvaro Pulido Vargas	哥伦比亚	—	DOJ	2019/07/25	2011 年到 2015 年，Saab 和 Pulido 与他人合谋，为一项非法贿赂的收益洗钱	0	委内瑞拉
35	Robin Longoria	美国	—	DOJ	2019/08/12	Robin Longoria 是俄亥俄州一家收养机构雇员。Longoria 参与向乌干达政府官员行贿，以便为美国客户收养乌干达儿童提供便利	0	乌干达
36	德意志银行（Deutsche Bank AG）	德国	金融	SEC	2019/08/22	德意志银行雇用外国政府官员的亲属，以便在投资银行业务方面对其施加不当影响	16 178 850	中国、俄国
37	瞻博网络（Juniper Networks）	美国	网络通信设备	SEC	2019/08/29	Juniper 俄罗斯子公司，中国子公司向政府官员客户提供休闲旅行机会、娱乐活动	1170 万	中国、俄国
38	Jose Raul De La Torre Prado & Roberto Barerra	—	石油	DOJ	2019/09/12	（同 2019 年 1 月 8 日 Jose Luis De La Paz Roman 案件）	182 609	—
39	Sridhar Thiruvengadam	印度	—	SEC	2019/09/13	（同 2019 年 2 月 13 日 Cognizant Technology Solutions Corporation 案件）	5 万	印度
40	TechnipFMC plc	英国	油气服务公司	SEC	2019/09/23	（同 2019 年 6 月 25 日 TechnipFMC plc 案件）	500 万	伊拉克
41	Quad/Graphics, Inc	美国	印刷服务	SEC	2019/09/26	Quad/Graphics 的秘鲁子公司多次向秘鲁政府官员行贿，以赢得销售合同并逃避处罚。Quad/Graphics 中国子公司向客户的员工支付不当款项	9 895 334	中国、古巴、秘鲁
42	Juan Sebastian Espinoza Calderon	厄瓜多尔、美国	—	DOJ	2019/09/27	（同 2019 年 1 月 8 日 Jose Luis De La Paz Roman 案件）	4.31 万	—

续表

案件	公司/个人（执法对象）	总部所在地/国籍	行业	控方	公布时间	案件概述	罚款金额（美元）	涉案国家
43	Westport Fuel Systems, Inc & Nancy Gougarty	加拿大	清洁燃料科技公司	SEC	2019/09/27	Westport 通过其前首席执行官 Gougarty 和其他代理贿赂中国官员	4 166 000	中国
44	巴克莱银行（Barclays PLC）	英国	金融	SEC	2019/09/27	巴克莱亚太区公司为政府官员的亲属、朋友和同事提供了有价值的就业机会，以获取或保留业务或其他福利	6 308 726	中国、韩国
45	Lennys Rangel	委内瑞拉	—	DOJ	2019/11/01	（同 2019 年月 21 日 Rafael E Pinto-Franceschi 和 Franz Herman Muller-Huber 案件）	5 000 100	委内瑞拉
46	Edoardo Orsoni	委内瑞拉		DOJ	2019/11/01		4 500 100	委内瑞拉
47	Jerry Li	中国	营养保健品	SEC	2019/11/14	Jerry Li 曾任美国康宝莱营养公司（Herbalife Nutrition Ltd）中国子公司高级管理人员。Li 和下属 Yang 等人贿赂中国官员，以获取和保留公司在中国的直销许可证	0	中国
48	Yanliang Li,（又名 "Jerry Li"） & Hongwei Yang,（又名 "Mary Yang"）			DOJ			0	
49	三星重工（Samsung Heavy Industries Co Ltd）	韩国	造船、建筑工程服务	DOJ	2019/11/22	三星重工通过中介机构贿赂巴西国家石油公司（Petrobras）的官员	75 481 600	巴西
50	爱立信（Telefonaktiebolaget LM Ericsson), et al	瑞典	电信	DOJ	2019/12/06	2000 年至 2017 年，爱立信的子公司通过第三方贿赂沙特阿拉伯、吉布提提供的官员。爱立信在越南、印度尼西亚科威特维特贿赂资金并签订虚假合同	520 650 832	吉布提、印度尼西亚、科威特、越南、沙特阿拉伯等
51				SEC			539 920 000	

续表

案件	公司/个人 （执法对象）	总部 所在地/ 国籍	行业	控方		公布 时间	案件概述	罚款金额 （美元）	涉案 国家
52	Tim Leissner	美国	金融	SEC		2019/12/16	Tim Leissner 曾担任高盛公司高级管理人员。Leissner 曾参与授权并向马来西亚和阿布扎比酋长国的政府官员行贿	43 700 000	马来西亚、阿联酋
53	Daniel Sargeant	美国	—	DOJ		2019/12/18	2010 年至 2018 年，曾担任美国 Sargeant Marine 及其关联公司高级管理人员和共有者的 Sargeant 合谋向巴西和委内瑞拉的外国官员行贿。Sargeant Marine 通过贿赂计划在巴西获得了 1.85 亿多美元的合同。在委内瑞拉，行贿计划的目的包括从委内瑞拉国有石油公司 PDVSA 购买沥青，以及从 PDVSA 获取内部非公开信息，以在沥青买卖中获取不正当优势等	0	巴西、委内瑞拉
54	Airbus SE	法国	航空 航天、 国防	DOJ		2020/01/28	2013 年至 2015 年，Airbus SE 公司向中国的一个商业伙伴支付了一笔款项，用于在向中国有航空公司购买和出售空中客车飞机的过程中，贿赂中国官员	2 091 978 881	中国
55	Daniel Comoretto	委内 瑞拉	—	DOJ		2020/02/06	2011 年至 2015 年，委内瑞拉石油公司 PDVSA 经理 Comoretto 收受了一家沥青公司从一家美国土沥青公司的佣金贿赂，还收受了一家沥青公司代表 Sargeant Marine 公司购买每一桶沥青的佣金贿赂	0	委内瑞拉
56	Tulio Anibal Farias— Perez	委内 瑞拉、 美国	—	DOJ		2020/02/07	Farias 与 Jose Manuel Gonzalez Testino 共同控制几家美国和委内瑞拉公司。2011 年至 2018 年，Farias 和 Gonzalez 向 PDVSA 官员行贿，诱使 PDVSA 官员利用职权帮助他们的公司赢得 PDVSA 供应设备和服务的合同	0	委内瑞拉

续表

案件	公司/个人（执法对象）	总部所在地/国籍	行业	控方	公布时间	案件概述	罚款金额（美元）	涉案国家
57	Juan Ribas Domenech, et al	厄瓜多尔等	—	DOJ	2020/02/12	Roberto Heinert 和 Jose Vicente Gomez Aviles 是巴拿马一家保险介绍人公司的所有人，该公司帮助一些公司获得并保留与厄瓜多尔国有保险公司 Seguros Sucre S A 的合同。Juan Ribas Domenech 从 2013 年至 2017 年担任 Seguros Sucre 的董事长和厄瓜多尔总统顾问。Felipe Moncaleano Botero 从 2013 年至 2019 年担任英国一家再保险经纪人的哥伦比亚子公司的高级管理人员	5 036 565	厄瓜多尔
58	Felipe Moncaleano Botero	哥伦比亚	—	DOJ	2020/02/12		3 207 100	厄瓜多尔
59	Jose Vicente Gomez Aviles	厄瓜多尔、美国	—	DOJ	2020/02/12	2013 年至 2017 年，Botero 与介绍人公司（包括 Aviles）的所有人联系，帮助保险经纪人继续通过 Seguros Sucre 公司为厄瓜多尔国防部（MOD）提供再保险合同。保险经纪人同意向介绍人公司支付中标或保留交易和证合同的佣金。随后，一部分佣金通过多家中介公司的交易和证券转让流向 Domenech 及其亲属。一家中介公司共将约 143.2 万美元现金和价值 197.5 万美元的证券转入 Domenech 持有的账户	3 157 000	厄瓜多尔
60	Cardinal Health, Inc	美国	医疗	SEC	2020/02/28	2010 年至 2016 年，Cardinal 中国公司为一家欧洲美肤化妆品公司管理两个大型营销账户，Cardinal 中国的员工利用该公司营销账户的资金推广该公司的产品，其中部分款项支付给了在中国政府工作的医疗专业人士和国有零售公司的员工	8 816 887	中国

续表

案件	公司／个人（执法对象）	总部所在地/国籍	行业	控方	公布时间	案件概述	罚款金额（美元）	涉案国家
61	Roberto Heinert	美国、厄瓜多尔	—	DOJ	2020/03/04	（同2020年2月12日 Juan Ribas Domenech 案件）	3 157 000	厄瓜多尔
62	Carlos Enrique Urbano Fermin	委内瑞拉	—	DOJ	2020/03/20	Urbano Fermin 拥有/控制的公司向 PDVSA 子公司提供货物或服务。Fermin 与其他人共谋（包括一名委内瑞拉律师），向委内瑞拉高级检察官行贿，以换取协助，防止其公司因与 PDVSA 子公司采购过程有关的腐败活动而被起诉	0	委内瑞拉
63	Leonardo Santilli	委内瑞拉、意大利	—	DOJ	2020/03/20	在一项大型的腐败中，承包商向 PDVSA 官员行贿和支付回扣，PDVSA 官员将虚假高的合同授权给首选承包商。这些承包商通常与 PDVSA 高级官员或委内瑞拉政府或军方高级官员有联系，并分享合同的收益。2014年至2017年，Santilli 参与了这一腐败活动，向 PDVSA 及其合资企业的官员行贿900多万美元。Santilli 共从 PDVSA 合资公司获得了约1.466亿美元的合同	0	委内瑞拉

续表

案件	公司 / 个人（执法对象）	总部所在地 / 国籍	行业	控方	公布时间	案件概述	罚款金额（美元）	涉案国家
64	Asante K Berko	美国、加纳	—	SEC	2020/04/13	Berko 曾担任高盛集团英国子公司高盛国际 GSI 的投资银行部门主管。Berko 安排向加纳国际 GSI 的客户公司向加纳中介机构输送至少 250 万美元，向加纳政府官员行贿，以获得他们批准一个发电厂项目。Berko 还帮助中间人向政府官员和其他政府官员行贿，其本人也向加纳议会议员和其他政府官员行贿。为了掩盖贿赂计划，Berko 蓄意采取一些措施，包括就中介公司的真实角色和目的误导本公司合规人员。这家客户公司向 Berko 支付了 200 万美元，作为他协助行贿的报酬	329 164	加纳
65	Eni S p A	意大利	油气	SEC	2020/04/17	2007 年至 2010 年，Eni S p A 的子公司 Saipem S p A 向中介支付了约 1.98 亿欧元，在中介公司的协助下，Saipem 从阿尔及利亚国有石油公司获得了至少 7 份合同。这家中介公司随后将其中一部分资金转给了阿尔及利亚政府官员，包括该国能源部部长	24 500 000	阿尔及利亚
66	United States of America v. Afework Bereket, a/k/a "Affe Bereket"	—	—	DOJ	2020/06/03	2010 年到 2014 年 1 月，爱立信非洲之角地区的客户经理 Bereket 与爱立信、爱立信埃及公司、爱立信股份有限公司 EAB 及其他人合谋，向吉布提的外国官员，Bereket 及其同谋向吉布提提至少 3 名官员行贿总计约 210 万美元，其中包括政府行政部门的两名高级管理人员。该计划为爱立信公司赢得了约 2030 万欧元的合同	0	吉布提

续表

案件	公司 / 个人（执法对象）	总部所在地 / 国籍	行业	控方	公布时间	案件概述	罚款金额（美元）	涉案国家
67	Novartis Hellas S A C I & Novartis AG	希腊、瑞士	制药	DOJ	2020/06/25	2008 年至 2015 年，Novartis（诺华）的希腊子公司 Novartis Hellas 串谋为希腊国有医院和诊所雇用的医疗保健专业人员（HCP）支付出席国际卫生大会的费用，此举作为贿赂，以增加诺华品牌处方药 Lucentis 在希腊的销量。诺华 Hellas 还在一项旨在增加诺华品牌处方药销售额的流行病学研究中，向 HCPs 支付了其他不当款项。从上述处方药的销售中，诺华 Hellas 共确认了至少 7148 万美元的利润	225 000 000	希腊
68	Alcon Pte Ltd & Alcon, Inc	新加坡、瑞士	眼科护理	DOJ	2020/06/25	瑞士公司 Alcon, Inc 2011 年成为诺华的全资子公司，2011 年至 2014 年，Alcon Pte 是诺华 Alcon 事业部在新加坡的附属公司。从 2007 年开始，Alcon 越南代表处和一家越南经销商公司参与贿赂越南国有医院和诊所 HCP。经销商直接向 HCP 支付款项，Alcon 越南代表处在获得 Alcon Pte 员工的批准后，向经销商公司报销了高达 50% 与不当付款相关的费用。该计划在 Alcon 与 Novartis 合并后仍在继续。Alcon Pte 从中总计获得了大约 850 万美元的利润	8 925 000	越南

续表

案件	公司/个人（执法对象）	总部所在地/国籍	行业	控方	公布时间	案件概述	罚款金额（美元）	涉案国家
69	Novartis AG	瑞士	制药	SEC	2020/06/25	诺华是爱尔康公司（Alcon Inc）的唯一所有者，诺华于 2011 年收购了这家公司，并于 2019 年将其剥离。Novartis 或 Alcon 在韩国、越南和希腊的子公司和附属公司向公共项或医疗保健提供商支付不当款项或获使用他们开具其其或使用诺华或 Alcon 的处方产品。当地子公司或附属公司的某些管理人员都知道这些计划。2013 年至 2015 年，Alcon 与中国设备融资安排（EFA）相关的某些会计控制缺陷导致的造伪不良合同，缺少手术设备，以及与 EFA 执行不良相关的大量 EFA 应收账款杂额，爱尔康中国因此核销了超过 5000 万美元的坏账	112 800 000	中国、希腊、韩国、越南
70	Luis Enrique Martinelli Linares & Ricardo Alberto Martinelli Linares	巴拿马、意大利	—	DOJ	2020/06/27	2001 年至 2016 年巴西企业集团 Odebrecht S A 参与了一项广泛的贿赂计划，在多个国家行贿 7 亿多美元。Linares 兄弟是巴拿马政府一名高级官员的近亲。2009 年 8 月至 2014 年 7 月，Linares 兄弟等人参与了 Odebrecht 贿赂款项的中间人，充当该巴拿马官员为 Odebrecht 支付贿赂的名义设立离岸账户，以接收并掩饰 Odebrecht 为该官员支付的贿赂。2009 年至 2012 年，该空壳公司的银行账户从 Odebrecht 处收到约 2800 万美元的贿赂款，为该官员谋取利益	0	巴拿马

续表

案件	公司/个人（执法对象）	总部所在地/国籍	行业	控方	公布时间	案件概述	罚款金额（美元）	涉案国家
71	Alexion Pharmaceuticals, Inc	美国	制药	SEC	2020/07/02	Alexion 土耳其公司向土耳其政府官员行贿，以影响他们批准患者处方并为 Soliris 公司提供其他有利的监管；2011 年至 2015 年，Alexion Russia 向俄罗斯政府卫生保健官员支付了类似不当款项，以获得对 Soliris 药物有利的监管待遇和预算分配，并增加批准的 Soliris 处方数量	21 476 531	巴西、哥伦比亚、俄罗斯、土耳其
72	Javier Aguilar	美国	—	DOJ	2020/07/10	2015 年至 2020 年 7 月，石油分销商和能源交易商 Vitol Inc 的经理和能源交易员 Aguilar 等人合谋向厄瓜多尔国有石油公司 Petroecuador 和厄瓜多尔碳化合物当时的官员行贿，支付约 87 万美元贿赂，用于获得一份价值 3 亿美元的燃料油采购合同，该合同被授予一家国有企业，这有利于 Vitol 公司的利益。这些贿赂是通过中介机构和离岸空壳公司之间的虚假咨询协议流向官员的	0	厄瓜多尔
73	Jose Luis de Jongh-Atensio	美国、委内瑞拉	—	DOJ	2020/07/16	2013 年至 2019 年，PDVSA 休斯顿子公司 Citgo 石油公司的采购官和经理 De Jongh 接受商人 Gonzalez 和 Farias 等的贿赂 250 多万美元，以及礼物和其他有价之物，包括 2014 年世界系列赛、超级碗 XLIX 和 U2 演唱会的门票。De Jongh 协助 Gonzalez 和 Farias 获得 Citgo 和 PDVSA 合同	352 707	委内瑞拉

续表

案件	公司/个人（执法对象）	总部所在地/国籍	行业	控方	公布时间	案件概述	罚款金额（美元）	涉案国家
74	World Acceptance Corporation	美国	消费贷款公司	SEC	2020/08/06	2010 年 12 月至 2017 年 6 月，WAC 当时的全资子公司 WAC 墨西哥公司 WAC de Mexico 直接或通过中间人向墨西哥政府官员和工会官员行贿约 410 万美元，以获得并保留与该公司 Prestamos Viva 业务线的业务（该业务线向州和联邦政府雇员提供小额贷款）	21 726 000	墨西哥
75	Margaret Cole, et al（Margaret Cole, Debra Parris, Dorah Mirembe）	美国、乌干达	—	DOJ	2020/08/13	Cole 是美国一家国际收养机构的执行董事。Parris 管理该收养机构的乌干达项目。Mirembe 任职于提供与收养有关服务的乌干达律所。2013 年至 2016 年，Parris 和 Mirembe 等人向福利会官员、法官、法院登记员等乌干达官员行贿，以促使美国的家庭收养乌干达儿童，包括那些没有被适当确定为孤儿的儿童。他们还对养父母撒谎，包括谎报行贿和这些孩子是否符合被收养条件等其他重要的信息	0	乌干达
76	United States of America v Raymond Kohut	加拿大	—	DOJ	2020/08/18	2012 年至 2020 年 8 月，一家欧洲能源贸易公司的雇员，代理人 Kohut 与两名厄瓜多尔顾问，代表贸易公司向两名厄瓜多尔国有石油公司 Petroecuador 的官员行贿，以便为贸易公司获得和保留业务。Kohut 等人还进行了旨在掩盖行贿计划的金融交易。Kohut 等人让贸易公司向顾问控制的瑞士、开曼群岛和巴拿马的银行账户支付了 7000 多万美元，顾问们用这些洗钱所得向厄瓜多尔官员支付了至少 2200 万美元	220 万	厄瓜多尔

续表

案件	公司/个人（执法对象）	总部所在地/国籍	行业	控方	公布时间	案件概述	罚款金额（美元）	涉案国家
77	Herbalife Nutrition Ltd	美国	直销公司保健、个人护理	DOJ	2020/08/28	2006 年至 2016 年，康宝莱中国公司董事总经理 Yanliang Li (Jerry Li) 和对外事务总监 Hongwei Yang (Mary Yang) 等人实施伪造账簿和记录，并向中国政府官员和一家中国国有媒体提供腐败项和利益的计划，形式包括现金、礼品、旅行、酒店、餐饮及娱乐活动等福利，目的是获得并保留直销许可证，不正当地影响某些中国国有和国内的媒体，以消除媒体对康宝莱中国的负面报道。康宝莱支付的超过 720 万美元的贿赂，由此获得了约 5870 万美元的利益	55 743 093	中国
78	Herbalife Nutrition Ltd	美国	直销公司保健、个人护理	SEC	2020/08/28		67 313 498	中国
79	Peter Weinzierl & Alexander Waldstein	奥地利	—	DOJ	2020/09/18	2006 年至 2016 年，奥地利银行 Meinl Bank AG 的首席执行官和董事 Peter Weinzierl，高级管理人员 Alexander Waldstein 等人，与巴西企业集团 Odebrecht 合谋洗钱，骗取巴西税务局超过 1 亿美元的税款，并创建 Odebrecht 用于支付数亿美元贿赂的账外资金，专门用于向巴西、墨西哥和巴西的政府官员行贿	0	巴西、墨西哥、巴拿马

续表

案件	公司 / 个人（执法对象）	总部所在地 / 国籍	行业	控方	公布时间	案件概述	罚款金额（美元）	涉案国家
80	Sargeant Marine Inc	美国	沥青	DOJ	2020/09/22	2010 年至 2018 年，Sargeant Marine 公司串谋向巴西、委内瑞拉和厄瓜多尔的外国官员行贿，以获得利润丰厚的合同在巴西，Sargeant Marine 及其相关公司贿赂国有石油公司 Petrobras 的官员，通过伪造的咨询合同和发票，现金支付将数百万美元从美国汇至以贿赂中间人空壳公司名义持有的离岸银行账户。在委内瑞拉和厄瓜多尔，Sargeant Marine 也通过类似形式行贿从委内瑞拉国有石油公司（PDVSA）购买沥青时，Sargeant Marine 及其附属公司（已被 PDVSA 列入"黑名单"）利用一家瑞士公司以少量溢价将沥青转售给 Sargeant Marine。贿赂还使其能够从 PDVSA 官员那里获取非公开信息，以在竞争中占据优势由于这些贿赂，Sargeant Marine 及其附属公司获得了超过 3800 万美元的利润	16 600 400	巴西、厄瓜多尔、委内瑞拉

续表

案件	公司/个人（执法对象）	总部所在地/国籍	行业	控方	公布时间	案件概述	罚款金额（美元）	涉案国家
81	J&F Investimentos SA	巴西	企业集团（肉类、蛋白质、皮革等）	DOJ	2020/10/14	Joesley Batista 与兄弟 Wesley 是巴西私人投资控股公司 J&F 的共同所有者。J&F 是 JBS、JBS USA 和 Pilgrims 的母公司 2005 年至 2017 年，J&F、Batista 兄弟、JBS 和一家巴西中介机构合谋向巴西政府立法和行政部门的高级官员，以及巴西国有银行（BNDES）和巴西国有养老基金（Petros）的高级管理人员行贿，以确保 J&F 和 JBS 能够从 BNDES、Petros 和另一家巴西国有银行获得融资和股权交易。J&F 总共行贿约 1.776 亿美元	256 497 426	巴西
82	J&F Investimentos, S A, et al	巴西	企业集团（肉类、蛋白质、皮革等）	SEC	2020/10/14	2009 年 9 月，为了促成 JBS 对 Pilgrims 控股权的收购，Batistas 按照巴西财政部部长（也是巴西国有银行 BNDE 的高级管理人员）的指示向其行贿。直至 2015 年，在 Pilgrims 管理层不知情的情况下，Batistas 继续实施贿赂，部分使用 JBS 运营账户，账户中包含通过公司间转账、股息支付等方式从 Pilgrims 获得的资金。Batistas，J&F 和 JBS 通过这位部长长共行贿 1.5 亿美元	27 966 565	巴西

续表

案件	公司/个人（执法对象）	总部所在地/国籍	行业	控方	公布时间	案件概述	罚款金额（美元）	涉案国家
83	Beam Suntory Inc	美国	消费品（酒）	DOJ	2020/10/21	2006 年到 2012 年，Beam 印度公司主要通过第三方销售人员向印度政府多名官员行贿，进行不当支付，以确保在政府控制的仓库和零售店获得 Beam 产品的订单，使得 Beam 产品在政府零售店获得显著位置，获得并更新商标签注册和许可证，并使 Beam 烈酒产品得以从 Beam 印度公司的 Behror 装瓶厂配送到印度其他州的仓库。Beam 和 Beam 印度公司的高级管理人员批准了这些付款	19 572 885	印度
84	Goldman Sachs (Malaysia) Sdn. Bhd	美国	金融	DOJ	2020/10/21	2009 年至 2014 年，高盛和高盛马来西亚公司直接或间接向马来西亚国有控股投资基金 1MDB 的官员和阿布扎比国有主权财富基金国际石油投资公司的官员行贿超过 16 亿美元，以确保高盛在能源收购方面的顾问地位，作为三笔总价值 65 亿美元、并有望在 1MDB 能源资产的首次公开发行中扮演重要的角色。高盛总共从这些交易中获得了约 6.06 亿美元的费用	50 万	马来西亚、阿联酋
85	The Goldman Sachs Group, Inc	美国	金融	DOJ	2020/10/21		2 921 088 000	马来西亚、阿联酋
86	The Goldman Sachs Group, Inc	美国	金融	SEC	2020/10/22	这些贿赂来自高盛员工从高盛承销的债券发行中挪用的超过 27 亿美元资金。1MDB 为其项目筹集资金时，有数十亿美元从 1MDB 被挪用，被挪用的资金包括 1MDB 在 2012 年和 2013 年通过与高盛共同发行的三次债券筹集的约 65 亿美元资本中的很大一部分	1 006 300 000	马来西亚、阿联酋

续表

案件	公司/个人（执法对象）	总部所在地/国籍	行业	控方	公布时间	案件概述	罚款金额（美元）	涉案国家
87	Natalino D'Amato	委内瑞拉、意大利	—	DOJ	2020/11/24	2013 年 1 月至 2017 年 12 月，D'Amato 等人合谋在南佛罗里达州的银行清洗非法贿赂计划的收益。D'Amato 向在 PDVSA 合资企业的委内瑞拉官员行贿，以获得向这些合资企业提供商品和服务的利润丰厚的合同。D'Amato 的公司从 PDVSA 合资企业那里获得约 1.6 亿美元	0	委内瑞拉
88	Vitol Inc	美国	石油经销商和能源商品贸易商	DOJ	2020/12/03	2005 年至 2014 年，Vitol 及其同谋者向巴西国有控股石油公司 Petrobras 多名官员行贿 800 多万美元，以便获得 Petrobras 的机密定价和竞争对手信息，并赢得与 Petrobras 的燃油合同。Vitol 通过中介机构和一家虚构公司，将款项付给海外账户以及最终支付给 Petrobras 官员。Vitol 及其附属公司从 Petrobras 项目中总共获得至少 3300 万美元的利润	1.35 亿	巴西、厄瓜多尔、墨西哥
89	Jorge Luz	巴西	—	DOJ	2020/12/09	Jorge Luz 作为商业顾问，受雇为美国沥青公司 Sargeant Marine 及其相关公司的代理人。他和他的儿子 Bruno Luz 与他人一起工作。2010 年至 2015 年 2 月，Bruno Luz 与他人合谋代表 Sargeant Marine 向巴西官员行贿超过 500 万美元，通过马绍尔群岛的空壳公司支付给巴西国家石油公司 Petrobras 高级管理人员以及两名巴西政客。通过行贿，Sargeant Marine 获得了与 Petrobras 的多项合同，获利超过 2600 万美元	0	巴西
90	Bruno Luz	巴西	—	DOJ	2020/12/09		0	巴西

续表

案件	公司/个人（执法对象）	总部所在地/国籍	行业	控方	公布时间	案件概述	罚款金额（美元）	涉案国家
91	Deck Won Kang	美国	—	DOJ	2020/12/17	Kang 向韩国海军一名高级官员（韩国国防部国防采购计划管理局 DAPA 采购官员）承诺，在这名官员离任后，他会给这名官员有价之物，作为交换条件帮助 Kang 的公司获得 DAPA 合同。2010 年 5 月，该官员向 Kang 提供了与 DAPA 合同有关的非公开信息。该官员从 DAPA 退休后，2012 年 4 月至 2013 年 2 月，Kang 从其控制的银行账户向该官员在澳大利亚的银行账户电汇了 10 万美元	1 500 100	韩国
92	Deutsche Bank Aktiengesellshaft	德国	金融业	DOJ	2020/12/22	2009 年至 2016 年，德意志银行利用第三方中介机构、业务发展顾问和中间人（统称为 BDC）从中国、意大利和阿布扎比，以及从中东王室至其高级成员获得或保留业务。这些 BDC 包括外国官员及他们的亲属和同事。尽管此类业务存在固有的贿赂风险，使用 BDC 得到了德意志银行高级管理层和各地区委员会成员的批准。德意志银行向 BDC 支付的总计约 700 万美元被不正当地被记为合法费用，该行不正当地致财约 3500 万美元	79 561 206	沙特阿拉伯和阿联酋
93	Deutsche Bank AG			SEC	2021/01/08		43 329 622	中国、意大利、阿联酋

续表

案件	公司/个人（执法对象）	总部所在地/国籍	行业	控方	公布时间	案件概述	罚款金额（美元）	涉案国家
94	Jorge Cherrez Mino & John Luzuriaga Aguinaga	厄瓜多尔	—	DOJ	2021/02/19	2014 年至 2020 年，Cherrez 和其所在的美国投资基金公司向影响厄瓜多尔公共决策的官员支付了 260 多万美元，ISSPOL 投资决策的官员支付约 1 397 066 美元。其中包括向 Luzuriaga 支付约 1 397 066 美元。这些官员利用自己的职位帮助 Cherrez 和其投资基金公司获得和保留 ISSPOL 投资业务	0	厄瓜多尔
95	Luis Alvarez Villamar	厄瓜多尔	—	DOJ	2021/05/19	Villamar 所在的公司为 ISSPOL 投资的清算所和托管人。Villamar 从 Cherrez 获得了约 3 155 671 美元及佛罗里达州迈阿密的一套公寓，作为交换，允许美国投资基金公司作为 Villamar 所在的公司托管下的 ISSPOL 投资的保管人，这实际上把这些投资的全部监护权和控制权交给了 Cherrez。据称，Villamar 知道他从 Cherrez 收到的贿赂款的部分或全部来自 Isspol 贿赂计划的收益以及 Cherrez 通过腐败从 ISSPOL 获得的业务	0	厄瓜多尔

续表

案件	公司/个人（执法对象）	总部所在地/国籍	行业	控方	公布时间	案件概述	罚款金额（美元）	涉案国家
96	Sergio Rodrigo Mendizabal Mendoza	玻利维亚	—	DOJ	2021/05/20	Bryan Berkman 是美国战术设备公司 Bravo 公司的所有者。Luis 是 Bryan 的父亲。Murillo 曾任玻利维亚政府部长，Mendez 曾任玻利维亚政府办公厅主任	0	玻利维亚
97	Philip Lichtenfeld	美国	—	DOJ	2021/05/20		0	玻利维亚
98	Bryan Samuel Berkman	美国	—	DOJ	2021/05/20	2019 年 10 月至 2021 年 1 月，Berkman 父子和同伙 Lichtenfeld 向 Murillo、Mendez 等玻利维亚政府官员行贿约 107.5 万美元，为了 Bravo 获得一份约 560 万美元的合同，向玻利维亚国防部提供催泪瓦斯和其他非致命设备	0	玻利维亚
99	Luis Berkman	美国	—	DOJ	2021/05/20		0	玻利维亚
100	Arturo Carlos Murillo Prijic	玻利维亚	—	DOJ	2021/05/24		0	玻利维亚
101	Amec Foster Wheeler Energy Limited	英国	工业制品、油气技术和服务	DOJ	2021/06/25	2011 年至 2014 年，Amec Foster Wheeler Energy 有限公司（AFWEL）与他人合谋，其中包括一名与摩纳哥中介公司 Unaoil 有联系的代理人（该代理未能通过 Amec Foster Wheeler Energy 对潜在销售代理人的尽职调查程序），向巴西国家石油公司（Petrobras）的决策者行贿约 110 万美元，从 Petrobras 赢得一份价值约 1.9 亿美元的利润丰厚的合同，设计一个名为 Complexo gas Quimico UFN-IV 的天然气化综合体。Amec Foster Wheeler Energy 总共获得了超过 1760 万美元的收益	18 375 000	巴西
102	Amec Foster Wheeler Limited	英国	工业制品、油气技术和服务	SEC	2021/06/25		22 764 287	巴西

续表

案件	公司/个人（执法对象）	总部所在地/国籍	行业	控方	公布时间	案件概述	罚款金额（美元）	涉案国家
103	Anthony Stimler	英国	—	DOJ	2021/07/26	2007年至2018年，瑞士Glencore嘉能可公司原油采购员Stimler与其他人合谋，通过中介机构，代表嘉能可公司向包括尼日利亚在内的多个国家的外国官员支付了数百万美元的贿赂。作为交换，尼日利亚官员迫使尼日利亚国有石油公司授予石油合同，并以更优惠的交货条件向嘉能可公司及其子公司及其商业伙伴提供更有利的石油等级	0	尼日利亚
104	Naman Wakil	叙利亚	—	DOJ	2021/08/02	2010年到2017年9月，Wakil涉嫌合谋向委内瑞拉国有食品公司（CASA）的官员，以及委内瑞拉国有能源公司（PDVSA）与外国公司的合资企业官员行贿。通过行贿获得至少2.5亿美元的合同。Wakil在位于南佛罗里达州的银行账户与贿赂计划有关的资金洗钱，并在佛罗里达州南部购买了10套公寓，一架价值350万美元的飞机和一艘价值150万美元的游艇等	0	委内瑞拉

续表

案件	公司 / 个人（执法对象）	总部所在地 / 国籍	行业	控方	公布时间	案件概述	罚款金额（美元）	涉案国家
105	WPP plc	英国	营销传播服务	SEC	2021/09/24	WPP 印度子公司通过中间人向印度官员行贿多达 100 万美元，以获得并保留政府业务，2015—2017 年实现净利润超过 500 万美元。WPP 中国子公司在一次税务审计中向一家供应商支付了不合理的款项，从而为 WPP 公司节省了大量税款；WPP 巴西子公司在 2016—2018 年向政府合同有关的供应商支付了不当款项；2013 年，WPP 的秘鲁子公司充当了一家具名的秘鲁建筑公司的中间人，通过其他 WPP 实体进行贿赂，为秘鲁利马市长的一场政治竞选提供资金	19 224 660	巴西、中国、印度、秘鲁
106	Alvaro Pulido Vargas, et al	哥伦比亚等	—	DOJ	2021/10/07	2015 年 7 月至 2020 年，Pulido 父子、Vielma-Mora，Lizcano 和 Guillermo 等人合谋，在委内瑞拉的一个非法贿赂计划中洗钱。被告通过向委内瑞拉 Tachira 州州长 Vielma-Mora 等官员行贿，与 COBISERTA 和 CORPOVEX 等委内瑞拉政府实体签订合同，通过委内瑞拉进口和药品分销计划 CLAP 进口和分销盒装食品和药品。据称，被告及其同谋共获得了约 16 亿美元	0	委内瑞拉

续表

案件	公司/个人（执法对象）	总部所在地/国籍	行业	控方	公布时间	案件概述	罚款金额（美元）	涉案国家
107	Credit Suisse Securities (Europe) Limited	英国		DOJ	2021/10/19	2013 年至 2017 年 3 月，瑞士信贷通过其国子公司 CSSEL 承销、构建、营销和发行了莫桑比克国有实体 ProIndicus S A 和 EMATUM 的银行贷款和两项证券。这些交易筹集了超过 10 亿美元资金，用于实施隐藏的贿赂计划	500 400	莫桑比克
108	Credit Suisse Group AG	瑞士		DOJ	2021/10/19		257 864 865	
109	Credit Suisse Group AG	瑞士	投资银行和金融服务公司	SEC	2021/10/19	CSSEL 与他人合谋，在与莫桑比克国有实体 EMATUM 有关的证券上欺骗投资者。欺诈行为中包括在以下三个方面做出重大失实陈述和遗漏：①贷款收益的使用；②向 CSSEL 银行家支付回扣，以及向莫桑比克官员行贿的风险；③莫桑比克所欠债务的存续期和到期日等。瑞士信贷向投资者表示，贷款收益将只用于金枪鱼捕捞项目。相反，从投资者那里获得的贷款收入被转用于给 CSSEL 银行家提供约 5 000 万美元的回扣，以及给莫桑比克高级官员约 1.5 亿美元的贿赂	99 051 872	
110	Frederick Cushmore Jr	美国	—	DOJ	2021/11/03	2016 年至 2020 年 10 月，美国矿山公司 Corsa Coal Corp 公司副总裁 Cushmore 合谋向埃及国有 Al Nasr 公司的官级官员行贿，该计划涉及就 Corsa 公司出售给 Al Nasr 的每公吨煤炭向 Corsa Coal Corp 公司在埃及的销售及付佣金。部分佣金被意图作为贿赂转交给埃及官员。通过煤炭交易，Al Nasr 公司向 Corsa Coal Corp 公司支付了约 1.43 亿美元	0	埃及

四、强化境外园区合规运营，
打造"一带一路"合规明珠

习近平总书记在"一带一路"国际合作高峰论坛上强调，要积极推进经济走廊建设，办好经贸、产业合作园区。自 2006 年我国政府批准"国家级境外合作区"起，境外经贸合作区（以下简称境外园区）逐步成为促进中国企业"走出去"的重要抓手。然而，境外园区项目的开发、建设、运营活动比一般境外投资项目更为复杂，合规风险更为突出，本文根据笔者的实务经验，对境外园区项目的典型合规风险进行了梳理，并对实现境外园区项目合规发展的具体路径提出了建议，以期为境外园区实务工作者提供参考。

（一）"一带一路"境外园区的发展状况

1."一带一路"境外园区的发展现状

境外园区是指在中华人民共和国境内（不含中国香港、澳门和台湾地区）注册、具有独立法人资格的中资控股企业，通过在境外设立的中资控股的独立法人机构，投资建设的基础设施完备、主导产业明确、公共服务功能健全、具有集聚和辐射效应的产业园区。[1]

境外园区是中国企业"走出去"过程中，特别是在"一带一路"沿线投资建设活动中，探索形成的具有中国特色的国际经贸合作方式。众所周知，"一带一路"国家大多是处于工业化初期、中期阶段的发展中国家，缺乏有效的双边、多边投资保障机制和治理机制。中国企业通过与东道国政府、企业合作，借鉴中国的"特区""开发区"等产业园区发展经验，在东道国投资建设各类出口加工区、经济特区、科技园区、物流园区、自由贸易园区、自由港等，一方面可以为入驻企业提供基础设施、政策支持、安全保障等一揽子支持措施，另一方面可以为东道国经济发展、就业创造大量机会。

近年来，我国境外园区建设、开发工作稳步推进，质量效益日益突出，在地区间紧密合作、产业优势互补、企业协作共赢过程中发挥着积极作用。截至 2019 年年底，纳入商务部统计的境外园区累计投资 419 亿美元，其中在"一带一路"沿线国家建设的园区累计投资 350 亿美元，上缴东道国税费超过 30 亿美元，为当地创造就业岗位 33 万个。[2] 代表性的境外园区包括泰国泰中罗勇工业园、埃及苏伊士经贸合作区等。

2. "一带一路"境外园区的发展趋势

中国在"一带一路"建立境外园区的产业领域主要集中在加工制造业、能矿资源和农产品加工等方面，近年来呈现朝着商贸物流园、科技合作园

---

[1]　商务部合作司 (2010-08-10)："境外经贸合作区"（http://fec.mofcom.gov.cn/article/jwjmhzq/article02.shtml）。

[2]　《〈中国"一带一路"贸易投资发展报告 2020〉发布"一带一路"倡议七周年高质量共建持续推进》(2020-09-07) (https://baijiahao.baidu.com/s?id=1677147605137062198&wfr=spider&for=pc)。

等方向升级的趋势。新冠肺炎疫情背景下，世界经济格局发生深度调整，也推动着境外园区向高精尖产业、数字科技领域逐步转型。商务部等主管部门出台的《数字经济对外投资合作工作指引》《对外投资合作绿色发展工作指引》明确鼓励数字经济企业参与科技研发型境外经贸合作区建设，打造境外科技创新平台，建设数字化境外经贸合作区；鼓励打造绿色境外经贸合作区，建设绿色低碳型园区。由此可见，数字智能、高科技、绿色低碳已成为境外园区下一步发展的主要方向。

（二）境外园区开发运营面临的合规风险和挑战

相比一般境外投资项目，境外园区项目具有综合性强、开发周期长、参与主体多等特点，建区企业也因此面临更严峻的合规风险。通常，境外园区项目所涉合规风险包括市场准入风险、商业贿赂风险、土地权属风险、劳动用工风险、合作伙伴风险等。此外，境外园区绿色化、数字化发展趋势也促使建区企业在生态环境、数据安全等方面加强合规管理。

1. 市场准入风险

境外园区项目通常涉及土地开发、基础设施建设、产业定位、引进外资企业入园等重要事项，属于东道国政府严格监管的外商投资项目类型，东道国对建区企业通常也会设置严格的市场准入条件。从中国企业开发境外园区的实践来看，大多数境外园区项目属于中国和东道国政府共同关注或推动项目，受两国合作政策的影响，市场准入风险总体可控，但东道国政府对建区企业提供的具体政策、待遇、开放条件具有不确定性，需要在微观层面实现把控。实务中，建区企业通常需要与东道国政府谈判签署特许开发协议，取得东道国政府对境外园区建设开发的具体授权、对园区未来产业定位的专项许可，以及政府在土地开发、项目公司设立、基础设施建设、外汇管理、财税等方面的详细支持承诺，以降低后续违规风险。

2. 商业贿赂风险

商业贿赂也是引发境外园区项目合规风险的重要领域。"一带一路"国家商业贿赂风险总体较高。据有关统计，商业贿赂领域高风险及较高风险国家占"一带一路"国家总数的 24%，而中高风险国家占"一带一路"国家总数的 79%。[1] 部分"一带一路"国家为了打击企业与企业之间、企业与政府之间的贿赂行为，出台了专门的反贪腐法案或其他相关监管规定，并不断加大执行力度。境外园区项目参与主体众多，诸多环节依赖东道国政府及合作伙伴的支持，建区企业在与有关各方打交道时需要格外警惕商业贿赂和腐败相关风险，公平公正地开展投资活动。

3. 土地权属风险

土地开发活动合法合规是境外园区项目合规的另一个重要指标。由于政权更迭、制度缺失等原因，部分"一带一路"国家的土地权属管理较为混乱。例如，东道国政府在批准项目用地时可能未对土地原有权利人进行充分补偿，导致建区企业获批的项目土地存在权属瑕疵，园区开发活动面临维权、抗议等风险，建区企业应该谨慎核查土地权属关系及证明。此外，还有一些"一带一路"国家对允许外国投资者投资的土地类型、土地权利性质进行了限制，建区企业必须提前调查、研究，避免违规事件发生。

4. 劳动用工风险

"一带一路"诸多国家对外国员工在当地工作均进行严格管理，例如设置劳动许可、外国员工配额、本地化雇用要求等。建区企业向东道国派驻国内有经验的管理人员、业务人员时，如果不及时办理相关的工作、居住许可，则可能会面临不合规处罚。此外，建区企业通常需要雇用东道国本

---

[1]　亚布力论坛研究中心 (2020-11-28)：《'一带一路'国家的商业贿赂风险》(https://baijiahao.baidu.com/s?id=1684573501297149769&wfr=spider&for=pc)。

地居民进行辅助工作，由于民族、文化差异，东道国劳动法往往极具地区特色，例如中东某些国家要求特定地区的工作人员应为穆斯林，企业也需关注相关特殊规定，避免违规。

5. 合作伙伴风险

中国企业如对"一带一路"国家的投资环境不熟悉或缺乏园区项目经验，往往会选择和有经验的合作伙伴合作，共同推进境外园区建设。然而，合作伙伴既可以利用自身的资源和优势为企业提供助力，也可能因为自身合规问题为企业带来麻烦。实践中因为合作伙伴存在合规问题，导致中国企业交易受阻的案例并不少见。例如，某国内企业计划与合作伙伴合资在"一带一路"国家开发建设产业园，但因为合作伙伴在东道国存在欠税等违规事件，合资公司耗时一年之久仍未设立完成。

6. 生态环境风险

随着国际社会环境保护意识的加强，各国纷纷设置环境保护部门，要求投资者在当地的投资建设活动符合环境保护法律规定。境外园区项目通常涉及土地开发、基础设施建设施工活动，需要接受当地环境保护部门的监督，如果项目存在环境隐患，则可能无法顺利推进或面临合规处罚。此外，中国商务部等对外投资监督指导部门，也鼓励企业在境外园区活动中树立绿色、低碳、环保的目标，从而提高了对建区企业建设绿色合规体系的要求。

7. 数据安全风险

根据《数字经济对外投资合作工作指引》，国家鼓励数字经济走出去，特别是鼓励企业在条件成熟的"一带一路"共建国家开展技术创新合作和电子政务、远程医疗等应用场景合作；在基础设施条件不足的发展中国家加强移动终端合作，提高硬件普及率，推动软件开发与应用。由此可见，数字化将成为境外园区后续发力的主要方向。目前国际社会，包括诸多"一带一路"国家,均加大了数据安全、隐私保护方面的监管力度,出台了一系列数字经济领域审查和监管措施,数字经济企业需要格外关注在数据出境安全等方面的合规风险。

(三)境外园区合规发展的具体路径

目前,国际社会政治经济秩序面临深度调整,"一带一路"国家作为中国的重要战略伙伴,各方在产能合作、绿色低碳、数字经济等方面的合作必将进一步深化,境外园区也将在次区域合作中发挥更大的作用。建区企业遵守国内国际相关规定,合法合规开展园区建设运营,打造"一带一路"上的合规明珠,对于建设"阳光丝路"具有重大意义。在大合规理念的指导下,国家相关主管部门先后出台了《企业境外经营合规管理指引》等一系列政策文件,引导、规范境外园区合法合规、可持续发展。为此,我们建议建区企业针对境外园区项目建立事先、事中、事后,覆盖园区项目全流程的合规管控机制。

1. 项目投资阶段

在项目投资阶段,有以下参考措施。

①项目渠道。建区企业需要严格遵守东道国法律要求,通过合法程序获取项目,坚持公平竞争,抵制商业贿赂,杜绝虚假宣传业绩或其他不正当竞争行为。

②尽职调查。建区企业需要在投资前全面评估项目可行性和总体风险,聘请专业法律顾问对东道国法律环境进行调查,包括但不限于东道国外资准入、国家安全审查、行业监管、贸易管制、外汇机制、担保制度等方面的法律法规和监管要求,并核查境外园区项目所涉开发地块权属是否清晰、合规等。

③投资架构。建区企业需要结合风险隔离和境外园区项目管理的要求,设计可行的投资架构、路径,包括在东道国设立一个或多个项目开发公司

或运营公司、与商业合作伙伴设立合资公司等。项目公司应按照中国和东道国法律法规的要求进行日常治理，对重大事项及时开展合规论证。

④商业谈判和交易文件。建区企业需要重视与东道国政府的项目谈判，并以书面交易文件形式（包括但不限于特许权合同、开发协议、合资协议、股东协议等）固定谈判成果。商业谈判的内容应覆盖项目开发、建设、运营、投资促进等环节的重要事项，例如：项目所涉特许经营权的性质、期限、所附条件；项目所涉地块的面积、位置、涉讼情况、成本、权属负担、交付时间；东道国政府给予项目的政策支持（包括但不限于税务激励政策、招商支持条件、最低业绩担保等）；项目融资要求、开发建设要求、经营管理要求；园区的产业规划和商业定位，入区企业资质要求、条件；建区企业未来退出项目的限制条件，退出时可获取的补偿对价；东道国政府的陈述保证事项、违约事件，以及建区企业可寻求的救济措施；项目有关争议的解决方式、适用法律等。建区企业在签约环节，还应注意核查东道国政府签约代表是否具备签约权限，必要时要求签约代表提供授权书等证明文件。

⑤监管手续。建区企业在开展正式投资前，应根据中国有关法律规定向国家发展改革委、商务部、外汇主管部门等办理必要的境外投资登记、备案、审批手续，并根据东道国关于外资准入、国家安全审查、行业监管等方面的法律法规和监管要求，办理必要的市场准入手续。

⑥项目融资。建区企业对外融资应遵守国家关于跨境投资、外汇管理的有关规定，按要求提供必要的担保，办理必要的政府登记手续，确保资金合法出境。

2. 项目开发阶段

在项目开发阶段，有以下参考措施。

①项目许可。建区企业需要注意依照东道国法律要求申请项目建设、开发相关许可，包括工程许可、环境许可等；同时关注东道国政府承诺的政策性支持措施是否落实到位，例如境外园区是否已依约定取得特别经济

区或其他特区的法律地位。

②项目建设。境外园区的开发、建设活动应严格按照建区企业与东道国政府达成的协议执行,包括但不限于里程碑要求、作业质量要求、交付标准等。工程建设、施工、环保和消防所适用的标准应符合东道国法律或相关国际惯例。建区企业需要遵守东道国有关安全标准,避免安全事故发生。

③外部采购。在境外园区项目选聘外部供应商、施工方、分包商、运营商时,建区企业应严格遵守国内与东道国的相关法律法规,通过招投标或其他合法程序选定,不得违反与反不正当竞争、反垄断、反商业贿赂有关的任何规定。

④合作伙伴管理。建区企业需要积极主动地识别、管理与合作伙伴(包括但不限于供应商、代理商、分销商、咨询顾问和承包商等)有关的合规风险,对重要合作伙伴应组织开展合规调查,及时传达建区企业对自身与合作伙伴的合规要求,通过要求签订合规协议、做出合规承诺或在商务合同中纳入合规约定等方式促进合作伙伴行为合规。

⑤合同管理。在境外园区项目订立建设时、施工、运维等重大业务合同时,建区企业应对合同内容进行严格审查,按规定的审批程序签订或变更合同,并对合同文件分类管理和妥善保存。

⑥环境保护。在开展园区施工建设时,建区企业应遵守东道国环保法律法规,按规定申请项目建设相关环保许可,落实环境影响评价,积极防范生态环境风险,制定环境事故风险应急预案,采取合理、必要措施降低或减缓投资合作可能产生的不良生态环境影响,依法或按照国际惯例做好生态环境保护和修复。

3. 项目运营阶段

在项目运营阶段,有以下参考措施。

①园区招商。在园区招商环节,建区企业需要对入区企业做到关键信息公开、透明,例如园区基础设施条件和配套服务、园区的产业规划和优

惠政策、园区土地和厂房的最低租赁期限及各项费用的支付要求。需要注意的是，不得有虚假广告、商业欺诈等行为。

②园区管理。建区企业需要针对园区及入区企业建立合规管理规范，督促入区企业合规经营，定期对入区企业的有关员工进行合规培训，及时了解入区企业经营中的各项合规问题，协助其与相关政府部门有效沟通。

③员工管理。对于派驻到东道国工作的人员，建区企业需要制定合规守则和管理规范，依法合规办理员工出入境手续和工作许可。对于雇用的当地员工，建区企业应避免出现种族、部落、肤色、宗教、性别等方面歧视待遇，依当地法律要求规范用工手续，为员工提供必要的劳动保护措施，定期开展合规培训。

④数字化和信息化。对于参与境外园区建设运营的数字经济企业，应严格遵守有关数据出境安全管理的规定与东道国法律法规及国际通行规则，健全数据安全管理制度，妥善应对数字经济领域审查和监管措施。建区企业可以通过加强信息化建设，完善数据的记录和保存流程，增强对保密信息的加密措施，并运用大数据等工具，强化对经营管理行为依法合规情况的实时监控和风险分析，实现信息集成与共享。

⑤安全保障。鉴于"一带一路"国家安全事件多发，建区企业需要有针对性地制定安保预警措施及安全事故应急处置机制，增强安全防护能力，条件允许时可提前将安全保障条款纳入项目协议或合同，明确建区企业与东道国政府的安保责任界限。

⑥绿色低碳。建区企业需要提高入区企业和项目环境准入标准，制定绿色发展战略，健全绿色合规体系建设，推动区内产业绿色化，努力减少碳排放，按照国家和国际社会有关要求推动绿色低碳型园区建设。

⑦持续合规。建区企业需要持续关注中国及东道国合规政策的变化，定期排查梳理境外园区项目的合规风险，特别是重大决策、重大合同、大额资金管控和境外机构治理等方面存在的合规风险，对排查发现的合规风险及时处置，实现境外项目持续合规。

五、重视"一带一路"低碳政策变化，
关注碳排放合规风险

气候变化是人类面临的共同挑战，强化碳排放合规已经成为世界各国共同的政策取向。在我国企业对"一带一路"沿线国家开展的大规模贸易和投资中，化石能源、重化工产业和制造业占有较大比重。如今，这些企业和项目正面临较大的碳排放合规风险。深入研究全球范围重大控制碳排放政策，系统研究各国碳排放规制，做好充足的应对准备，提升企业合规能力，是企业有效规避投资建设"一带一路"项目风险的必要举措。

（一）强化碳排放合规是各国共同的政策取向

自20世纪末开始，实施以控制二氧化碳排放为目标的减缓气候变化的政策成为世界各国普遍的选择。1992年通过的《联合国气候变化框架公约》（以下简称《公约》）开启了国际社会协调推动控制二氧化碳排放工作。《公约》呼吁所有缔约国都有义务编定国家温室气体排放清单，并要求承诺制定适应和减缓气候变化的国家战略。1997年通过的《京都议定书》将控制二氧化碳排放上升为具有法律约束力的行动。《京都议定书》对发达国家和经济转型国家均设定了目标和时间表。其中，规定工业化国家在2008—2012年其温室气体（主要有6种，即二氧化碳、甲烷、即一氧化二氮、含氢氟烃、全氟化碳、六氟化硫）排放至少要比1990年水平减少5%，为此各缔约国必须制定框架执行体系和具体操作细则。《京都议定书》到期后，2015年197个缔约国通过了《巴黎协定》，这标志着人类社会向低碳世界转型的开始。《巴黎协定》是具有法律约束力的国际条约，要求各国履行责任提出自己的自主贡献目标，大幅减少全球温室气体排放，以确保实现将21世纪全球气温升幅限制在2℃以内的目标。

在《联合国气候变化框架公约》《京都议定书》《巴黎协定》等国际共识基础上，各主要国家都制定了较为严厉的控制二氧化碳排放政策。英国于2007年出台《气候变化法案》，是全球首个对二氧化碳排放立法的国家，以实现到2050年将温室气体排放量在1990年的基础上降低80%的目标。欧盟长期在控制二氧化碳减排方面走在世界前列：1997年就承诺在2008—2012年将6种温室气体的排放减少8%（与1990年水平相比）；2005年率先建立了碳排放权交易体系（EU-ETS），2011年制定了2050低碳经济路线图，从2013年欧盟开始缩减配额，2019年出台《欧洲绿色协议》，布局在2050年前实现欧洲地区碳中和。欧盟2021年出台新立法——A "Fit for 55" Package Based on Environmental Integrity and Solidarity（减碳55-Fitfor55），构建了系统控制温室气体排放的政策体系。借此法案，欧盟将2030年较1990年减排目标从40%大幅增加至55%。美国从奥巴马政府时期显著地提升控制温室气体排放力度。2007年提出《低碳经济法案》，2009年出台了《清洁能源安全法案》。2009年奥巴马总统做出承诺，美国到2025年温室气体减排30%，2030年减排42%，2050年减排83%。2021年拜登政府上台后重新加入《巴黎协定》[1]，并将2030年减排目标提升到

---

[1] 美国曾于2020年11月退出《巴黎协定》。

50%~52% 的水平。中国在"十一五"期间首次将节能减排列为国民经济和社会发展的约束性目标。2009 年，中国在哥本哈根大会上明确做出承诺，到 2020 年单位国内生产总值二氧化碳排放要比 2005 年下降 40%~45%。中国在"十二五"期间首次将碳强度作为约束性指标纳入规划，要求到"十二五"末碳强度下降 17%，"十三五""十四五"进一步要求单位 GDP 二氧化碳排放继续下降 18%、18%。2020 年，中国向国际社会承诺，力争 2030 年前实现碳达峰，2060 年前实现碳中和（"3060"目标）。

总体来看，自《京都议定书》签署以来，各国控制二氧化碳减排政策不断加码，力度越来越大。在政策手段上，各国均采取了鼓励和限制叠加的政策，鼓励政策主要是支持新能源发展、提高能源利用效率、鼓励企业自愿减排、提升应对气候变化能力等。限制类政策广泛采取了财税、投资、价格、金融等约束政策。例如，对化石能源消费征收碳税，采取排放权交易（为企业设定排放限额，企业超过限额后需购买相应的额度），实施政府规制（包括政府定价和指令标准，政府定价是对能源产品直接设定价格，指令标准是对一些高能耗行业所制定的准入标准、产业能耗限额标准、高能源设备的能耗标准、汽车能耗标准[1]），等等。

（二）"一带一路"投资项目具有高碳排放特征

"一带一路"倡议是我国扩大开放的重大战略举措，自 2013 年提出后得到国际社会高度关注和沿线国家的广泛支持。"一带一路"沿线覆盖亚洲、欧洲、非洲等 60 多个国家，涵盖约 44 亿人口，经济总量约为 21 万亿美元，连接着欧亚两大能源消费市场和中东、中亚、俄罗斯等主要能源供给区域。"一带一路"沿线国家能源资源富集，处于快速工业化阶段，在我国对"一

---

[1] 刘小川, 汪曾涛. 二氧化碳减排政策比较以及我国的优化选择 [J]. 上海财经大学学报: 哲学社会科学版,2009,11(4):9.

带一路"沿线国家的投资项目中，能源、重化工、制造业等占有较大比例，这些行业又具有典型的高碳排放特征。

第一，"一带一路"沿线国家产业结构和水平决定了其较大的减碳压力。

碳排放活动广泛存在于人类的生产生活中，其中工业生产是碳排放的主要来源，因此碳排放与经济发展的水平直接相关。美国、日本、德国、加拿大等发达国家大部分都完成了工业化，随着发展阶段演进和高碳产业转移实现了"自然达峰"。根据经济合作与发展组织（OECD）的统计，1990 年、2000 年、2010 年和 2020 年碳排放达峰国家的数量分别为 18 个、31 个、50 个和 54 个。其中，德国在 1990 年、英国在 1991 年、美国在 2007 年、日本在 2013 年实现了碳达峰。相比之下，"一带一路"沿线大多数国家都面临着碳达峰压力。这些国家仍处于依赖高资源投入快速工业化阶段，发展方式粗放，能源利用效率低，排放压力大。它们消费了全球一半的一次性能源，单位 GDP 能耗和二氧化碳排放高出世界平均水平 50% 以上。据统计，2016 年 63 个"一带一路"沿线国家排放碳总量达到了 101.7 亿吨，占全球碳排放总量的 59.3%，其中 41 个国家尚未达到峰值。

第二，我国对"一带一路"沿线国家的投资项目具有高碳排放特征。

在"一带一路"项目合作中，能源合作一直是重点，而能源项目尤其是煤炭、石油天然气项目又都是化石能源，属于碳排放大户，如今也是世界各国控制碳排放的重点。

自 2001 年加入世界贸易组织后，中国经济持续快速增长，对能源需求量巨大，石油、天然气的对外依存度大幅攀升。在此背景下，中国与"一带一路"沿线国家的能源合作全面提升。2016 年，我国从"一带一路"国家和地区进口石油 2.49 亿吨，占当年我国进口总量的 65%，"一带一路"沿线国家成为我国石油进口的最主要来源。进口天然气 736 亿立方米，其中管道天然气进口总额 380 亿立方米，全部来自中亚国家和缅甸，液化天然气进口量 355.69 亿立方米，主要源于"一带一路"沿线的澳大利亚、卡塔尔和印度尼西亚。2018 年，我国从"一带一路"沿线国家进口原油 4 亿多吨,占当年我国进口总量的 70%,进口天然气 1254 亿立方米。

能源贸易提升背后是能源投资规模的稳步扩大。2014—2016 年,能源是中国对"一带一路"沿线国家直接投资规模最大的领域。中国企业对"一带一路"投资项目中,电力行业投资 1718 亿美元,油气等能源行业投资 912 亿美元。据不完全统计,截至 2016 年,中国参与"一带一路"沿线 25 个国家的煤电项目共有 240 个,总装机达到 25 万兆瓦。截至 2017 年,我国在"一带一路"沿线国家签署和建设的电站、输电、输油和输气等重大能源项目 40 余个,涉及 19 个沿线国家。

除了能源项目合作,中国与"一带一路"沿线国家还重点开展了产能合作。国际产能合作是共建"一带一路"的重要抓手。2015 年,国务院发布了《关于推进国际产能和装备制造合作的指导意见》,明确了中国政府推进国际产能合作的指导思想和政策导向,后来在此基础上逐步建立起国际产能合作的政策框架。到 2018 年年底,中国已与 36 个国家建立了产能合作双边机制,与东盟、非盟、欧盟等区域组织开展了多边产能合作。企业以设厂的方式加大对"一带一路"沿线国家的投资,投资领域包括以轻工、家电和纺织服装为主的传统劳动密集型产业,以钢铁、电解铝、水泥和平板玻璃为主的高耗能产业,以电力设备、工程机械、通信设备、核电、高铁和轨道交通为主的高端装备制造产业。据不完全统计,全国有 22 个省、市与国家发展改革委签署了《推进国际产能和装备制造合作协议》,31 个省、市出台了"一带一路"对接方案,16 个省、市与国外相关州、市签署了"一带一路"或产能合作方面的相关协议,10 个省、市设立了与"一带一路"相关的专项资金。各类双边、多边产能合作基金规模已经超过了 1000 亿美元。

化石能源和重化制造等高耗能产业在我国对"一带一路"沿线国家投资中占有较大比例,而这些高碳排放产业又是中外各国实施减碳的重点。

（三）企业和"一带一路"项目面临多重碳排放规制

中国对"一带一路"沿线国家的投资项目具有高碳排放特征，随着全球碳减排政策的加码，面临着较为严重的碳减排合规压力。对于这些企业和项目，其合规约束不仅源于项目所在国的政策，也包括公司所在国和经营项目所在国的法律法规及监管规定。在全球化的今天，中国企业的投资项目不仅分布在"一带一路"沿线国家，也广泛涉及欧美国家，即使是投资"一带一路"沿线国家的项目，其贸易和融资等也触及欧美国家。因此，企业和"一带一路"项目都不同程度地面临着全球碳减排合规压力。下面重点考察三个方面碳排放规制。

1."一带一路"沿线国家的碳排放规制

"一带一路"沿线国家内部长期存在大量合规风险。"一带一路"沿线覆盖亚洲、欧洲、非洲等60多个国家，社会主义法系、资本主义法系、大陆成文法系、英美普通法系、伊斯兰法系等多种法系并存。此外，与"一带一路"相关的全球性法律、区域性法律、多边条约、双边条约、国内法等法律之间还存在众多不相容甚至相对立的内容，缺乏统一、明确的法律环境。在文化理念上，"一带一路"沿线涉及世界三大宗教、四种文明、上百种语言，文化繁杂多样，文化差异形成多元复杂的道德规范；同时，部分"一带一路"沿线国家市场发育程度低，加之政府相对腐败，腐败风险始终是合作的极高合规风险之一。[1]

---

[1]　根据世界经济论坛发布的《2015—2016年全球竞争力报告》，"一带一路"沿线的克罗地亚、匈牙利、阿尔巴尼亚、蒙古国、塞尔维亚、埃及、印度尼西亚、马来西亚、巴基斯坦、波黑等国家的治安环境差，蒙古国、阿拉伯联合酋长国、斯里兰卡、越南、老挝、卡特尔、马其顿、巴林、埃及、阿曼苏丹国等国家的员工职业道德较差。巴林、斯洛维尼亚、韩国、克罗地亚、立陶宛、波黑、菲律宾、以色列、科威特、捷克等国家存在较严重的官僚问题，哈萨克斯坦、俄罗斯、匈牙利、巴基斯坦、菲律宾、乌克兰、孟加拉国、柬埔寨、阿塞拜疆、摩尔多瓦等国家的政府相对腐败。

由于"一带一路"沿线国家总体上欠发达,发展任务较重,因此在控制二氧化碳排放方面的规制力度整体上看并不大,主要体现在电力、交通、农林和工业等领域;但是由于本身具有的较大的其他合规风险,碳排放合规极易成为当地政府限定和处罚企业的手段和工具。

2. 我国的法律法规及监管规定

我国长期以来,运用经济政策和控排减排专项政策,重点发力于产业结构调整和能源结构调整,实施控制二氧化碳的排放。长期将八大高耗能、高排放行业作为政策重点。石化、化工、建材、钢铁、有色、造纸、电力、航空八大行业是中国碳排放的主要来源,年排放总量超过 40 亿吨,在全国全口径排放将近一半。

在国民经济发展规划中,将二氧化碳排放作为约束性指标,层层分解下达予以执行。控制能源消费总量,要求 2020 年控制在 42 亿吨左右,大型发电集团单位供电二氧化碳排放控制在 550 克二氧化碳 / 千瓦时以内。对区域实施碳排放强度控制。在政策手段上,采取了上大压小,淘汰火电机组,加快现役机组和电网技术改造,支持高效机组建设,鼓励建设蒸汽联合循环电站,大力发展热电联产等政策。2014 年,国务院出台了《国家应对气候变化规划(2014—2020 年)》,系统布局控排减排专项政策体系。宏观经济主管部门积极运用财政、税收、价格、债券、项目库以及金融政策,推动碳减排。通过差别化的价格政策,重点对电解铝、铁合金、电石、烧碱、水泥、钢铁等高耗能产业发展实施约束。中国人民银行、中国银行保险监督管理委员会充分运用授信、信贷等手段对列入国家产业政策限制和淘汰类的新建项目实施严格管控,对列入区域限批或流域限批名单的地区从严控制授信,等等;行业主管部门也从能源革命、节能管理、工业绿色转型等方面出台了一系列举措;金融主管部门则推动绿色信贷、绿色债券、绿色保险等金融工具,控制高碳项目融资。

自 2021 年以来,出台《关于完整准确全面贯彻新发展理念做好碳达峰碳中和工作的意见》和《2030 年前碳达峰行动方案》，作为我国碳达峰碳中和"1+N"政策体系的核心内容。碳排放政策聚焦"十四五"和"十五五"两个关键期，到 2025 年，单位国内生产总值二氧化碳排放比 2020 年下降 18%，实现 2030 年前碳达峰目标。在这一政策体系中，涉及遏制"两高"项目发展、强化能耗"双控"、能源生产和消费结构的低碳化转型、工业部门的降碳和脱碳、交通运输领域的电动化、推行城市绿色低碳建筑和整个社会经济的深度节能等诸多方面。

在政策手段上，将着力控制重点工业行业温室气体排放，强化钢铁、建材、化工、有色金属等重点行业能源消费及碳排放目标管理，实施低碳标杆引领计划，推动重点行业企业开展碳排放对标活动。要大力推广绿色建筑，逐步完善绿色建筑评价标准体系。开展超低能耗、近零能耗建筑示范。推动既有居住建筑节能改造。还有采取绿色低碳宜居村镇建设，加快推进中国北方地区冬季清洁取暖。构建绿色低碳交通体系，完善绿色交通制度和标准，发布相关标准体系、行动计划和方案。加快交通燃料替代和优化，推动交通排放标准与油品标准升级。推动非二氧化碳温室气体减排。严格落实《消耗臭氧层物质管理条例》和《关于消耗臭氧层物质的蒙特利尔议定书》，引导企业加快转换为采用低全球增温潜势（GWP）制冷剂的空调生产线，加速淘汰氢氯氟碳化物（HCFCs）制冷剂，限控氢氟碳化物（HFCs）的使用。成立"中国油气企业甲烷控排联盟"，推进全产业链甲烷控排行动。

3. 欧盟国家的法律法规及监管规定

欧盟碳减排行动长期走在世界前列，其政策甚至被认为是激进的碳减排。部分欧盟国家很早就在国内实施了碳税，比如芬兰、丹麦、瑞典、挪威、荷兰、爱尔兰、冰岛、西班牙、葡萄牙、法国等国家。其中，芬兰从 1990 年开始对化石燃料征收碳税，是世界上第一个征收碳税的国家；芬兰、丹麦、瑞典、挪威和荷兰等将碳税作为一个单独的税种；意大利、德国、英国等将碳税与能源税或环境税相结合。

欧盟于 2021 年出台的新立法——A "Fit for 55" Package Based on Environmental Integrity and Solidarity [减碳 55 (Fitfor55)],将过去欧盟实施的碳减排政策予以强化,同时增加了新的规制内容。减碳 55 (Fitfor55) 涉及欧盟碳排放权交易体系 (EUETS),减排分担条例 (ESR),碳边境调节机制 (CBAM),土地利用、土地利用变化及林业战略 (LULUCF),可再生能源指令 (RED),能源效率指令 (EED),能源税指令 (ETD),汽车 CO2 排放标准条例 (CO2 in cars),替代燃料基础设施指令 (AFID),可持续航空燃料 (ReFuelEu),可持续海运燃料 (FuelEu),社会气候基金 (SCF) 共计 12 个方面的内容,除土地利用、土地利用变化及林业战略 (LULUCF)、社会气候基金 (SCF) 外,其余 10 项政策均对碳排放设置了更高的控制要求。

其中,修订后的欧盟碳排放权交易体系 (EUETS),缩减了企业碳排放配额,降低了碳排放上限,并将碳定价覆盖到建筑供暖和道路交通行业以及海运中。减排分担条例 (ESR) 为每个成员国设定了年度排放量配额,并大幅提升了减排目标。实施碳边境调节机制 (CBAM),对域外国家征收碳税。根据 CBAM,欧盟将对从碳排放限制相对宽松的国家和地区进口的水泥、电力、化肥、钢铁和铝征收碳关税。计划自 2023 年起开始实施,并设置了三年过渡期,将于 2026 年正式开始征收碳关税。

可再生能源指令 (RED) 设定了更高的目标,即 2030 年可再生能源占比需达 40%。能源效率指令 (EED) 大幅提高了欧盟成员国每年的节能义务,并将这种义务上升为必须履行的法律义务。新能源税指令 (ETD) 取消了对部分行业化石燃料的免税政策。汽车 CO2 排放标准条例 (CO2 in cars) 制定了更为严格的汽车和货车的碳排放标准,计划到 2030 年汽车和货车的排放量较 2021 年分别下降 55% 和 50%,到 2035 年,仅销售零排放汽车和货车,实现"零碳运输"。替代燃料基础设施指令 (AFID) 要求欧盟成员国扩大充电站设点。可持续航空燃料 (ReFuelEu) 要求燃料供应商在欧盟机场机载航空燃料中不断提高可持续航空燃油使用比例,到 2050 年提升至 63% 以上；可持续海运燃料（FuelEu）方面，从 2025 年开始，欧盟将对海运燃料使用的温室气体强度进行越来越严格的限制。[1]

（四）相关建议

控制温室气体排放，是应对气候变化、实现全球绿色低碳转型的大方向。加强企业碳排放合规是适应绿色转型的务实举动。系统研究各国碳排放规制，做好充足的应对准备，提升企业合规能力，是企业有效规避投资建设"一带一路"项目风险的必要举措，也是提升企业管理水平、打造新型竞争力的有效手段。

第一，加强合规政策研究。一是加强国际碳合规政策的研究，积极争取对企业有利的政策取向和节奏。比如，欧美国家正在研究将碳关税纳入国际贸易体系，欧盟设定了一定的过渡期和豁免机制。企业一方面应加强这些规制的研究，积极参与相关规制朝着对自身有利的方向前行；另一方面，应做好应对政策储备，避免碳关税等政策对已建项目造成较大的冲击。二是积极参与国内合规政策制定。我国明确了构建"1+N"政策体系。未来将重点在"两高"项目、工业部门、交通运输领域、城市绿色低碳建筑等领域实施节能降碳脱碳政策。涉及领域面广量大，将对国民经济产生很大的影响。如何兼顾控制碳减排和经济较快发展仍需做大量工作。尤其是在钢铁、建材、化工、有色金属等重点行业能源消费及碳排放目标管理，以及绿色建筑评价标准体系、绿色交通制度和标准等重点领域，企业应积极参与相关政策的制定，形成良好的政策互动关系，推动形成高质量发展局面。三是参与并推动社会服务平台和机制建设。社会服务平台和机制在政策制定和实施中发挥着不可替代的作用，是反映企业诉求的重要通道。应积极参与建设高效的政府、市场、企业沟通平台，推动官产学研合作。

---

[1]　https://mp.weixin.qq.com/s/pRLMzFTVGuwDRp9HgJbv5w.

积极参与行业协会、中介组织、智库建设，用好社会服务平台和机制提供的专业化政策咨询、项目评估、技术研发、工程建设、投融资、行业标准、知识产权、人才培养等服务。参与建设行业低碳监管监测体系，健全风险预警防控体系和应急预案机制。参与建设金融支持系统，促进低碳减碳技术转化，争取项目融资。

第二，加强企业自身合规能力建设。加强企业自身合规能力建设能够帮助企业建立起规范化的管理体系，提升精细化管理能力，促进企业管理转型升级，增强持续发展能力。建立充满活力与控制有力的合规管理体系，既是企业国际化战略的前提，也是提升竞争软实力、建立现代企业制度的重要手段。建议将碳排放合规作为企业"一把手工程"，要求企业主要负责人要对涉及碳排放的重点问题亲自研究，部署协调，推动解决。考虑到碳排放合规涉及面广，内容专业，应在有条件的企业设立专职的首席合规官，全面推进合规管理体系建设。加强诚信合规文化培育，提高推广与宣传能力，提升企业合规经营的良好形象。加强企业员工合规培训。加强企业合规能力建设的同时应加快构建容错纠错机制，实现尽职免责，保护企业的创造和发展活力。

第三，对企业投资"一带一路"项目开展全面碳排放合规评估。加强对"一带一路"沿线国家合规风险评估。对项目所在国的政治、经济、金融、法律、环境保护等政策风险进行全面细致的分析，提出有针对性的应对措施，确保已建和在建项目安全。全面开展对企业投资建设项目的合规风险评估，积极制定预防对策，降低或规避项目风险。以全面合规风险评估为抓手，制定系统的风险管控预案，防范项目所在地政府或其他国家以碳排放合规等为借口对企业实施不利政策。

中　篇

一、经贸战下的贸易合规风险管控 [1]

在我国企业被列入美国出口管制实体清单不断扩大化的背景下，我国企业面临的合规风险不断增加。任何与美国有"连接点"的中国企业都要加强贸易合规风险管控，避免授人口实。企业应主动建立有效的合规体系，这不仅是预防合规风险的措施，还是因为疏忽未能及时制止进而导致违规行为发生，进行自我辩护、争取责任豁免或者减轻处罚的理由。

（一）美国对中国企业制裁不断扩大化

截至 2020 年 8 月 22 日，美国商务部工业与安全局（BIS）已将 232 家中国企业（不含香港 96 家）列入实体清单（Entity List）。实体清单上共有 1401 家企业，如果算上中国香港的企业，实体清单上中国就占了 23%，成为上实体清单最多的国家。

2017 年 12 月，美国发布了国家安全战略报告，将中国列入战略竞争对手。进入 2018 年，美国政府开始对中国产品加征关税，发起了对中国的贸

---

[1]　本文曾发表在《中国外汇》杂志，2020 年第 8 期。

易战。随后，中美经贸摩擦从贸易纠纷扩散到产业与技术、金融等多个领域。就产业与技术领域而言，美国政府以保护本国安全与外交政策利益为由，频繁将中国企业加入 BIS 掌控的实体清单与未经核实清单（Unverified List）中，导致中国企业进入实体清单的企业数量大幅增加。

在 2018 年之前，BIS 实体清单上有中国企业 108 家，涉及航空航天、超级计算机、人工智能、半导体、光学仪器、机械工程等领域的国内领先企业。进入 2018 年以后，有 124 家中国企业进入实体清单，还有 37 家企业进入未经核实清单。受制裁的企业从军工行业扩大到军民融合及民用行业，从传统科技产业扩大到人工智能、5G 等战略性新兴产业，从成立数十年的企业扩大到成立不到十年的新创企业。

（二）列入美国实体清单企业的特点

与中兴通讯因违反美国《出口管制条例》（EAR）而列入实体清单处罚该企业不同，最近两年被 BIS 列入实体清单或未经证实清单的企业，主要是国防军工企业、新兴技术企业和科研机构。美国把这些企业看成中国在军事、人工智能、5G 和科研等领域当前的或潜在的竞争对手，以国家安全和外交政策利益为由，着力限制相关企业获得美国及相关盟国的技术来源、产品供应及市场扩展机会，从而达到在相关产业与技术领域拉大与中国之间的差距，实现对中国战略遏制目标。

一是以国家安全为由限制中国军工企业技术开发、制造和产品供应的能力。比如，2018 年 7 月 31 日，BIS 颁布了《新增特定企业及修改出口管制企业名单》的法令，该法令将 44 家（8 家企业及下属 36 家分支机构）与军工相关的企业以及航空航天等领域领先企业列入实体清单，美国商务部认为这 8 家企业对美国国家安全构成威胁。2020 年 6 月 5 日，美国《联邦纪事》公布 24 个实体列入实体清单生效，最终用户审查委员会（ERC）认为，北京达闼科技等 6 个实体，这些总部设在中国内地、中国香港和开曼群岛的实体可能存在为中国采购军事最终用途物品提供支持的巨大风险。北京计算机科学研究中心等 10 个实体因与中国工程物理研究院存在关联而可能从事相关的核武器研究。此外，哈尔滨工程大学等 9 个实体企图获取美国技术并提供给军方，或从事导弹与无人机开发等。2020 年 4 月 28 日 BIS 发布，修订《出口管制条例》（EAR）并于 6 月 29 日生效，扩大对中国用于军事最终用途或军事最终用户的物品的出口、再出口和转让（含国内）的许可要求。此规则将中国的许可要求扩展到除了"军事最终用途"，还包括"军事最终用户"，对中国的军民整合政策进行限制，使中国军方难以获得电子、电信、信息安全、半导体和其他技术。

二是以国家安全为由对涉嫌知识产权争端的企业高级管理人员进行起诉并限制相关企业的发展。2018 年 10 月 29 日，BIS 决定将福建晋华集成电路有限公司（以下简称福建晋华）列入出口管制的实体清单。美国商务部认为，福建晋华涉及违反美国国家安全利益的行为，给美国带来了严重风险。福建晋华即将获得大规模生产 DRAM（动态随机存取存储器）的能力，未来将对美国军用系统供应商造成威胁，或影响其长期经营的能力，将福建晋华列入实体清单将限制其威胁美国军事系统中必要组件的供应链的能力。同时，美国司法部以"经济间谍罪"对福建晋华、台湾联华电子两家公司及 3 名高级管理人员提起诉讼，指控两家公司涉嫌窃取美国存储芯片公司镁光科技的知识产权和商业机密，对其造成巨额经济损失。该案件由美国司法部与商务部协调执法，同时对相关涉事高级管理人员以"经济间谍罪"进行起诉，并将相关企业列入实体清单进行限制。

三是在 5G 领域以国家安全或外交政策利益为由对重点高技术企业进行限制。2019 年 5 月 16 日，BIS 以"防止外国实体以可能损害美国国家安全或外交政策利益的方式使用美国技术"为由，将华为及 68 家关联企业列入实体清单。2019 年 8 月 19 日，BIS 又把 46 家华为在世界各个国家的子公司、分支机构，以及在国内的多家关联公司列入实体清单。2020 年 5 月 15 日，BIS 宣布自 2019 年将华为及其 114 个关联实体列入实体清单以后，向华为及这些关联实体出口美国物项必须申请许可证,但华为继续利用美国软件和技术设计芯片,并通过在使用美国设备的海外代工厂委托制造芯片,削弱了将其列入实体清单所欲实现的国家安全和外交政策目的,因此"必须修改被华为利用了的规则"。2020 年 8 月 17 日,BIS 再次收紧对华为的出口管制,阻止华为及其被列入实体清单的关联机构取得利用美国技术生产或开发的产品。此外,BIS 将华为在中国、英国、法国、德国等 21 个国家或地区的 38 个关联企业列入实体清单。其理由是,华为及其关联机构试图获取由美国技术开发或生产的先进半导体以服务于国家政治目的,华为正通过第三方实体以破坏美国国家安全和外交政策利益的方式利用美国技术。美国不断地修改"外国直接产品"规则,将华为关联公司列入实体清单,限制华为公司在境外利用美国的技术和软件来设计与制造其芯片的能力,从战略上打击华为采购由美国软件和技术开发或生产的直接产品。

四是无法审查最终用户核实程序来验证相关最终用户的"真实性"而将其列入未经核实清单。2019 年 4 月 10 日,BIS 将 37 个中国内地实体与 6 个香港实体列入未经核实清单。中国内地实体包括中科院部分研究院所以及中国人民大学、同济大学等高等院校,还有汽车零部件、精密光学和电子等领域的企业。列入未经核实清单的理由是美国政府无法通过最终用户核实程序来验证相关最终用户的"真实性",包括相关实体应用美国产品或技术的"最终用途及最终用户"的"合法性和可靠性"。

(三)列入实体清单企业的影响分析

了解列入实体清单后企业将会受到怎样的影响,可以从美国出口管制如何发挥作用进行分析。

1. 基于物项的管制

受到《出口管制条例》(EAR)管制的物项包括任何有商业用途的产

品、软件和技术。其中，技术是指在产品或材料的设计、生产、制造、利用或改造中可以使用或适于使用的任何种类的资料或数据。数据可以采取有形模型、原型、蓝图或操作手册，或者无形的技术服务。所有软件都是技术数据。 技术出口的管制包括：实际从美国运出或传送技术数据，只要离开美国边境就被当作出口；在美国境内发布的任何技术数据，有意图将该等数据由美国运送或传送至外国；在外国发布的任何源于美国的技术数据。出口的具体情形还包括：外国公民对源于美国的设备和设施进行参观，在美国或国外进行口头交流的资料，在美国获得的个人知识或技术经验在国外应用，等等。出口管制的关键是商业管制清单（CCL），这是一个根据技术参数把产品、软件和技术进行分类的清单。产品、软件、技术在 CCL 上的分类为出口与转出口管制提供了指南。通过查询 CCL 表识别物项的出口管制分类编号（ECCN）是决定出口物项是否受《出口管制条例》（EAR）管辖并申请许可的第一步，也是最重要的一步。如果物项受 EAR 管辖，但是没有具体的 ECCN，则归类到一般美国生产物项（EAR99）。EAR99 依然受到出口管制，但一般情况下，EAR99 只是特别情况受到出口管制，如出口给实体清单和全面制裁国家或者特别用途。

2. 最终用户的管制

最终用户是指接受并最终使用出口或转出口物项的进口商明确指定的买方或收货人。最终用户的行为可能危害美国国家安全或者对外政策利益的实体列入实体清单，向此类实体出口管制物项很难获得许可。未经许可，不得向某些国家出口、再出口受 EAR 管制物项；不得与拒绝实体清单上的实体或个人进行有关受 EAR 管制物项的进出口贸易；不得将受 EAR 管制的物项出口至实体清单上的实体或个人，或从其购买受 EAR 管制物项；不得将受 EAR 管制物项出口至伊朗、朝鲜、古巴、叙利亚、克里米亚地区等受制裁国家或地区。《出口管制条例》（EAR）作为了解企业客户的指南，其中所列举的一些危险信号，有助于企业进行合规筛查。《商业国家列表》

(CCC) 按照出口控制的目的地和原因解释了出口到相应国家或地区的许可要求。出口商结合 CCL 所列物项 ECCN 载明的受控原因判断向最终用户出口是否需要申请出口许可。

3. 最终用途的管制

根据《出口管制条例》(EAR), 如果清楚受 EAR 管制物项 (无论是 CCL, 还是 EAR99) 将直接或间接应用于核武器、导弹、生化武器等领域最终用途, 企业都需要申请出口许可。

4. 违反出口管制的后果

对于任何美国人, 只要把美国的产品、软件、技术转移到美国之外, 就要遵守美国的出口管制和经济制裁规定。美国人是指具有美国公民身份的自然人、在美国永久居留的外国自然人; 根据美国法律或在美国境内成立的任何实体 (包括外国实体在美国设立的永久机构), 以及该实体的外国分支机构; 在美国境内的任何人。遵守美国《出口管制条例》(EAR) 是美国企业要履行的合规义务。如果美国企业违反《出口管制条例》(EAR), 就要对不合规行为后果承担责任。相应责任包括: 延迟发放出口许可证, 导致企业发货延迟或错过最后交货期限, 给企业正常经营造成影响; 对涉事企业进行罚款, 让其遭受财产损失; 对涉及重大违法行为的个人进行监禁, 对涉事个人形成威慑; 取消相关公司的出口特权, 从而失去出口资格。一旦企业违反《出口管制条例》(EAR), 就要承担上述一种或多种责任。有任何出口或转出口的美国企业, 都会主动制定出口管制合规方案, 防止因为违反《出口管制条例》(EAR) 而遭到处罚。

5. 列入实体清单的中国企业会受到的影响

从美国出口管制的特点来看, 一旦中国企业被列入实体清单, 相关企业在全球价值链中的发展能力将受到较大的限制。首先, 从供应链角度来看,列入实体清单以后，相关企业就很难获得美国企业的产品、软件和技术供应，即使美国出口商进行申请许可，也是"推定拒绝"，这样可能对相关企业供应链的稳定性带来严重冲击。当企业不能找到不含美国元素的产品或者在最小比例限制下的国外替代产品时，可能给企业的供应链造成中断性影响。其次，从国际市场扩展角度来看，列入实体清单以后，相关企业在国际市场发展的机会特别是进入美国市场的机会将受到限制，许多国际公司为不违反美国出口管制的要求，会在评估合规风险后主动与实体清单上的企业切断业务往来，从而保护自身的利益。需要注意的是，中国企业要与实体清单上的企业开展业务，如果其产品或技术有受 EAR 管制的物项，则需要遵守美国《出口管制条例》（EAR）。最后，从企业的创新角度来看，列入实体清单的高科技企业不能整合美国的创新资源，包括高技术人才、产品等，从而制约从美国获得创新资源的能力，限制相关企业的技术突破。

应当看到，中美经贸之争是长期的，产业与科技领域的竞争将成为关键的较量场。美国也会以国家安全和外交政策利益为由，把更多的中国企业列入实体清单，以限制相关企业的发展。从最新的动向来看，美国宣布将针对中国企业采取五项"清洁网络"措施，包括清洁运营商、清洁应用商店、清洁应用程序、清洁云端、清洁电缆，这些行动不排除美国政府把相关网络企业列入实体清单。

（四）应对企业出口管制的合规建议

面对美国不断地将中国企业列入出口管制实体清单的形势，我国企业一方面应该积极应对这种挑战，另一方面应该积极开展合规管理，这样做既可以避免授人口实，又可以防范贸易中的合规风险。

一是把握出口管制实体清单的特点与变化趋势。美国出口管制实体清单具有很强的政治属性，中国的军工、军民融合产业以及人工智能、5G 等战略性新兴产业在不断成长时，受到美国的关注会越来越多。围绕新一代技术主导权的争夺已经非常明确，美国将用尽可能多的手段对中国技术类企业进行限制。美国政府在今后相当长一个时期通过出口管制实体清单不断向中国施加压力是确定性的。中国企业尤其是业务上依赖美国产品和技术的企业，应高度关注美国出口管制相关规则的最新变化，及时对可能出现的制裁风险加以应对。

二是研判企业可能存在的合规风险。企业要以风险为导向对可能存在的合规风险进行梳理和研判，对企业可能面临合规风险及早地全面掌握并提出有针对性的建议。首先，对企业过去的合同进行梳理，可以是重点梳理，也可以是全面梳理，就过去可能存在的合规风险进行排查。其次，就当前的业务，企业要加强交易前的合规审查，检查产品受美国出口管制物项的类别、成分，交易的对象及国家，准确地把控出口中的合规风险。前两项工作都是避免因违反美国出口管制规则而导致巨额罚款、相关人员被刑事起诉及企业被列入出口管制实体清单的风险管制措施。最后，对未来的业务进行布局规划时要加大对合规风险的预判，所有开展新的业务布局都要进行合规风险审查。开展合规管理需要对外部的规制变化趋势进行研究，结合发展战略与业务布局进行前瞻性布局，这是企业开展合规风险管理的价值所在。需要注意的是，参与"一带一路"国家或地区的企业，在未来中美冲突加剧与保护主义加强的情况下，对我国企业当前友好的营商环境可能变得不那么友好，也可能有针对性地对我国企业加强执法监督，这些因素都应该在企业合规风险排查中加以考虑。

三是加强与行业协会、政府部门的沟通。敏感企业要加强与行业协会和相关主管部门建立常态化的沟通机制，特别是当涉及国家安全或外交政府利益相关的制裁情况时，应该及时地与政府部门进行沟通。因为中美两国政府的博弈，企业面临遵守两种存在冲突的规则，即中国企业遵守了美国政府的监管规则就可能违反中国政府的监管规则，或者中国企业遵守了中国政府的监管规则就可能达不到美国政府监管的要求。面对这样的情况，企业面临两难的选择，但是又不得不做出抉择。目前，无论是美国企业还是中国企业，当面临两国政府监管规则冲突时，都选择了遵守本国的监管规则，同时这些企业加强与行业协会、政府主管部门的沟通，通过双方政府部门沟通与协调规则。当然，有的企业在平衡利弊之后，也可能会遵守美国的监管规则，即使这样，企业也需要与我国政府主管部门进行沟通，以获得政府主管部门的支持。

四是获得专业服务机构的帮助。对于列入实体清单的企业，首先，要弄清楚列入实体清单的原因，如果是自身存在合规问题，应该主动寻求和解；如果是存在被对方误解的情况，应该主动与对方沟通，向对方澄清相关问题。其次，如果企业的供应链离不开美国产品、软件或技术，在制裁时要保持谦逊态度，尽可能地低调，针对被制裁的原因做有针对性的公关。最后，寻求专业服务机构的帮助，如专业律所、公关公司、智库等，通过它们与美国政府部门进行沟通，争取一些可能的宽限。比如，有的企业被BIS列入未经核实清单，虽然未经核实清单只是一份灰色名单，但对企业的影响依然很大。特别是企业经过和BIS澄清以后，虽然BIS接受了企业的说明，但是正式从未经核实清单上移除的公告要等到一批企业都完成后才在《联邦纪事》上统一公布，这对企业的正常商业运营造成很大的影响，因为上未经核实清单的企业的下游客户为了合规考虑，只要没有从未经核实清单上移除，就不愿意继续有业务往来，除非企业能够证明已经从未经核实清单上移除。例如，某律师事务所曾经代表一家中国企业在《联邦纪事》刊载前，向美国商务部申请并获得了一份《清单移除前通知》，由美国商务部签署，相当于一份商务部证明，这在很大程度上缓解了企业的压力，使其下游企业得以继续同其往来。

五是建立有效的合规管理体系。应对外部监管环境不确定性，企业应加强合规管理，建立有效的合规管理体系。这样一来，企业就可以针对面临的合规风险进行专业化的管理与培训，最大限度地避免合规风险。在当前国际经贸环境下，开展了有效合规管理的企业能够更多地得到外国企业的信任，使供应链更加稳健。如果因出口管制不合规问题而被列入制裁名单，企业也可以通过外部的律师事务所与监管部门进行沟通，寻求和解。和解的前提就是企业要有合规管理方案，并能证明自己的合规管理方案在对企业业务活动进行合规管控时是有效的，以争取监管方的信任，从而实现豁免或减轻处罚。

六是研究供应链替代方案。美国将中国企业纳入出口管制日益扩大化，即使是合规的企业，也可能被纳入进去。因此，企业应该从商业模式到产品开发把美国出口管制因素考虑进去。从商业模式角度，要加强各类技术和创新资源可获得性研究。从产品角度，在产品概念提出之初，就应该考虑到相关技术和器件来源问题，是否能够多元化获得技术、产品、软件等，从而应对日益复杂的合规挑战。

二、中美出口管制与经济制裁风险及企业合规

近年来，美国陆续对出口管制和经济制裁的规则进行了大量修改，这些动作预计会对中国企业的经营产生深刻的影响。回顾过去的一年，美国频繁采取贸易管制与制裁的相关动作，包括但不限于将中国企业列入各类"黑名单"（如中国军工复合体企业清单、制裁清单和未经核实清单等）。可以预见，在中美科技竞争激烈、逆全球化的大背景下，中国企业的出口管制与经济制裁风险将会进一步提高。

从美国法和中国法角度，企业如何应对频繁的突发事件，清晰地识别不同情形下的风险边界并做好防控，成为当务之急。特别是对于被美国列入各类出口管制和制裁"黑名单"以及涉及"黑名单"企业上下游交易的公司，如何判断对业务的影响，平衡遵守美国合规要求和我国反制裁的关系，灵活应对贸易合规局势的新变动，本文将通过澄清各类情况的法律后果，冀期给企业明确的指引。

（一）美国出口管制与经济制裁概述

1. 美国出口管制与经济制裁的区别和关联

首先，美国法下的出口管制与经济制裁是完全不同的两个概念。

美国出口管制是美国政府运用经济和行政手段建立的一系列审查、限制和控制机制，以直接或间接的方式防止本国限定商品或技术通过各种途径流通或扩散至目标国家，从而维护国家安全、外交和经济利益，包括军品管制和军民两用物项管制两个体系。美国军民两用物项出口管制法律体系主要由《出口管制条例》（EAR）、《出口管制改革法案》（ECRA）构成。

此外，美国政府还根据其外交政策和国家安全目标，对目标国家、恐怖分子等威胁美国国家安全、外交政策或经济的实体或个人进行经济制裁。《对敌贸易法》（TWEA）、《国际紧急经济权力法案》（IEEPA）和《以制裁反击美国敌人法案》（CAATSA）均授权美国总统对敌对国家实施经济制裁。美国出口管制与经济制裁的区别，如表1所示。

表1　美国出口管制与经济制裁的区别

类别	出口管制	经济制裁
执行机构	美国商务部工业与安全局（BIS）	美国财政部（OFAC）
规制目标	维护国家安全、外交和经济利益	制裁恐怖分子、国际贩毒者、从事与大规模毁灭性武器相关的活动等
规制对象	出口、再出口行为	贸易、金融、投资、旅游、运输等多种行为
规制范围	所有国家/地区和清单上的实体、个人	被制裁国家/地区和清单上的实体、个人
法律依据	《出口管制条例》（EAR）《武器国际运输条例》（ITAR）	《以制裁反击美国敌人法案》(CAATSA)、《国际紧急经济权力法案》(IEEPA) 及各种总统令

总体来看，出口管制与经济制裁是美国政府用来维护国家安全、打击敌对国家的两种重要方式。出口管制针对贸易链条（物流），主要适用于美国物项出口、再出口，主要从目的国、产品、最终用户和用途四个方面实施管理；而经济制裁覆盖租赁、融资、投资、担保、批准、旅游、运输、提供服务等多种交易（商流），其中二级制裁甚至不需要含有任何美国因素。虽然存在上述区别，但是两者也存在一定的重叠。如果未经许可，将美国原产产品出口至被制裁国家，会同时违反美国出口管制和经济制裁的规定而受到双重处罚。美国出口管制与经济制裁的关联，如图 1 所示。

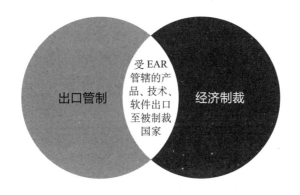

图 1 美国出口管制与经济制裁的关联

综上所述，从企业角度，要特别注意美国法中关于既违反出口管制又违反经济制裁要求的高风险行为。例如，将美国原产物项直接或间接（明知最终用户而转运）出口至伊朗、朝鲜等全面禁运（制裁）国家。

2. 不同"黑名单"的法律意义

在美国出口管制和制裁体系下，几类重要"黑名单"具有完全不同的法律意义（见表 2），并不是只要被列入"黑名单"就完全不能进行任何交易，准确把握合规边界，才能将业务受到的影响和损失降到最低。

表2 不同"黑名单"的法律意义

清单名称		机构	列入原因	制裁影响
出口管制清单	实体清单 （Entity List）	美国商务部工业与安全局（BIS）	违反国家安全、外交利益	向清单上实体出口所有美国物项和特定非美国物项（EAR物项）必须获得美国商务部的专门许可证
	被拒绝人员清单 （Denied Persons List）			任何人不得向该清单上的公司及其所有母子公司出口所有美国物项和特定非美国物项（EAR物项）
	未经核实清单 （Unverified List）		怀疑其可能损害国家安全、外交利益	出口商对清单上实体作为贸易伙伴的合法性产生怀疑，导致"寒蝉效应"
	军事最终用户清单 （Military End User List）		支持军事用途	同样施行实体清单一致的许可证管理制度 限制销售特定代码的受控EAR物项给清单主体
制裁清单 （SDN List） Specially Designated Nationals List		美国财政部海外资产办公室（OFAC）	与制裁对象密切联系或参与反恐、毒品交易	SDN主体的资产被"冻结"，未经OFAC授权，不得以任何形式进行转让或交易 禁止美国人与SDN主体及其绝对控股（50%以上）企业交易；当存在二级制裁要求时，非美国主体也受限制
军民融合清单 （Non-SDN List）		美国财政部 （Department of Treasury）	应对中国军事企业威胁	禁止美国主体对于中国涉军企业在公开市场上发行的证券、衍生品的交易行为

3. 全面禁运（制裁）国家和军事用途的特别关注

（1）全面禁运（制裁）国家

美国《出口管制条例》（EAR）禁止向全面禁运国家或地区出口或者再出口任何受EAR管辖产品（主要是美国物项，也包括符合一定条件的外国物项），包括伊朗、朝鲜、叙利亚、古巴、克里米亚地区。上述"四国一地"也是美国一级制裁要求中的全面制裁目标，出口管制和经济制裁的要求在此"同框"重合。美国一级制裁要求主要适用于美国人，包括美国公民、永久居民、根据美国法律成立或组建的实体，以及所有身处美国的人，要求任何美国人不得与上述"四国一地"公司产生任何重大交易。需要特别注意的是，非美国人在未获得许可的情况下，若利用或者通过美国人达成涉及全面制裁国家、个人、实体（如被制裁的特别指定国民名单 SDN 个人或实体）的交易，也可能会受到美国一级制裁处罚。例如，在交易中使用了美国金融系统（包括美元交易）、出口原产于美国的产品等。

　　除此之外，对于朝鲜、伊朗和俄罗斯三个国家中的特定行业，还有美国二级制裁要求，主要适用于非美国人（非美国公司）。尽管在与上述"四国一地"公司的交易中并不存在美国连接点，但是仍然会被认定为违反美国制裁要求。因此，可以称为一种"超长臂管辖"。不同国家的经济制裁要求，如图 2 所示。

俄罗斯 Russia
- 金融机构、国防、能源、人权、网络安全、铁路采矿、与制裁对象进行重大交易
Financial institutions, defense, energy, human rights, cybersecurity, railway mining.
- 铁路行业：禁止在俄罗斯铁路行业的从事运营活动
Railway industry: Prohibition of operating within the Russian railway industry.

伊朗 Iran
- 银行、贵金属（黄金）、能源（石油）、港口、航运、汽车、保险与再保险
Banks, precious metals (gold), energy (oil), ports, shipping, automobiles, insurance and reinsurance.
- 汽车行业：禁止向伊朗销售、运输使其能够增强生产、组装汽车能力的产品或服务
Auto industry: Prohibition of selling products that can enhance Iranian production and assembly capabilities on auto.

朝鲜 North Korea
- 建筑、能源、金融服务、渔业、信息技术、制造业、医疗、采矿、纺织、运输业
Construction, energy, financial services, fisheries, information technology, manufacturing, medical, etc.
- 禁止从事重大的涉及朝鲜的货物、服务或技术的出口或者进口活动
Prohibition of engaging in substantial export or import activity on any goods, services or technology involving North Korea.

图 2　不同国家的经济制裁要求

（2）军事用途和军事用户

2020年4月，美国商务部发布关于扩大军事最终用途／用户管控措施，并在《出口管理条例》（EAR）第744部分补编2中增加了禁止在中国、俄罗斯、委内瑞拉用于"军事用途"的具体受控物项的规定，共45类。2020年12月，又发布了军事最终用户清单（Military End User List），加强了利用美国物项（包括技术和软件）生产产品出口中国军事用户或作为军事用途的管控。随之而来的就是上游供应商的承诺函和尽调表，要求产品不能用作军用。

（二）企业如何防范具体业务场景下的相关风险

1. 如何落地美国出口管制与制裁风险防控体系

首先，企业应发布针对全球业务的美国出口管制与制裁风险指南，具体内容可参照美国的出口管理与合规计划（Export Management and Compliance Program，EMCP）。然而，仅仅有政策和指引是远远不够的。从美国司法部、商务部的合规项目评估要求来看，还需要证据证明各项防控措施能有效落地实施。综合实践做法，一般有以下四个具体的工作抓手。

一是要全面排查自供应商采购涉美物项，包括ECCN编码物项和一般美国生产物项（EAR99），从一级供应商的材料、设备和备件开始，争取供应链最大限度的可替代性。

二是设计并严格执行合规审查流程，凡是交易伙伴涉及"黑名单"实体、特定国家和军事用户的，或供应商要求签署各类承诺函的，必须由合规部门给出关联审批意见。

三是借助IT工具进行美国各类"黑名单"实时全口径扫描，及时识别各类"黑名单"合作伙伴，重点是中国企业名称的翻译和对应。

四是在高风险合同中必须嵌入相关合规条款。例如，销售非美国产品给"黑名单"实体等，要求其遵守美国出口管制规定，通过合规条款降低自身风险。

2. 如何处理与不同"黑名单"实体的交易

如前所述，针对不同的"黑名单"实体交易伙伴，美国法意义下的合规边界不同，企业应当对应做出不同的业务安排。

针对实体清单，企业注意不得将美国原产物项转售或交付清单中的企业，但在美国外进行深加工后，如果其中来自美国的零部件不具有 ECCN 代码，加工产品的转售或交付一般就没有限制（在某些情况下甚至无须计算美国成分的价值比例是否低于 25%）；另外，部分情况下，可能会存在比一般实体清单要求更为严格的出口管制要求，如某产品虽然产自美国境外，但只要该产品使用了某些敏感的美国受控物项（如 5G 技术）进行生产，无论美国成分高低，该产品都不能交付清单中的特定公司。

一是针对制裁清单，除了伊朗实体，一般无二级制裁要求，只要交易中不涉及美国产品和美元，中国公司是可以继续交易的。

二是针对军事最终用户清单，影响的是指定的美国 45 类 ECCN 物项生产的产品，不得销售给中国、俄罗斯和委内瑞拉指定用户或军事用途。

三是针对美国国防部清单中的中国企业，影响的只是美国投资人的证券投资。

四是针对未验证清单，并非不能与其中的实体进行贸易（采购或销售），而是销售所有美国原产产品都需要额外的许可程序。

3. 如何应对特定国家和军事用途风险

结合当下监管关注，企业针对特定国家交易和军事用途产品应重点排查和关注。涉及阻断范围的，可以根据《阻断办法》向商务部尝试申请禁令。建议增加业务中的全流程控制点，比如合同审查系统中相对方创建等，借助 IT 手段进行控制。

在没有特别许可的情况下，控制开展涉及朝鲜、伊朗敏感行业的重大交易，或明知产品最终出口至朝鲜、伊朗的情况下仍与中间商进行的重大交易。

军民产线区隔优化并推进二元化替代。在签署承诺函的情况下，控制将美国特定受控物项生产的产品再出口至俄罗斯、委内瑞拉或国内转售给军事用户，或在前述国家内用于军事最终用途。

（三）中国出口管制和经济制裁概述

1. 中国出口管制新动态

在中美科技竞争日益激烈、美国制裁加剧的情况下，中国也在不断地完善出口管制制度。

2020 年 10 月 17 日，第十三届全国人民代表大会常务委员会第二十二次会议正式表决通过了《中华人民共和国出口管制法》（以下简称《出口管制法》），自 2020 年 12 月 1 日起施行。这标志着我国出口管制领域有了第一部专门法律。

近期，我国出口管制监管方面呈现较为活跃的状态。面对新形势下国际和地区安全风险与挑战，我国高度重视和积极推进出口管制工作，加强和规范出口管制治理水平。

2021 年 12 月 29 日，国务院新闻办公室正式发布了《中国的出口管制》白皮书，这是中国首次发布出口管制的白皮书，旨在全面介绍中国完善出口管制治理的立场、制度和实践，阐述中国维护世界和平与发展、维护国家安全与国际安全的主张和行动。白皮书全文 9000 余字，由前言、正文和结束语三个部分组成。白皮书称，中国将肩负作为大国的责任，以扩大其在出口管制方面的国际参与度。同期，商务部开通了"中国出口管制信息网"，用户既可以在线上办理两用物项和技术进出口审批及最终用户和最终用途说明，也可以对两用物项进行查询。

2. 中国反制裁立法体系及《阻断办法》

（1）概述

2021 年 6 月 10 日，第十三届全国人民代表大会常务委员会第二十九次会议表决通过了《中华人民共和国反外国制裁法》（以下简称《反外国制裁法》），自公布之日起施行。全国人大法工委负责人表示，制定《反外国制裁法》，主要目的是反制、反击和反对外国对中国的单边制裁，维护中国的主权、安全和发展利益。这是一部指向性、针对性强的专门法律，主要授予中国外交部在外交层面发起反制措施的权限。

《反外国制裁法》主要包括两个方面的内容：一是阻断，即及时阻止外国非法制裁可能产生的损害，使那些制裁不发生效力；二是反制裁，即根据需要，中方可选择对施加非法制裁的国家和地区实施同等制裁。

需要注意的是，中国现行法律中已有一些法律文件做出类似反制的规定，涉及《出口管制法》与商务部先后发布的《不可靠实体清单规定》和《阻断办法》。《反外国制裁法》与《阻断办法》等并不形成严格意义的上位法和下位法的关系。对此，《反外国制裁法》第 13 条专门做出衔接性、兼容性的规定，在体系上形成了进一步完善了制裁的法律体系："对于危害我国主权、安全、发展利益的行为，除本法规定外，有关法律、行政法规、部门规章可以规定采取其他必要的反制措施。"

（2）《阻断办法》

2021 年 1 月 9 日，《阻断办法》（商务部令 2021 年第 1 号）经国务院批准，正式公布并立即执行。《阻断办法》仅 16 条，但内涵丰富。

从《阻断办法》的适用范围来看，第 2 条明确界定了适用范围，即违反国际法和国际关系基本准则，不当禁止或限制中国企业与第三国企业进行正常的经贸及相关活动的外国法律与措施的域外适用情形。对于这种情形，我们通常称为"二级制裁"。据此，美国出口管制的限制并不能当然被作为阻断对象。

从适用主体来看,《阻断办法》规定,中国公民、法人或者其他组织遇到外国法律与措施禁止或者限制其与第三国(地区)及其公民、法人或者其他组织正常的经贸及相关活动情形的,应当在 30 日内向国务院商务主管部门如实报告有关情况。经评估,确认有关外国法律与措施存在不当域外适用情形的,可以决定由国务院商务主管部门发布不得承认、不得执行、不得遵守有关外国法律与措施的禁令。

在发布禁令前提下,违反禁令的当事人可能承担行政责任或民事责任。具体包括以下三种情形。

行政责任:中国公民、法人或者其他组织未按照规定如实报告有关情况或者不遵守禁令的,国务院商务主管部门可以给予警告,责令限期改正,并可以根据情节轻重处以罚款。

民事责任 1:当事人遵守禁令范围内的外国法律与措施,侵害中国公民、法人或者其他组织合法权益的,中国公民、法人或者其他组织可以依法向人民法院提起诉讼,要求该当事人赔偿损失;但当事人获得豁免的除外。

民事责任 2:根据禁令范围内的外国法律做出的判决、裁定致使中国公民、法人或者其他组织遭受损失的,中国公民、法人或者其他组织可以依法向人民法院提起诉讼,要求在该判决、裁定中获益的当事人赔偿损失。

《阻断办法》下的相关权利主体、义务主体和责任主体如表 3 所示。

表 3 《阻断办法》下的相关主体、义务主体和责任主体

	适用主体	权利 / 义务主体	责任主体	法律依据
禁令范围内的外国法律与措施	二级制裁措施	中国(境内)自然人、法人及其他组织(包含外企)	中国主体	第 13 条(行政责任)
	外国判决裁定			第 9 条第 1 款(民事责任 1)
			外国主体(民事责任 2)	第 9 条第 2 款(民事责任 2)

续表

	适用主体	权利/义务主体	责任主体	法律依据
典型场景：A 国根据二级制裁施加对伊朗主体的重大交易限制，中国 B 公司向中国政府申请并获得禁令后，其他中国实体（运输公司、贸易公司、金融机构等）不得因为中国 B 公司与伊朗主体继续交易而解除与中国 B 公司的合同。否则，可能承担行政责任和民事责任。				

总体来看，因《阻断办法》针对的主要是美国二级制裁措施，适用场景和主体范围有限。从企业角度，仍需要充分评估以下两点，再决定是否优化原有合规条款甚至改变商业主体和模式：①美国是否会颁布禁令；②企业是否可取得豁免。

有限情形下，如我国反制裁立法、《阻断办法》与美国的限制发生冲突，违反其一的风险权衡。

（四）中国版企业出口管制合规指南

2021 年 4 月 28 日，商务部安全与管制局发布了《两用物项出口管制内部合规指南》（以下简称《合规指南》），提出了建立出口管制内部合规机制遵循的三大基本原则、九大基本要素。三大基本原则包括合法性原则、独立性原则、时效性原则。九大基本要素包括拟订政策声明、建立组织机构、全面风险评估、确立审查程序、制定应急措施、开展教育培训、完善合规审计、保留资料档案、编制管理手册。《合规指南》与美国《出口管理与合规计划指引》（EMCP）在结构和体系上有许多相似之处，企业可以按照《合规指南》的思路搭建内部出口管制合规体系。在强制力上，《合规指南》不是强制性法律规定，我国将出口管制内部合规机制作为激励措施，鼓励企业开展合规。《合规指南》指出，出口者"违反两用物项出口管制管理规定，但有主动消除或者减轻违法行为危害后果等情形的，依法从轻或减轻行政处罚"。

三、了解美国国防部清单，积极做出应对预案

2020 年 6 月 24 日，据路透社报道，美国国防部掌握有一份"中国军方拥有或控制的企业清单"（以下简称国防部清单），拟在向外界公布。国防部清单包括了中国航空工业集团、中国航天科技集团、中国航天科工集团、中国电子科技集团、中国南方工业集团、中船重工、中船工业、中国北方工业集团、华为、海康威视、浪潮集团、中国航空发动机集团、中国铁建、中国中车、熊猫电子、曙光信息产业公司、中国移动、中国电信、中广核和中国核工业集团 20 家大型龙头中国企业。本文将介绍这是一份什么样的清单，被列入这份清单的企业要注意什么，要如何应对其中的相关风险。

（一）美国国防部清单出台的背景

根据《1999 财年国防授权法案》第 1237 条，美国国防部编制了一份由中国人民解放军"拥有或控制"的公司封锁清单，这些公司提供商业服务、制造、生产和出口，并在美国提供产品和服务。

这份清单由美国国防部起草，提供给国会，每年进行更新。《1999 财年国防授权法案》第 1237 条的初衷是为了便于美国公司开展尽职调查，避免美国公司与和中国军队有联系的企业进行不恰当的商业活动。此前美国历届政府从未发布过此类清单，近年来中美关系的转变，使美国国会公布了此清单。《1999 财年国防授权法案》给了美国总统更多的权限。

（二）"中国军方拥有或控制的企业"的定义

根据《1999 财年国防授权法案》，"中国军方拥有或控制的企业"的定义为中国人民解放军或中华人民共和国政府国家部委拥有、控制或关联的企业，或中华人民共和国国防工业基础关联实体拥有或控制的企业，并且从事商业服务提供、制造、生产或出口等业务。该定义较宽泛，并未说明被列入清单的具体行业领域。进入清单和从清单除名的法律程序都尚未公布。该清单将成为美国政府、企业、投资者、学术机构和有相似目标的合作方对这些实体的伙伴关系开展尽职调查的有用工具。

（三）对国防部清单上企业的影响

国防部清单不是"黑名单"，被列入清单的中国企业不会立即触发制裁，但《1999 财年国防授权法案》规定美国总统可以对清单上的企业实施制裁，包括封锁清单上各企业所拥有的财产，具体会对企业产生以下三个方面的影响：一是清单上的企业可能被业务合作伙伴或银行视为"危险信号"公司，会进行更严格的尽职调查，甚至有可能被合作伙伴终止业务往来；二是清单上的企业可能无法参与美国政府的采购项目；三是增加制裁风险。根据美国《国际紧急经济权力法案》（IEEPA），在国家经济面临紧急情况时，总统宣布"国家紧急状态"后，总统可以单方面宣布对投资实行限制；而《1999 财年国防授权法案》第 1237 条特别强调，美国国防部清单出台后，总统可以不宣布国家进入紧急状态，就可以实施制裁措施。

此外，这份清单还对未列入国防部清单的企业有影响。一方面，如果企业本身未列入国防部清单，仅仅与国防部清单上的企业有业务往来，并不会被施加制裁；另一方面，该清单每年更新，如果满足军方拥有或控制的企业定义有可能后续会被列入该清单。

（四）中国企业对美国国防部清单的应对建议

根据世强律师事务所的专家建议，中国企业对美国国防部清单可以积极应对，具体可以从以下五个方面着手。

一是通过政府层面统筹解决。在国防部清单公布后，美国共和党参议员和众议员赞扬美国国防部的做法，表示"列入清单只是一个开始"。在两国关系正常化的前提下，中美两国政府间的外交谈判是解决清单可能带来后果的最佳途径。

二是企业要全面梳理涉美业务。一方面，对于存在美国业务的企业，应全面梳理涉美的贸易、投资或以美元进行的贸易、投资，审查相关合同、协议的条款，要确保合同、协议中有因制裁原因而无法履行合同协议可以终止或退出的条款，以便企业避免违约责任；另一方面，企业应制定涉美业务的应急预案。

三是企业建立有效的合规管理体系。如果有文件可证明企业有切实可行的合规管理体系或计划，可以减轻美国政府采取进一步制裁的风险。从现有案例来看，美国政府对中国企业采取的规模最大制裁案件几乎都存在企业合规管理不到位的情况。由此可见，合规管理体系可以成为企业有效的商业资产。

四是主动与商业合作伙伴做必要的解释说明。一些商业合作伙伴可能会错把国防部清单当作美国的"黑名单"，可能会影响企业现有业务。在这种情况下，企业可以主动寻求律师事务所的帮助，请律师事务所出具书面确认函，从法律层面进行解释说明，说明企业违背施加任何制裁或限制。这种说明尤其适用于在美国有重大业务往来的企业。

五是企业要密切跟踪相关信息。当前国际形势变化较快，有美国业务的企业可以成立专项小组，及时收集相关信息，随时掌握最新动态，帮助企业做出正确的决策。

四、建立诚信合规管理体系，
管控世界银行制裁风险

自2008年以来，随着中国企业大规模"走出去"，对遵守国际上通行规则与非通行规则的认识不足或者理解不到位而出现不合规的商业行为，导致企业受到经营所在地政府或者国际组织的制裁。这不仅给企业造成经济与声誉损失，还给中国企业国际形象带来负面影响。

世界银行集团[1]（文中简称世界银行）是国际上重要的多边开发银行，制定了一套国际通行的制裁制度。世界银行证实参与其资助项目的企业在投标与运营中存在不合规行为，就会对相关企业按世界银行制裁程序进行除名制裁。企业一旦被世界银行制裁后，就会被禁止承接世界银行资助项目，甚至引起其他多边开发银行的制裁，从而限制企业参与多边开发银行资助的项目。

---

[1] 世界银行集团是包括其下属机构，即国际复兴开发银行（IBRD）、国际开发协会（IDA）、国际金融公司（IFC）、多边投资担保机构（MIGA）和国际投资争端解决中心（ICSID）五个机构的总称。文中简称世界银行。本文参考文献，详见丁继华合规公众号文章《建立合规管理体系　管控世行制裁风险》。

自成立 70 多年来，世界银行对世界各国（主要是发展中国家与欠发达国家）贷款支付额超过 2.5 万亿美元，近 1.9 万个项目，平均每年支付 357 亿美元，平均每个项目金额不到 1.4 亿美元。2015—2019 年，世界银行平均每年贷款承诺额度增加到 620 多亿美元。自 20 世纪 80 年代以来，我国接受世界银行贷款承诺额 690 多亿美元，开展了 570 多个项目。国内大量的企业参与了世界银行资助的国内与他国的项目。

需要注意的是，世界银行资助的项目布局与我国推进的"一带一路"建设在地域上存在高度的重合性，我国企业在这些地区参与了大量的世界银行资助的项目。如果这些企业因不合规被世界银行除名制裁，不仅不能承接世界银行及其他多边开发银行资助的项目，还可能引起他国政府、当地企业和金融机构的关注，或设置不利的合作条件。这不仅会影响我国企业进一步参与相关国家和地区的项目与商业合作机会，还会影响我国"一带一路"倡议的顺利推进，甚至影响国家推动企业"走出去"服务对外开放的大局，需要引起相关企业的高度重视。

（一）中国企业被世界银行制裁案例与趋势

21 世纪初就有中国企业与个人被世界银行进行除名制裁，但是由于企业承接世界银行项目数量不多，且所涉及的企业与个人的影响力不大，没有引起企业界的重视。直到近年来，被世界银行除名制裁的中国企业越来越多，而且涉案的还是一些在国际上很有影响力的企业，世界银行制裁制度开始引起企业界广泛的关注。

1. 受世界银行制裁的企业案例让人震动

世界银行在 2019 年 5 月 14 日公布了对总部位于上海的某企业做出除名制裁决定。其制裁原因是，该企业在参与世界银行资助的加纳电力项目采购合同时，伪造了过去合同经验文件，以满足项目合同的要求，被世界银行认为存在欺诈行为，违反了其采购指南政策。随后，该企业与世界银行达成和解。作为和解协议的一部分，该企业及其附属28家子公司在为期15个月里被世界银行给予除名制裁。另外，世界银行制裁超过1年时间，其他多边开发银行也会给予交叉制裁。这样该企业及其附属28家子公司在未来15个月内没有资格参与世界银行及其他国际多边开发银行资助的任何项目。如果该企业承诺继续与世界银行廉政局充分合作，达到世界银行要求的合规条件及其他方面完全遵守了和解协议的条款和条件，那么该企业在制裁期满后，就可以从世界银行与其他国际多边开发银行的除名制裁名单上移除，还能继续参加世界银行与其他国际多边开发银行资助的项目。

值得关注的是，上述企业被制裁后不到一个月时间，世界银行在2019年6月5日又公布了对一家中央企业及其所有附属公司及730家控股子公司做出除名的制裁决定。一个企业内受到制裁附属公司数量之多，让人非常震惊。这打破了世界银行在2013年对加拿大兰万灵公司及其133家子公司制裁的纪录。该企业被制裁的原因是，相关企业在参与世界银行援助的格鲁吉亚东西公路走廊改善项目合同投标时存有问题（提供的人员信息、设备信息、经验及业绩存在瑕疵），被世界银行认定存在欺诈行为。经过长期沟通，该企业与世界银行合作并达成和解协议，缩短了资格取消期。作为和解协议的一部分，给予9个月的除名制裁，并在24个月内进行附条件不除名制裁。要解除制裁，该企业及其关联公司必须承诺以符合《世行合规指南》中规定的原则和方式制定诚信合规方案，保持与世界银行廉政局充分合作。在此期间，只要履行和解协议规定的合规义务，该企业将再次获得参与世界银行资助项目的资格。如果没有履行合规义务，附条件的不除名制裁将升级为附条件除名制裁。

2. 中国企业被世界银行制裁总体情况

从2004年起，就有中国企业被世界银行制裁。截至2019年6月12日，世界银行制裁的中国企业数量达到54家，一个企业直接或间接控制了多家企业，合并为 1 家企业。如果以每个实体来计算，则数量达到了 914 家，另外，世界银行还对 8 个个人进行了制裁（见表 4）。上述制裁名单中，有 18 家企业和 4 个个人因受到其他国际多边开发银行制裁再被世界银行实施交叉制裁。其中，2 家企业受到非洲开发银行制裁，15 家企业和 2 个个人受到亚洲开发银行制裁，1 家企业和 1 个个人受到美洲开发银行制裁。

表 4　历年被世界银行制裁的中国企业及个人

年份	企业	个人	合并企业和个人数 [1]
2004 年	1	2	3
2009 年	4	0	4
2011 年	3	1	4
2013 年	1	0	1
2014 年	1	0	1
2015 年	15	0	7
2016 年	4	0	2
2017 年	20	2	9
2018 年	50	3	21
2019 年（1 月至 6 月）	815	0	10
小计	914	8	62

数据来源：作者根据世界银行历年财报整理。

表 4 中的统计数据仅是从世界银行公开制裁的名单上查阅获得的。需要注意的是，世界银行还把部分中国企业因不当行为的违规信息通知给中国政府调查，这些企业名单并没有公开。还有一些企业在世界银行启动调查之前，就主动与世界银行达成和解，或者它们参与世界银行的自愿信息披露计划。以上两种类型涉及企业的具体数量无法从公开资料上查询到，

---

　　[1]　合并企业数是指由 1 家企业直接或间接控股的多家企业被制裁，计为 1 家。

结合历年披露的相关信息来推算，应在个位数内。

从被制裁企业的行业分布来看，99%以上的企业都是从事基础设施建设、工程建设类。这些企业往往都是因为参与投标不合规，比如提供了不真实信息或者文件造假，违反了世界银行采购指南的反对欺诈行为条款，从而遭到制裁。

3. 中国企业受世界银行制裁的原因分析

自2015年以来，世界银行制裁的中国企业数量呈增长趋势。这种趋势将随着中国企业大量"走出去"，参与承接国际多边开发银行项目增多而出现明显的增加。中国企业受世界银行制裁的原因主要有以下四个方面。

一是世界银行项目普遍在高腐败风险国家。研究表明，接受世界银行资金最多的国家（世界上不发达国家和发展中国家）也往往是那些被认为具有更高腐败风险的国家。透明国际每年发布的清廉指数对全球腐败风险进行监测，将167个国家和地区的清廉指数进行了从0到100的打分，得分低于50分的国家被认为存在严重的腐败问题。2014财年，世界银行廉政局调查并报告了32个国家的情况，其中19个国家在透明国际2013年清廉指数（177个国家）中排名第110位或更低，超过60%的投诉涉嫌与腐败和贪污有关。2015财年接受国际开发协会（IDA）对孟加拉国、埃塞俄比亚、加纳、印度、肯尼亚、缅甸、巴基斯坦、尼日利亚、坦桑尼亚和越南10个国家资助资金最多，这些国家的清廉指数平均才30分。2015年，国际复兴开发银行对历史上十大受助国（阿根廷、哥伦比亚、埃及、印度、印度尼西亚、摩洛哥、波兰、土耳其、乌克兰等）的情况分析稍好一些，清廉指数平均为38.3。在2005年至2015年十年间，这些国家在美国《反海外腐败法》（FCPA）的执法案例中处罚了280多起。所以，中国企业在参与这些国家或地区的世界银行项目时，当地的营商环境对企业不合规行为有重要的影响。

二是企业对世界银行制裁制度了解不够。世界银行制裁制度的设计源于美国法律体系，是保证其采购政策得以实现的制度保障。在世界银行项目的采购合同中，以契约形式要求参与投标与提供服务的企业遵守其采购政策。一般来说，只有参与了世界银行项目的企业才会研究相关政策，而不参与世界银行项目的企业，也没有必要研究世界银行制裁制度。实际上，从过去一些中国企业被世界银行制裁的案例来看，这些参与世界银行项目的企业也没有深度了解制裁制度，而是抱着被制裁后不承接世界银行项目的心态来应对，结果就可想而知了。另外，不管是政府、媒体、社会都对这类个案的关注度不高，这也是导致国内企业对世界银行的制裁制度重视程度不够的重要原因。近年来，随着我国企业开始大规模"走出去"，大量的企业参与世界银行资助的项目，但是大部分企业还是没有全面研究与高度重视世界银行制裁制度，所以出现了参与世界银行项目的企业不知规而违规的案例。还有案例表明，由于中外文化的差异，对世界银行采购政策的理解存在偏差，导致做法的偏离，最后受到制裁。这类企业在世界银行启动制裁程序期间，如果找专业的律师来应对，是可以大幅减轻制裁的。

三是企业合规意识普遍不强。作为国际多边开发银行，世界银行的制裁制度已经成为国际通行、成熟的规则，被世界银行上升到发展战略高度给予重视，并被严格地执行。中国企业合规风险意识普遍不强，在参与世界银行项目时，一些企业会把在国内不是大问题的、经常性的行为或者习惯性做法带到项目中，结果在对方看来就是大问题。从过去被世界银行制裁的案例来看，一些看似低级的错误（伪造投标文件、伪造签名、伪造公章）或者被忽略的瑕疵（用母公司或兄弟单位的资质或者业绩作为应标公司的资质或业绩）等不合规行为都出现过。另外，企业的合规意识没有贯穿到整个项目的生命周期，合规拿到项目后，却在项目建设过程或者项目退出时没有遵守世界银行的合同规定，从而遭到制裁。

四是国有企业面临的合规风险增加。2014 年，世界银行就关注到国有企业在其资助的项目中的比例越来越大，它们参与了许多社会发展项目。在世界银行廉政局收到的投诉和调查中，多个国家的国有企业占比较高，在世界银行制裁清单上占 1/3。一些国有企业参与项目时有母公司和子公司对同一合同进行投标时的利益冲突,或者彼此使用对方的经验资质产生欺诈。诚信合规调查结果显示,国有企业在国内项目中存在默契的合谋,缺乏明确的规则、标准且透明度较低,管理和监督不透明,导致腐败和给项目带来损失。近年来,世界银行着力对与国有企业参与项目的风险提出解决方案,不仅与国有企业进行合作,还与相关政府部门探讨,就国有企业结构和运营的特点评估《世行合规指南》,推动国有企业制定合规方案。

(二)世界银行制裁类型与企业诚信合规方案

世界银行制裁制度[1]里定义了五种"可制裁的行为",并提出了五种制裁类型。当企业受到制裁时,只有实施满足世界银行要求的合规方案才能从解除除名。

1."可制裁的行为"基本情况

世界银行可对廉政局调查发现犯有以下行为的企业和个人进行制裁:①腐败行为;②欺诈行为;③强迫行为;④共谋行为;⑤妨碍调查行为。涉及具体"可制裁的行为",从表5中可以看到,世界银行2007—2017年处理的587起发出制裁并给予解释信及和解案子中,欺诈案子共440起:伪造第三方文件165起,包括伪造银行保证或担保文件46起、伪造制造商授权文件32起、伪造绩效和经验文件64起、其他类型文件伪造23起;其他类型欺诈275起,包括假发票或付款认证46起、虚假陈述或隐瞒利益冲突与代理62起、虚假陈述过去的业绩或经验64起、虚假陈述未来业绩30起、其他欺诈73起。共谋行为43起、腐败行为83起、妨碍调查行为19起、强迫行为2起。

---

[1] 丁继华:如何化解日益增长的世界银行制裁风险,2019年7月发表在《财经》杂志,对世界银行制裁制度运行机制有详细介绍。

表5　2007—2017年对各类"可制裁的行为"统计分析

单位：起

数量	类型	欺诈									共谋	腐败	妨碍调查	强迫
		伪造第三方文件				其他类型欺诈								
		伪造银行保证或担保文件	伪造制造商授权文件	伪造绩效和经验文件	其他类型文件伪造	假发票或付款认证	虚假陈述或隐瞒利益冲突与代理	虚假陈述过去业绩或经验	虚假陈述未来业绩	其他类型欺诈				
456	制裁审理通知	44	29	57	18	26	41	46	18	53	34	69	19	2
131	和解	2	3	7	5	20	21	18	12	20	9	14	0	0
小计		46	32	64	23	46	62	64	30	73				
伪造类与其他欺诈类数量		165				275								
各类可制裁行为数量		440									43	83	19	2
一案中有多项可制裁行为		59												

2. 约束对象与涉及的行业

在《世界银行贷款和国际开发协会信贷采购指南》（以下简称《采购指南》）中，有明确的采购政策，由国际复兴开发银行提供的贷款、国际开发协会信贷或捐款、项目筹备垫款、世界银行赠款或由世界银行管理由受益人实施的信托基金全部或者部分资助的项目,都要遵守《采购指南》。《采购指南》的政策是,要求借款人(包括世界银行贷款的受益人)、投标人、供货商、承包商及其代理人(无论是否公开声明)、分包商、咨询服务分包商、服务提供商及其任何员工在世界银行贷款的合同采购和执行过程中要遵守最高的道德标准。

在世界银行的投标合同或者招标文件中,有的明确了对相关项目有审计权,有的有明确条款规定不能有不当行为,有的在代理披露中提出合规要求,在这种情况下,参与了相关项目的投标人(无论是否中标)或者签订相关合同的中标人,都要受到世界银行制裁制度的约束。世界银行近一半的资金用于能源、交通、水务和IT等领域的基础设施项目,这些行业往往是合规风险的高发领域。世界银行长期分析与统计各行业涉及的腐败行为,比如,在2008年的调查中发现,东亚基础设施项目、南亚的制药企业、东欧的咨询顾问和承包商存在假报资格行为。该调查发现,有证据显示世界银行项目合同中发生了大规模企业卡特尔投标的情况。2009年,世界银行项目与卫生、运输和水务行业新立的案件数量最多。透明国际民意调查将建筑业评为最容易发生腐败的行业,对国际公司的调查显示,建筑行业的公司比任何其他行业的公司更有可能因贿赂而失去合同。2010年,全球公路项目获得世界银行贷款高达90亿美元,达到历史最高水平,占世界银行当年贷款总额的15%。世界银行廉政局在2011年对公路行业过去的制裁与待制裁尚未制裁案例调查分析结果发现,世界银行资助的项目无法幸免。在过去十年中批准的由世界银行资助的500多个道路项目中,大约1/4提出了一项或多项关于欺诈、腐败或混合的指控。

表6对2007—2017年共1113起受世界银行涉及制裁行为所立案的历史数据进行分析,由表6可知,世界银行项目合规高风险排在前五的行业为:运输,卫生、营养和人口,水务,农业与农村领域,能源和矿业。

表6　2007—2017 年受世界银行立案的行业数据分析

行业	数量（起）	占比（%）
农业与农村领域	107	10
经济政策	1	0
教育	76	7
能源和矿业	91	8
环境	29	3
金融与私营部门发展	41	3
全球信息与通信技术	7	1
卫生、营养和人口	200	18
公共部门管理	72	6
社会保护	38	3
运输	208	19
城市发展	32	3
社会发展	33	3
水务	142	13
不属于任何行业的项目	36	3
总计	1113	100

3. 制裁类型及加重与减轻因素

在世界银行的制裁制度中，提出了以下五种可能的制裁类型。

①附条件解除除名（Debarment with Conditional Release）。该类型在 2010 年被世界银行定为基准制裁类型。以 3 年作为最低期限，3 年内制裁对象不会有获得世界银行资助项目的资格。同时，期限满 3 年以后，如果制裁对象符合一定的条件，就可以从制裁清单上移除。至于个人，可能会被要求参加合规培训与教育，灌输合规意识，对欺诈、腐败等不当行为采

取"零容忍"的态度。

②有固定期限或无限期的除名（Debarment）。该类型针对被告公司已经制定了强而有力的合规方案，可制裁的行为是由某个雇员或者已经解除合同的雇员制造的孤立事件，这种以震慑为制裁目的的时间相对较短（1年或少于1年）。另一种相反的极端情况是，没有合理理由认为可以让被告通过合规或其他条件得到改造，就需要施加无限期除名的制裁。无限期除名常适用于自然人、私人持股公司和空壳公司。

③附条件不除名（Conditional Non-Debarment）。在对被制裁的公司不给予除名的情况下，要求该公司在一定期限内达到世界银行提出的合规条件。如果在规定期限内没有达到相应的条件，该公司就要被除名处理。这一类型制裁适用于被诉人采取了全面而自愿的纠正措施，情况表明不需要被制裁；也适用于被告的母公司和其附属机构没有直接从事不当行为，但是由于其缺乏系统的监督导致了不当行为发生，需要为此承担责任。

④谴责信（Letter of Reprimand）。当不当行为发生较轻微时或者企业只是外围参与者，对企业给予除名或者附条件不除名的处罚都是偏重的。在这种情况下，世界银行会向被告发出谴责信，既可以是公开的，也可以是私下的。例如，因为存在某个独立的监督缺失事件，被起诉公司的附属机构要对不当行为承担共同责任，但是该附属机构并没有参与任何不当行为。

⑤恢复原状（Restitution）。在某些情况下，世界银行要求被起诉企业向借款人或者其他对象提供赔偿或相应的补救措施，以弥补不当行为带来的损失。当涉及在合同执行中的欺诈情况，有可量化的数额可要求被起诉企业还回到客户的国家或项目。这种情况适用于那些由错误导致明确和可量化的损失。通过恢复原状往往比较困难，主要原因一是缺乏明确的标准对恢复的数量进行计算，二是不好确定合适的被赔偿者。

世界银行在量刑时采取累积不当行为的计算方式，在做出制裁建议时，会对事实上不同的不当行为（腐败和共谋发生在同一投标）或不同情况下的不当行为（不同项目或相同项目不当行为发生在不同时间段）进行累积计算。也就是说，每个可制裁的行为发生后进行单独考虑并累积起来作为制裁的基础。如果制裁对象有参与多次不当行为的事实，就会考虑加重制裁。如果不是主要参与者或者配合世界银行调查，也会考虑减轻制裁。具体考虑因素如表 7 所示。

表 7　制裁中考虑的加重与减轻因素

考虑因素	具体因素	加重处罚
违法行为的严重程度	①违法行为模式重复出现 ②被告使用复杂手段（计划周密程度、所应用技术的多样性和隐蔽程度）实施违法行为，涉事人员或者参与组织的数量与类型，该计划不断发展或者持续了很长一段时间，涉及多个司法管辖区 ③组织中 2 个或更多的组织者、管理层、策划者在违法行为中扮演核心角色 ④违法事件中管理者扮演的角色：组织中的高级管理人员参与，纵容或故意不知道该不当行为 ⑤公职人员或世界银行工作人员参与密谋或者受到牵连	考虑到一项或多项因素的存在，制裁可以增加 1~5 年
违法行为造成实际损害	①对公共福利或项目的损害：不当行为明显会导致或者涉及人员死亡或人身伤害的风险，公共健康或者安全受到不当行为的威胁 ②对项目的损害程度：合同执行不力（如产品和服务的质量或数量不符合合同的条款），造成延误	考虑到一项或多项因素的存在，制裁可以增加 1~5 年
干扰廉政局的调查	①干扰调查过程：故意摧毁、伪造、修改或隐藏调查证据材料或向调查人员做出虚假陈述以便严重阻碍廉政局调查，威胁、骚扰或恐吓任何一方以防止其披露与调查有关的事项或进行调查的事项的信息，严重妨碍世界银行执行对合同进行审计的权利的或获取信息的权利 ②恐吓或者收买证人：被告对证人的财产、工作、声誉、家庭成员或其他重要人员进行恐吓或者伤害，被告对证人进行收买，让证人不与世界银行合作	考虑到以上一项或多项因素的存在，制裁可以增加 1~3 年

续表

考虑因素	具体因素	加重处罚
过往存在违法行为历史	①过去存在除名或其他处罚: 既往历史必须是涉及被告因不当行为除名以外的不当行为 ②先前的历史可能包括被其他国际多边开发银行除名	考虑到一项或多项因素的存在, 制裁可以增加10年
在不当行为中扮演次要角色	①被告是次要、极不重要或外围的参与者 ②没有决策权的个人参与、纵容或故意忽视不当行为	最多减轻25%
自愿采取纠正措施	①停止不当行为: 采取行动的时间表明它反映真正悔恨和改革意图的程度, 或采取预期步骤减轻制裁的严重程度 ②针对责任人采取内部行动: 管理层采取一切适当的措施来处理不当行为, 包括对相关员工、代理人或代表采取适当的纪律处分和 (或) 补救措施 ③有效的合规方案: 建立或改进以及实施公司合规方案 ④恢复原状或财务补救: 当被告自愿解决合同执行中的任何不足之处或返还通过不当行为获得的资金时	最多减轻50%, 在特殊情况下可能会更大幅度地减轻处罚
配合廉政局调查	①被告协助和 (或) 与廉政局持续合作: 根据廉政局的陈述, 被告在调查中提供了大量协助, 包括自愿披露, 提供的任何信息或证词的真实性、完整性、可靠性, 协助的性质和范围, 以及协助的及时性 ②开展内部调查: 被告对不当行为和有关不当行为的相关事实进行了有效的内部调查, 也对其进行了制裁处理, 并与廉政局分享了结果。指导被告通过内部调查弄清那些超出了受制裁的不当行为相关的行为和事实, 并与廉政局分享了结果 ③承认或者接受有罪或者承担责任: 在调查之前承认有罪或承担对不当行为的责任比调查或随后的程序更加重要 ④自愿约束: 在调查结果出来之前对世界银行资助的投标进行自愿限制也可被视为一种协助和 (或) 合作形式	最多减轻33%, 在特殊情况下可能会更大幅度地减轻

4. 执行有效诚信合规方案方可解除制裁

世界银行借鉴"胡萝卜"加"大棒"的理念，对受到制裁的企业提出合规要求，这是促进参与世界银行项目的企业主动遏制腐败和对腐败行为承担责任的方式。企业制定合规方案，显示了企业建立对不当行为进行自我纠正的机制的努力。无论被世界银行附条件解除除名或者与世界银行达成和解的对象，都要按世界银行诚信合规办公室（Integrity Compliance Office，ICO）的要求努力制定合规方案。通过这样的方式，一方面促进企业投入资源（预算、人力）来对不当行为进行预防，另一方面促使企业主动发现、监督并对不当行为进行补救。

为了指导企业制定合规方案，世界银行发布了《世行合规指南》文件。该文件指出，有效的合规方案要对腐败、共谋、强迫和欺诈行为进行预防、监测、调查和补救，企业要把诚信与合规努力及职责纳入日常运营中。该文件涉及以下 11 个方面的内容：①对不当行为明确禁止；②对管理层、员工、合规部门分配合规责任；③从风险评估与审查着手启动合规方案；④制定针对雇员尽职调查、限制公职人员安排、礼品与款待及娱乐与差旅报销、政治捐赠、慈善捐助和赞助、便利费、记录、欺诈、共谋和强迫行为的内部政策；⑤开展商业伙伴合规管理，包括尽职调查，正式与非正式告知己方的诚信合规承诺，让对方做出诚信合规承诺，恰当地做出文本记录，适当调整薪酬费用，开展监督；⑥完善内部控制系统，在财务、合同责任和决策过程加强控制；⑦持续培训与沟通；⑧开发激励系统，方法包括正向的鼓励与纪律处分；⑨建立报告渠道，明确报告的责任，提供咨询与建议，设置内部举报与热线，通过审查定期认证；⑩对不当行为进行补救，建立调查流程，采取回应行动；⑪开展联合行动，推广诚信合规方案。

世界银行关注企业制定的诚信合规方案的有效性。虽然有效的合规方案也不能保证不当行为不会发生，但是至少应该包括合适的措施：①努力预防不当行为发生；②能够发现可能发生的不当行为；③允许对涉嫌不当行为进行调查；④对证据充分的不当行为进行补救。因此，企业有效的合规方案要以解决自身面临的风险状况和环境而量身设计。世界银行诚信合规办公室与各方合作共同监督公司实施以《世行合规指南》为基准的诚信合规方案。世界银行诚信合规办公室会根据《世行合规指南》文件对企业开展合规管理工作进行审查。他们会根据企业规模、行业特征、地理位置评估特定的风险，审查企业是否根据这些风险配置资源并量身定制合规政策和管控措施。

为了提高诚信合规方案的有效性，企业可以考虑采取以下的步骤和流程：①在企业的合规部门设置时，在总部层面和工作现场都设置了合规团队。有些做得较好的企业，不仅在区域设置了合规官员，还在各组织之间设置了当地诚信协调中心，作为地方一级诚信合规举措的资源提供者和支持者。②企业在做诚信合规背景尽职调查时，对那些有诚信合规问题但可带来商业机会的潜在员工或聘请的潜在业务合作伙伴拒绝雇用。③对决策记录和流程进行记录并存档。④使用报告机制接收诚信建议、报告诚信疑虑，这些机制在企业内部发挥作用时，可以增加员工对报告机制的信任，员工可以秘密地报告并且不用担心遭到报复，企业会对不当行为采取适当的行动。⑤企业采取相关行动，不仅包括调查和纪律处分方面的措施，还包括其他补救措施，在特定程序中提出的问题以及实践中的经验教训将其纳入培训课堂，不断修订优化诚信合规方案。⑥企业要积极传播诚信合规信息，可以在内部举办道德日活动，开展竞赛活动，在内部网络中讨论合规问题，在外部如让业务合作伙伴做出诚信承诺以及参与合规培训，采取合规集体行动，等等，实施一系列举措。⑦当世界银行诚信合规办公室确定受制裁的企业是否符合其解除制裁条件时，他们希望看到该企业已根据其风险而配置资源，并符合诚信准则原则，还有实施合规方案的可靠记录。世界银行诚信合规办公室还将寻求企业保证在释放后继续推进诚信合规方案，例如，通过管理层的承诺以及制订前瞻性行动计划。

（三）企业管控世界银行制裁风险的建议

从全球强化企业合规的趋势来看，世界银行及各国共同用来预防和打击腐败的合规方案正在变成一种全球通行的标准，甚至不排除世界银行所推动的诚信合规方案在未来成为一定规模以上企业参与其项目的前置门槛。在这个趋势下，那些承接世界银行与多边开发银行所资助项目的企业，要主动建立合规管理体系，一方面化解经营中的合规风险，另一方面提升企业的合规竞争力。

1. 对合规风险有针对性地预防

世界银行廉政局通过详细执行情况审查制度评估世界银行资助项目中欺诈和腐败的信号，检查世界银行反腐控制机制在预防、侦测以及回应欺诈和腐败方面的效果。廉政局根据十多年的经验，对世界银行资助项目采购中常见的欺诈与腐败行为的危险信号进行揭示。在投标中出现以下情况就可能被世界银行认为存在不当行为的危险信号，值得企业格外注意。

提示廉政局存在不当行为的危险信号包括：①来自投标人和其他方面的投诉（包括世界银行工作人员、竞争对手、承包商或其他投标人、政府官员、非政府组织的雇员和其他多边开发银行）；②通过合同分拆方式避免竞争或者减少内部审查；③存在串标、报价异常等异常投标模式；④给中间人或者供应商虚高的代理费或商品价格；⑤投标人实体可疑；⑥报价最低的投标人未入选；⑦不合常理和（或）重复将合同授予同一个投标人；⑧对合同条款和价值进行不合常理的变更；⑨在合同签署后及其执行期间，承包商往往会提交变更订单；⑩商品、服务质量低劣或未交付。

另外，对于正在参与或者近几年参与了世界银行项目且未来还将继续参与类似项目的企业，应该加强对相关项目存量合规风险情况的排查。如果当前项目存在合规风险，企业应该做好识别、整改及应对预案，甚至可以参加世界银行的自愿信息披露计划。对于过去（10 年内）参与的项目，存在较高的合规风险，也应该采取相应的措施进行风险管控，特别是制定有效的合规方案来预防当前或者未来项目中存在的合规风险。

2. 增进对世界银行制裁制度的了解

对于参与世界银行项目的企业来说，应该加深对世界银行制裁制度的了解。从一些参与世界银行项目的企业反馈的信息来看，大量的企业对世界银行的制裁制度不了解，甚至有企业因不熟悉世界银行调查与制裁流程，接到世界银行的制裁审理通知还置之不理，最后被除名制裁。更有甚者，接到世界银行相关的通知时直接忽略了，导致该企业错失和世界银行前期沟通与和解的机会，最后也被除名制裁。

值得注意的是，虽然有效的应对可以帮助企业减轻针对特定事实的指控和争端，但是回应世界银行相关文件也给企业带来实际的挑战。一方面，世界银行给企业的指控文件可能没有完全披露相关指控的证据，被告企业与律师可能因为消极应对导致应对不当；另一方面，由于有的指控缺乏事实根据，但因被告详细的回应而被限制导致其在制裁进程后期失去了辩护的灵活性。更有可能的是，制裁委员会可能把一份所做的有理由辩护回应信件作为承认事实的依据。

需要重视的是，有的企业可能认为廉政局对企业没有强制调查权，这样的认识有可能让企业走上与世界银行调查对抗的方向。事实上，世界银行调查与制裁程序都是经过美国资深专家设计的，调查手段与方法学习和借鉴了美国司法部及欧盟执法机构的经验，可以说调查手段是多种多样的，加之与各国政府部门和金融机构长期合作而建立起其全球信息网络，可以让廉政局从多渠道收集相关信息。另外，调查团队的经验也非常丰富，人员配置上不仅有前政府调查人员，还有律师和其他方面的情报专家。因此，只要廉政局启动了调查，企业收到了相应的通知文件，就一定要高度重视。在专业应对调查的同时，应该加快全面的自查，如果有不合规的行为，应该迅速与世界银行达成和解，争取对企业最有利的结果。

3. 强化合规风险意识谨慎决策

从更宽的视野来看，当前全球化时代正在变化，新的商业规则正在形成，合规将成为所有企业开展商业合作的前提。合规必须上升到企业的战略决策层面，企业在国内经营如此，"走出去"国际化经营也是这样。在国内市场与国际市场已经高度连接的状态下，在国内市场没有合规的行为习惯，在国际市场也不可能会有合规的行为。企业应该把合规意识排在竞争意识、全球化意识之前，作为商业决策的首要考量的因素。

所有企业在承接世界银行参与援助项目或其他多边开发银行援助的项目时，都必须详细评估项目所在地的合规风险，并谨慎地做出决策。如果不知道合规风险的存在，或者按照国内商业习惯或惯用做法参与投标，或者没有全面地评估项目所暴露的合规风险，那么企业就应该尽快加强合规培训，在相应的项目中聘请有经验的合规专家或者深谙合规的律师参与，从合规风险角度为企业提供建议和意见。只有这样，企业才能做出正确的决策，才能在复杂、变化、强监管的国际商业环境下保护好企业的商业成果。

4. 推进企业合规管理体系建设

企业在参与世界银行资助项目时，需要遵守世界银行制定的国际通行规则。通过强化合规经营意识，帮助企业主动地预防、监督与应对合规风险。有合规能力管控世界银行项目的合规风险时，企业就有相应的能力合规地参与更多的来自其他多边开发银行与一些发达国家政府资助或采购的项目，从而为企业在国际市场上赢得更多的商业机会。合规已是企业的竞争力，能为企业全球化发展带来竞争优势，因此致力于全球化发展的企业，要加快建立合规管理体系，提升合规管理能力，为全球化稳健发展保驾护航。企业强化合规意识要如何做呢？有没有可行的途径？国际企业通行的做法就是通过建立有效的合规管理体系，应用体系化与制度化的管理工具来应对合规风险的挑战。企业开展合规管理体系建设要做好以下两个方面的工作。

一是建立合规管理体系。包括建立合规管理组织机构，制定经营过程中响应外部法律法规及国际通行规则的各项合规管理政策，将合规培训、合规绩效考核、自我监督系统等制度化，企业领导层要通过以身作则的合规行为来领导企业开展合规文化建设。如果企业与世界银行或者其他国际多边开发金融机构有业务，企业的合规管理制度要涵盖所有可制裁的行为。

二是确保合规管理体系有效。合规管理制度有效要确保合规管理制度设计得良好，合规管理制度能够被执行，并且在执行中达到良好的效果。要做到以下八个方面：①采取基于合规风险的决策方法；②企业提供足够与合适的资源；③确保合规管理机构独立向董事会汇报；④整合合规职能到其他部门；⑤内部评价合规管理的独立性；⑥监控第三方等高风险领域与招投标等高风险环节的合规风险，并对合规风险较高的商业伙伴进行培训；⑦建立有效的举报监督渠道；⑧全员进行有针对性的合规培训与沟通。另外，这八个方面的举措也是世界银行诚信合规办公室评估企业合规方案有效性的重要指标。

五、关注德国《供应链法》，
开展供应链合规尽职调查

2021 年 6 月 11 日，德国联邦议院通过了《企业供应链尽职调查法》（以下简称《供应链法》），这是德国立法者在企业社会责任领域迈出的重要一步，它将企业在其供应链中维护人权、保护环境的行动从自律约束转变为法律约束。该法于 2023 年 1 月 1 日起生效。

（一）《供应链法》的出台背景

2011 年 6 月 16 日，联合国人权理事会一致通过了《联合国工商企业与人权指导原则》（以下简称《指导原则》），成为联合国认可的第一个企业人权责任倡议。《指导原则》包括以下三大支柱。

①保护（Protect）。从国际法来看，所有国家都有义务在经济领域保护人的基本权利。

②尊重（Respect）。企业要承担起尊重人权的责任，终止可能不利于人权的企业行为。

③帮助（Remedy）。国家有义务保障受害者通过法律渠道对经济领域侵犯人权的企业进行调查、警告，补偿受害者。

欧盟以欧盟理事会决议的形式，要求欧盟各国具体实施联合国人权理事会通过的这一《指导原则》。欧洲最早开始对此立法的是丹麦、芬兰、英国和法国。目前，全世界有33个国家在具体落实这一《指导原则》。

德国作为工业大国和贸易大国，政府非常重视这一问题。2014年11月在德国外交部的协调下，召集外交部、劳工部、司法部、经济发展部、环境保护部，以及三个德国企业联合会代表、两个人权领域代表、德国总工会等，组成委员会，于2016年6月完成了德国行动计划。

随着经济全球化，许多国际大企业的生产厂或分公司走向世界。全世界最大的50家企业，其94%的产品不是通过自己而是通过供应商完成。

一些大公司总部受到所在国的法律监督，但它们的分公司和供应商属于其他国家，不受母公司所在国家的监督。如果那些国家法制不健全，这些分公司和供应商就可以做出违背法律甚至违背道德的事情。德国企业在德国境内遵纪守法，而在境外，受到人权指责的国际企业中，德国名列世界第5位。国际社会尤其这些母公司所在的国家对这种情况是束手无策。

在2006年西门子行贿案中，确认西门子为了获得国外大型国家项目而行贿当地官员，结果西门子受到美国罚款6亿欧元、德国罚款4亿欧元。西门子董事长、总经理全部被免职，而且缴纳给公司各500万欧元赔偿——罚不到分公司，就罚总公司主管，相当于他们在唆使或默认分公司从事经济犯罪，他们是犯罪同伙。这样的思路，德国用到德国母公司在国外分公司及其供应商的劳工保护上，这就是《供应链法》的基本思路与出台背景。

（二）《供应链法》的主要内容

《供应链法》旨在要求德国公司分析并报告其供应链中相关人权和环境标准的合规情况，要求德国公司确保其外国供应商遵守人权并保护环境。如果一家德国公司意识到供应链中存在缺陷，则应依法承担补救的义务。《供应链法》无意在全球范围内实施德国社会标准，而旨在确保在供应链领域内满足最低国际标准，即不使用童工、无强迫劳动或满足基本的环保要求。

1.《供应链法》的适用范围及生效日期

《供应链法》适用于设在德国的、不论形式满足以下规模条件的企业。

①员工数量达到 3000 人的企业，自 2023 年 1 月 1 日起需履行法律规定的义务。

②员工数量达到 1000 人的企业，自 2024 年 1 月 1 日起需履行法律规定的义务。

需要注意的是，即使某德国企业并未达到上述规模，若其在受该法规制的某大型企业的供应链波及范围上，也要对该法予以高度重视，履行相应的义务。

2.《供应链法》需要满足的标准

德国公司的供应商应满足特定的核心人权和具体环境标准。

（1）核心人权相关标准

①不得雇用童工；

②不得使用奴役；

③不得强迫劳动；

④遵守有关安全工作的最低标准；

⑤工会自由；

⑥不得歧视；

⑦向员工支付足够的报酬（满足当地最低工资标准）；

⑧无严重违反环境法的行为；

⑨不得强行收回或非法侵占土地；

⑩不得使用不道德的安保服务（不使用酷刑）。

（2）具体环境标准

①不得生产、使用和分离《关于汞的水俣公约》或《斯德哥尔摩公约》禁止的汞和其他特定化学品；

②符合《斯德哥尔摩公约》的废物处理标准；

③禁止违反《巴塞尔公约》进出口废物。

3.《供应链法》规定的尽职调查义务

根据《供应链法》的规定，企业应履行其对供应链环节在人权和环境保护方面的尽职调查义务。"尽职"这一表述表明该义务并非要求企业保证供应链环节的合规，而是要求企业采取以下措施，尽其所能排除下游企业污染环境、侵害人权方面的行为。

①建立风险防范系统，及早识别、防控在污染环境、危害人权方面的风险。例如，企业应设立专门人员监测、报告风险防范系统。

②进行风险分析，以调查自身及直接供应商在环境、人权方面的表现。

③若发现风险，则需执行相应的风险防范措施，例如领导层应发布人权保护的基本纲领，根据需要检查并更新具体措施。

④若侵害已发生，则应立即采取合理的补救措施，例如与违规供应商共同起草、执行相应的消除侵害措施。

⑤尽职调查需通过履行记录及报告义务来贯彻。该法对记录内容的保存时间以及报告所应涉及的内容及呈交方式也做出了具体规定。

根据《供应链法》的规定，企业对于直接供应商，尽职调查应涵盖上述方面；对于间接供应商，只有当企业对于可能发生的破坏环境、侵害人权行为有实质认识时，才需要涵盖以上方面的义务。

（三）《供应链法》的监管及惩治措施

《供应链法》对尽职调查义务的具体要求势必会对企业实践带来深远的

影响，违反《供应链法》可能会给德国公司造成严重后果。公司会被处以最高达 80 万欧元的罚款；对于年营业额超过 4 亿欧元的公司，最高可处以其全球年营业额的 2% 的罚款。更严重的是，被罚款超过 17.5 万欧元的公司将被禁止参与公开招标。

为了遵守《供应链法》，德国企业将建立风险管理体系，任命负责人，并定期对其供应商进行风险分析。该体系中设有投诉机制，用于举报违反《供应链法》要求的标准的行为。

德国联邦经济事务和出口管制办公室（BAFA）将监督企业的合规情况。德国公司可能会面临任何罚款，正因如此，它们会认真履行其在《供应链法》下的义务。此外，如果出现严重违规行为，工会和非政府组织也有权在德国提起诉讼。

当前规模或业务范围并未受该法约束的企业也应熟悉《供应链法》，作为合规的重要考量因素，为之后企业规模扩张或业务拓展打好基础。

（四）欧盟各国的《供应链法》

有些欧洲国家如英国、法国、荷兰、奥地利等，尽管没有德国那样完整的《供应链法》，但已经有了相应的法律。对于其他欧盟国家，都将逐步设立类似的《供应链法》。

2021 年 3 月，欧洲议会表示赞成制定比德国政府严格得多的《供应链法》。大多数欧洲议会议员投票赞成对欧洲公司进行广泛的尽职调查，包括中小型公司，以维护其供应链中的人权。此外，欧洲议会议员还要求公司可以因侵犯人权和环境行为而被起诉要求赔偿。

欧盟委员会对《供应链法》提出的一些要求是受欢迎的，例如审视整个供应链，包括中小型公司。然而，提案必须保持分寸。公司不应该为贸易政策中的缺陷埋单。

《供应链法》还应适用于不在欧盟境内但活跃于内部市场的公司。此外，欧洲议会呼吁禁止进口与强迫劳动或童工有关的产品。

保守派和右翼议会团体要求对中小型公司进行更深远的豁免处理，但未能成功。与德国联邦政府不同，欧洲议会议员也提倡严格的责任规则。

实际的欧盟立法程序在委员会实际提出提案时开始，这可能需要一些时间。德国法律可能会在那之前生效。届时，德国联邦政府可能不得不在以后根据欧盟法律调整国家规则。

（五）《供应链法》对中国企业的影响

《供应链法》对两类中国公司产生影响：一类是在德国有子公司的中国企业，另一类是德国企业在华的供应商或合作商。这两类中国企业需要做好准备并积极应对这项新法律带来的后果。

受此法约制两类中国企业应充分利用法律生效前的时间，研究尽职调查义务的具体要求，对本企业或供应商中可能存在的危害环境、侵害人权的行为进行自我排查检测。

除此之外，企业还应设立专门人员，建立相应的风险防控机制及干预措施，开展对企业相关负责人的合规培训，对将要履行的记录和报告义务做好充分的准备。

从长远来看，遵守《供应链法》标准的程度会影响德国公司对供应商的选择，因此在与德国客户打交道时，符合标准的供应商拥有竞争优势。中国企业应提前做好准备，以向德国客户表明它们可以满足相关的要求，是可靠的商业伙伴。

六、全球数据保护监管趋严，促进数据保护合规管理

随着科技的发展，个人数据更容易被储存、运用和传达，大幅增加了隐私权的风险。新冠肺炎疫情之后，数据的爆发增长进一步给各国带来棘手的监管问题。2020年全球数据产生量达到47 ZB，仅中国产生的数据量就达到8 ZB，占全球的1/5。滥用成风和监管不易成为这个时代科技快速发展的后遗症。2020年开始数据监管试水的同时，各大公司数据诉讼问题频出，例如沃尔玛要求供应商体系避免使用亚马逊云，DoorDash平台拒绝与实体商户共享客户数据，等等。

2021年是数据保护元年，《中华人民共和国数据安全法》（以下简称《数据安全法》）、《中华人民共和国个人信息保护法》（以下简称《个人信息保护法》）、《关键信息基础设施安全保护条例》等一系列法律法规的颁布和实施，标志着我国在数据安全和个人信息保护方面正式进入2.0时代。本文就数据保护领域的立法与执法进行分析与报告，以期为企业数据合规提供帮助。

(一)数据保护全球立法概况

近年来,个人信息保护立法在世界范围内如火如荼地展开,目前已经有128个国家通过立法保护个人信息和隐私。其中,结合市场规模、规制范围等因素,以欧盟《通用数据保护条例》(General Data Protection Regulation, GDPR)和美国加利福尼亚州隐私保护法(CCPA&CPRA),为最具有影响力的法律文本。从使用范围、同意规则、本地化要求、其他使用权利四大方向来看,我们发现欧盟重隐私,美国重数据自由,中国重安全。综合来看,美国数据保护法对数据应用的限制最为宽松,欧盟和中国都比较严格。以下将分别介绍欧盟与美国数据保护的立法。

1.欧盟《通用数据保护条例》(GDPR)

欧盟委员会于2012年提出《通用数据保护条例》(GDPR)草案。GDPR整合隐私保护指令、电子通信隐私保护指令和欧盟公民权利指令,历经四年讨论方于2016年4月27日经欧洲议会通过,并于2018年5月25日正式全面实施。

GDPR是欧盟针对个人数据和隐私保护实施的一项新立法,是20年来全球最重要的数据隐私保护法,也是有史以来规模最大、最具惩罚性的数据保护法。

欧盟制定GDPR,旨在加强成员国的数字安全,向欧盟公民提供个人数据的控制权利。欧盟公民随时可以访问个人数据,可以删除或更正错误的数据,以及索取个人数据的副本,对于企业或他人使用其个人数据,欧盟公民拥有同意或反对权,并有权知晓企业是否保存了他们的数据,等等。

对于违法企业,可能面临高达1000万欧元或公司全球营业额的2%的处罚(以较高者为准),而最严重的违法情况将会导致高达2000万欧元或公司营业额的4%(取高者)的罚款。如此重的罚单可能让任何企业破产。GDPR不仅针对欧盟企业,在全球化的今天,任何公司只要与位于欧盟的客户有任何形式的业务往来,或者有身在欧盟的用户,就都要受到GDPR

的制约。也就是说，中外相当数量的企业都将受到 GDPR 的影响。

在 GDPR 实施后的一年中，欧盟各国对于数据安全的诉讼持续增加。针对数字安全的罚款金额在 2019 年飙升，仅仅 2019 年新增罚款就达到 5000 万欧元，2018 年这个数据仅仅为 3.57 万欧元，其中英国以 3.15 亿欧元遥遥领先；西班牙、罗马尼亚等罚款次数遥遥领先。

2. 美国数据保护的立法

美国在联邦层面对个人信息保护采取"分散立法"模式，但在州层面，2018 年《加利福尼亚州消费者隐私法案》（California Consumer Privacy Act of 2018，CCPA）及其 2020 年修正案《加利福尼亚州隐私权法案》（California Privacy Rights Act of 2020，CPRA）为保护消费者个人数据的重量级法案。

CCPA 将许多受 GDPR 启发的条款并入之前称为" 2018 年消费者隐私权法案"的州的一项投票措施。该法规的条款为"授予消费者有权要求企业披露类别和具体信息的权利并告知其收集的有关消费者的个人信息，收集信息的来源类别、收集或出售信息的商业目的以及与之共享信息的第三方的类别"。

该法律适用于从加利福尼亚州居民那里收集信息并至少满足以下条件之一的企业：①年总收入超过 2500 万美元；②为商业目的购买、接收、出售或共享 5 万个以上的消费者家庭或设备的个人信息；③ 50% 以上的收入来自销售消费者个人信息。

在该法律的许多扩展条款中，最值得注意的部分包括以下九个方面。

①要求企业披露其收集的个人信息及其使用目的。

②授予消费者要求删除个人信息的权利，并要求企业在收到核实要求后删除该信息。

③授予消费者权利，要求出售或出于商业目的披露其个人信息的企业披露其收集的信息类别，以及出售或披露信息的第三方的身份。要求企业根据可验证的消费者要求提供此信息。

④授权消费者选择退出企业出售个人信息的行为，并禁止企业歧视消费

者行使该权利,包括向选择不同价格的消费者收取费用或向消费者提供不同的商品质量或服务,除非相关的区别与消费者数据提供的价值合理相关。

⑤要求披露个人数据的企业,对于可核实的消费者要求,免费提供这些数据。

⑥在消费者的隐私政策中,通过"不出售我的个人信息"链接,授予消费者控制将其信息出售给第三方的权利。

⑦让个人能够指导企业删除他们的信息。

⑧禁止商家在未经 13~16 岁消费者明确同意的情况下出售他们的信息,并要求他们在出售 13 岁以下消费者的信息之前获得其父母的同意。

⑨扩展个人信息的定义,包括 IP 地址、设备 ID、Cookie ID 以及基于客户偏好、特征、行为、兴趣和许多其他变量的心理信息。

CPRA 创建了一个新的消费者隐私机构,将隐私法规与 GDPR 更加紧密地结合起来。该法案于 2023 年 1 月 1 日生效。CPRA 最重要的变化包括以下九个方面。

①服务于 10 万加利福尼亚州居民或家庭的公司不受隐私条例的约束。CCPA 的门槛是 5 万,其中包括设备。

②公司必须删除不再需要的个人信息。监管机构将如何定义"必要"还有待解释。

③消费者可能会强迫公司更正不正确的个人资料。

④公司必须确保与它们共享个人数据的任何第三方都遵守 CPRA。

⑤消费者可以选择退出共享数据的公司。根据 CCPA,消费者只能选择退出其出售的数据。

⑥违反责任现在包括暴露电子邮件地址以及安全性问题。

⑦如果违规行为包括未成年人的个人数据,罚款可能增加两倍。

⑧即使公司修复了造成违约的原因,但在违约后,公司仍可能受到私人诉讼权利和法定损害赔偿的约束。

⑨消费者不再是只有出示损害证明才能对违约提起诉讼。

3. 各领域数据保护立法

与欧盟统一立法模式不同，美国采取了分行业式"分散立法"模式，在电信、金融、健康、教育以及儿童在线隐私等领域都有专门的数据保护立法。具体如下。

①《格雷姆－里奇－比利雷法》（GLBA），即《金融现代化法》。旨在对金融机构处理非公开个人信息（Nonpublic Personal Information，NPI）进行规定。GLBA 及其实施细则要求：除非告知用户能够"选择退出"，否则金融机构不得将 NPI 共享给第三方，金融机构禁止将用户账号或信用卡号分享给第三方用于直接营销；金融机构应当向用户提供清晰明确的隐私政策；金融机构必须通过"管理、技术、物理防护"等手段来确保 NPI 的安全。

②《健康保险流通和责任法》（HIPAA）。旨在保护受保护的健康信息（Protected Health Information，PHI）。HIPA 要求：未经患者同意医疗机构不得让第三方使用或者向第三方共享患者的 PHI，个人有权要求机构提供其 PHI 的副本；医疗机构应当加强对 PHI 的安全保护；在发生数据泄露时，应当在 60 日内告知受影响的患者。

③《公平信用报告法》（FCRA）。旨在确保信用报告机构（CRA）的报告中消费者信用信息的准确性，保护消费者免受错误信用信息的侵害。与 HIPAA 或 GLBA 相比，FCRA 未规定 CRA 在收集或向第三方共享消费者信息时应当获得消费者"选择加入"或者"选择退出"同意的要求，也没有规定未经授权不得访问消费者信息的安全保护要求。FCRA 还规定了允许披露消费者信用信息的情形，包括审查借款人的信用状况以及消费者要求披露信用报告等。

④《视频隐私保护法》（VPPA）。旨在保护租赁、买卖或交付录像带和视听资料过程中的个人隐私，规定未经消费者明确同意不得披露消费者的个人可识别信息（Personally Identifiable Informatio）。

⑤《家庭教育权和隐私权法》（FERPA）。旨在保护教育机构收集的教

育信息。FERPA 适用对象覆盖面很广,几乎涵盖所有的高等院校。除非例外规定,任何教育机构未经家长或者年满 18 岁的学生本人许可而公开学生教育信息的,将不能获得联邦机构的资助。

⑥《联邦证券法》。没有直接对数据保护进行规定,但是要求公司应采取防止数据泄露的控制措施,在发生数据泄露时及时向证券交易委员会(SEC)披露相关情况。

⑦《儿童在线隐私保护法》(COPPA)。旨在对商业网站或网络服务商收集、使用或披露 13 岁以下儿童的个人信息行为进行规定。COPPA 要求:商业网站或网络服务商制定清晰的隐私政策;通知并取得父母可验证的同意(Verifiable Parental Consent);建立和维持合理的程序,以确保儿童的个人信息的安全性、保密性与完整性。

⑧《电子通信隐私法》(ECPA)。不针对特定领域进行规定,是美国目前有关电子信息最全面的立法。也有批评者指出,ECPA 规定的是窃听和电子监听行为而非商业数据收集行为。实践表明,试图根据 ECPA 对违法的在线数据收集行为提起的诉求均未获支持。

⑨《计算机欺诈和滥用法》(CFAA)。旨在规制计算机黑客,禁止未经授权侵入计算机,不解决数据收集和使用等数据保护问题;但 CFAA 对于未经授权而侵入计算机并获得他人信息的行为规定了法律责任。

⑩《联邦贸易委员会法》(FTC Act)。旨在"禁止不公平或欺骗性贸易行为"(UDAPs),UDAPs 在数据保护方面发挥着重要的作用。联邦贸易委员会(FTC)因为企业的数据实践活动违反 UDAPs,已进行了数百起的执法行动。在 FTC 的实践中,有一项原则是企业受其对数据隐私和数据安全承诺的约束。FTC 认为,当企业以与其发布的隐私政策或其他声明相抵触的方式处理个人数据时,或者当企业未能充分保护个人数据免受未经授权的访问时,企业即是采取欺骗性行为,违背自我承诺。除了违背承诺,FTC 还认为企业的某些数据保护举措是不公平的,例如企业设置难以更改的默认隐私选项。虽然 FTC 对 UDAPs 的执行填补了联邦数据保护法中一

些立法空白，但 FTC Act 效力有限，与许多针对具体部门的数据保护法相反，FTC Act 并未要求企业遵守特定的数据保护规定，并且无法规制没有做出数据保护承诺的企业。

⑪《金融消费者保护法》(CFPA)。与 FTC Act 类似，旨在禁止机构从事不公平、欺骗或滥用行为。CFPA 新设了消费者金融保护局（CFPB），专门负责消费者金融保护，CFPB 职责包括制定规则、进行法律监督和执行。

（二）数据保护全球执法案例

1. 摩根士丹利因为 2016 年数据泄露被罚款 6000 万美元

因为 2016 年对两处数据中心进行清退时的不当处置，以及由此引发的客户信息泄露风险，投资银行摩根士丹利面临美国政府高达 6000 万美元的罚款裁定。

摩根士丹利于 2020 年向财富管理客户报告了此项问题，称这些设施中的某些硬件在运抵回收站时仍保存有部分客户数据。摩根士丹利在 2019 年对存储客户数据的网络设备进行清退期间也出现过类似的问题，并对两起案件进行合并处罚。

在这两起事件中，摩根士丹利方面均"未能充分评估将清退工作进行分包所引发的风险，包括未能在供应商选择及监控方面进行充分的尽职调查，也未能正确处置存储在待清退硬件设备上的库存数据"。

摩根士丹利曾在 2020 年年初向多家投资机构报告称，尽管监管不力，但由于其硬件的严密配置方式，客户数据不太可能因此而真正外泄。作为对货币监察长办公室声明的回应，摩根士丹利强调并未发现任何未经授权的客户数据滥用情况。

在一份声明中，摩根士丹利表示："我们一直在跟踪事件动向，就目前来看并不存在客户信息遭到访问或滥用的情况。此外，我们还建立起增强安全的程序，包括持续欺诈监控，并将不断加强对客户信息的保护性控制措施。"

摩根士丹利需要直接向美国财政部支付罚款，6000万美元这一数额也与以往美国政府针对各金融机构其他网络安全事件做出的处罚决定一致。货币监察长办公室曾就2019年大规模数据泄露问题，对Capital One处以8000万美元罚款。

2. 抖音因违反美国《儿童在线隐私保护法》被罚570万美元

2019年1月，抖音因违反美国《儿童在线隐私保护法》被FTC处罚570万美元。

FTC发布了一项重要裁决，短视频应用抖音国际版（TikTok）因违反美国《儿童在线隐私保护法》，被处以570万美元（逾3800万人民币）罚款，并将影响该应用在13岁以下儿童中的使用方式。

FTC称，TikTok要求用户提供电子邮件地址、电话号码、用户名、姓名、个人简介和头像等资料。TikTok还允许用户通过评论视频以及发送直接信息与他人互动。此外，用户账号默认是公开的，这意味着孩子的个人资料、用户名、照片和视频可以被其他用户看到。FTC认为，TikTok知晓用户中有儿童，但未在收集用户数据前征询其父母同意。这显然违反了《儿童在线隐私保护法》中要求面向儿童用户的网站在收集13岁以下儿童的个人信息之前获取其父母同意的规定。

3. 谷歌因违反GDPR被罚5000万欧元

2019年1月，法国数据保护执法机关（CNIL）以违反GDPR的同意规则为由，处罚谷歌5000万欧元。

谷歌的主要违法行为是，未向用户提供透明和清晰的处理个人数据的方式，针对个性化广告未获得合法同意。CNIL表示，谷歌的用户无法完全理解该公司如何使用数据，因为其披露的信息过于"笼统和含糊"，并分散在许多不同页面和文件中。

CNIL 还主张本案所涉的收集的同意既不"具体"也不"明确"，GDPR 所要求的同意只有当用户针对诸多特定目的分别给予认可（而不是打包式认可）时才是"具体的"，并且 GDPR 所要求的同意只有当用户做出清晰的确认动作（如勾选并未预置勾选的空格）时才是"明确的"。

（三）中国数据保护立法概况

1.《网络安全法》

《中华人民共和国网络安全法》（以下简称《网络安全法》）是为了保障网络安全，维护网络空间主权和国家安全、社会公共利益，保护公民、法人和其他组织的合法权益，促进经济社会信息化健康发展制定的。由第十二届全国人民代表大会常务委员会第二十四次会议于 2016 年 11 月 7 日发布，自 2017 年 6 月 1 日起施行。

《网络安全法》规定：不得出售个人信息，严厉打击网络诈骗，以法律形式明确"实名制"，需要重点保护关键信息基础设施，惩治攻击破坏我国关键信息基础设施的境外组织和个人，重大突发事件可采取"网络通信管制"。

作为网络安全的"基本法"，其重大意义在于：一是明确了部门、企业、社会组织和个人的权利、义务和责任；二是规定了国家网络安全工作的基本原则、主要任务与重大指导思想和理念；三是将成熟的政策规定和措施上升为法律，为政府部门的工作提供了法律依据，体现了依法行政、依法治国要求；四是建立了国家网络安全的一系列基本制度，这些基本制度具有全局性、基础性特点，是推动网信工作、防范重大风险的强大基石。

2.《数据安全法》

2021 年 6 月 10 日，经第十三届全国人民代表大会常务委员会第二十九次会议审议，通过了《数据安全法》，该法于 2021 年 9 月 1 日起施行。

作为我国网络空间规制的重要法律，《数据安全法》规制的是数据处理活动，通过保障数据安全来促进数据开发利用，保护个人、组织的合法权益，维护国家主权、安全和发展利益。

《数据安全法》全文共七章五十五条，体系结构包括总则、数据安全与发展、数据安全制度、数据安全保护义务、政务数据安全与开放、法律责任、附则。

其中，第二章"数据安全与发展"，对于数据安全与发展的关系、大数据战略、数据基础设施建设、数据创新应用、数字经济发展规划、公共服务智能化、数据开发利用的商业创新、数据安全产业体系建设、数据安全标准体系建设、数据安全检测评估与认证服务的发展、数据交易管理制度建设、培育数据交易市场等宏观制度建设的方向做出了规定。

第三章、第四章、第五章从具体的法律技术性条款出发，分别对于数据安全制度、数据安全保护义务、政务数据安全与开放做出了规定。第六章再次强调核心敏感数据保护，以及加大数据安全违法行为的打击力度。

《数据安全法》是中国为保障数据安全颁布的首部专门性法律，对移动数据安全保障具有不可忽视的重要意义。

3.《个人信息保护法》

2021 年 8 月 20 日，《个人信息保护法》颁布，并于 2021 年 11 月 1 日起正式实施。《个人信息保护法》是我国迈入数字化社会、彰显"以人为本"的法律制度的里程碑，也是我国为全球数字治理贡献的中国方案。《个人信息保护法》《网络安全法》与《数据安全法》共同组成了数据保护领域的"三驾马车"，为网络安全、数据安全和个人隐私、个人信息保护提供制度保障，为政府、企业、社会相关管理者、运营者和经营者提供重要的法律依据和支撑。

《个人信息保护法》全文共八章、七十四条，明确了法律适用范围，聚焦目前个人信息保护的突出问题，在有关法律的基础上，该法进一步细化、完善个人信息保护应遵循的原则和个人信息处理规则，明确个人信息处理活动中的权利义务边界，健全个人信息保护工作机制。确立以"告知—同意"为核心的个人信息处理规则，落实国家机关保护责任，加大对违法行为的惩处力度。

（四）中国数据保护执法案例

鉴于《数据安全法》与《个人信息保护法》是 2021 年下半年开始实施的，本文仅就《网络安全法》执法案例进行说明。

1. 四部门"隐私条款评审"

隐私条款专项工作评审自 2017 年 7 月 26 日启动，由中央网信办、工信部、公安部、国家标准委四部门组成的专家工作组于 2017 年 8 月 24 日对京东商城、航旅纵横、滴滴出行、携程网、淘宝、高德地图、新浪微博、支付宝、腾讯微信、百度地图十款网络产品和服务隐私条款进行评审，评审内容包括隐私条款内容、展示方式和征得用户同意方式等。2017 年 9 月 24 日，四部门联合公布隐私条款专项工作评审结果，腾讯微信、淘宝、滴滴出行、京东商城、支付宝等获评审专家组好评，此外个别产品有待完善。

2. 百度涉嫌侵害个人信息安全事件

2017 年 12 月 11 日，江苏省消费者权益保护委员会就北京百度网讯科技有限公司涉嫌违法获取消费者个人信息及相关问题提起消费民事公益诉讼。"手机百度""百度浏览器"两款手机 App 在消费者安装前，未告知其所获取的各种权限及目的，在未取得用户同意的情况下，获取诸如监听电话、定位、读取短彩信、读取联系人、修改系统设置等各种权限。作为搜索及浏览器类应用，上述权限并非提供正常服务所必需，已超出合理的范围。2018 年 1 月 2 日，南京市中级人民法院已正式立案。

3."净网 2020"专项行动

为了打击整治网络违法犯罪活动，深入整顿网上秩序，进一步营造安全、清朗、有序的网络环境，公安部开展了"净网 2020"专项行动。自"净网 2020"专项行动以来，全国各地公安局网络安全部门积极开展网络安全执法监督检查，对网络运营者不履行网络安全义务的违法行为依法进行行政处罚，有力维护了网络秩序，净化了网络空间。比如，网络安全部门检查时发现，北京市朝阳区某建设公司财务报表管理系统未采取防范计算机病毒和网络攻击、网络侵入等危害网络安全行为的技术措施，导致被黑客攻击并植入了非法信息，且无法对黑客进行追踪溯源。2020 年 6 月，北京市公安局朝阳分局根据《网络安全法》第 21 条、第 59 条的规定，给予该建设公司罚款十万元的行政处罚；给予该建设公司安全负责人罚款五万元的行政处罚。

（五）中国数据保护执法趋势

1.App 个人信息保护监管持续加强

近年来，有关 App 个人信息保护的监管和执法活动逐渐深入开展，并呈现出常态化执法的趋势。结合近几年的相关监管动态，App 个人信息保护的监管将仍是重点。

《网络安全法》第 41 条至第 44 条作为现行生效和普遍适用的个人信息保护法律规则，为监管部门开展个人信息保护的执法工作提供了法律依据。从宏观来看，尽管受到新冠肺炎疫情的影响，自 2017 年《网络安全法》实施以来，以该法第 41 条至第 44 条作为法律依据的行政处罚数量仍呈现逐年增长趋势，个人信息保护仍是行政执法机关持续关注的重点。

从公开渠道获取的行政处罚决定统计来看，截至 2020 年 10 月，根据

《网络安全法》第 41 条至第 44 条做出的执法活动中约半数的行政处罚的依据为第 41 条，而其中一半以上的案例均与 App 非法收集使用个人信息有关。由此可见，在行政执法领域，App 治理依旧是监管部门在数据保护领域最为重要的抓手，今后的工作范围也可能从针对 App 的单一治理发展到面向 App、第三方 SDK、小程序、应用商店等领域的全面合规测评，这值得涉 App 企业高度关注。

2. 数据出境监管要求渐趋明朗

2021 年，网络安全审查办公室发布公告称，为了防范国家数据安全风险，维护国家安全，保障公共利益，依据《中华人民共和国国家安全法》（以下简称《国家安全法》）、《网络安全法》，网络安全审查办公室按照《网络安全审查办法》，对滴滴出行实施网络安全审查。

《数据安全法》《个人信息保护法》都对数据出境提出了严格的监管要求，尤其是要求在向外国司法或执法机构提供境内数据（包括但不限于个人数据）时应当事先经过主管机关审批。

①《数据安全法》第 36 条规定，中华人民共和国主管机关根据有关法律和中华人民共和国缔结或者参加的国际条约、协定，或者按照平等互惠原则，处理外国司法或者执法机构关于提供数据的请求。非经中华人民共和国主管机关批准，境内的组织、个人不得向外国司法或者执法机构提供存储于中华人民共和国境内的数据。

②《个人信息保护法》第 41 条规定，中华人民共和国主管机关根据有关法律和中华人民共和国缔结或者参加的国际条约、协定，或者按照平等互惠原则，处理外国司法或者执法机构关于提供存储于境内个人信息的请求。非经中华人民共和国主管机关批准，个人信息处理者不得向外国司法或者执法机构提供存储于中华人民共和国境内的个人信息。

随着《数据安全法》《个人信息保护法》的实施，数据出境监管要求渐趋明朗，也将进一步成为监管机构的重点监管领域。

3. 数据反垄断初露端倪

数据反垄断也是未来一年值得关注的新议题。2020年11月10日，国家市场监督管理总局公布了《关于平台经济领域的反垄断指南（征求意见稿)》（以下简称《反垄断指南》)。

一方面，《反垄断指南》禁止平台利用数据与算法达成垄断协议，禁止控制数据等平台经济领域必需设施的平台经营者拒绝以合理条件与交易相对人进行交易；另一方面，《反垄断指南》对平台利用其支配地位滥用用户的个人信息进行规制，例如"大数据杀熟"、强制收集用户个人信息等违反个人信息保护相关规定的行为。《反垄断指南》发布后，执法机构对于平台经济领域的执法活动愈发活跃。2020年12月14日，国家市场监督管理总局依法对阿里巴巴实施"二选一"等涉嫌滥用市场支配地位的垄断行为立案调查，释放出监管部门进一步加强对于平台经济领域反垄断监管的总体趋势，而数据反垄断作为其中重要的议题，包括"大数据杀熟"等利用行业支配地位滥用用户数据的现象有可能成为未来一年监管的重点，作为《中华人民共和国反垄断法》和《数据安全法》的交叉执法领域，值得关注。

（六）给企业的数据合规建议

2021年10月30日，习近平主席在二十国集团领导人第十六次峰会第一阶段会议上发表讲话称："中国已经提出《全球数据安全倡议》，我们可以共同探讨制定反映各方意愿、尊重各方利益的数字治理国际规则，积极营造开放、公平、公正、非歧视的数字发展环境。"

随着《数据安全法》《个人信息保护法》的生效，可以预见的是其他与网络安全、信息安全、数据安全、数据合规和个人信息保护相关的规章、监管规则也会陆续生效。

如果企业中存在大量数据，相关人员必须认真对待这些法律法规，因为一旦发生数据泄露事件，受处罚的不光是企业，还有直接责任人。

在国家相关法规与规则日渐完善的背景下，相应地，对企业数据合规治理工作提出了更高的要求。我们对企业的个人信息保护合规工作提出以下八个合规建议。

①盘查及确定企业运营过程中的哪些业务可能受到 GDPR、CPRA 等境外法律的管辖。

②尽快检查现有的隐私政策是否符合《个人信息保护法》的规定，并检查特定情形下是否有符合 GDPR、CPRA 等境外法律规定的隐私条款。

③确认网站的设计足以尽到收集处理用户个人信息的告知义务。

④确认哪些情况可能涉及敏感个人信息和未成年人个人信息，并检查该信息处理机制是否符合法律最新规定。

⑤未来自动化决策可能会受到较强监管，应充分注意合规性。

⑥如果企业收集的个人信息由第三方代为处理，注意将合同更新至符合法律的强制性规定，对双方的应尽义务进行补充说明。

⑦开展数据合规培训，确保员工了解法律对个人信息保护的最新要求。

⑧保证技术能够满足用户"彻底删除""获得可机读的数据"等合法要求。

七、健全数据出境审批机制，
应对涉案企业数据出境困境

在社会信息化的今天，各类生产要素均可以被数据化。产品和服务贸易中的海量数据，既带来了交易成本的较低、个人需求的有效供给、资源的便捷分享等，也带来了数据泄露或窃取、个人权益受损甚至危及社会安全和国家主权等风险。因此，世界上主要国家均对数据处理做出了明确的法律规制，尤其是要求数据本地化存储及管控数据出境。这无疑对国家治理能力提出了更高的要求，也对国际化企业的全球运营提出了更高的合规遵从义务。

（一）有关数据出境的主要法律规定

我国有关数据出境的法律规制主要是基于总体国家安全观的网络安全而出发，以维护国家安全及社会公共利益为导向。2017 年 6 月 1 日生效的《网络安全法》，首次以国家法律形式明确了中国数据跨境流动的基本政策，要求关键信息基础设施的运营者在境内运营中收集与产生的个人信息和重要数据应当在境内存储。因业务需要，确需向境外提供的，应当按照国家网信部门会同国务院有关部门制定的办法进行安全评估。

除国际化企业因业务需要可能向境外提供数据外，企业在面临外国司法或执法案件时，可能为维护自身合法权益而主动或应外国机关的要求而被动向境外提供数据。尤其是在后者情形下，因外国机关从境内调取数据事关国家主权，也就成为法律对数据出境的规制重点。

2021 年出台并生效的《数据安全法》《个人信息保护法》也对数据出境提出了严格的监管要求。

此外，2018 年发布的《中华人民共和国国际刑事司法协助法》（以下简称《国际刑事司法协助法》）也对企业应对外国司法或执法机构的数据出境提出了明确的要求，如第 4 条第 3 款规定，非经中华人民共和国主管机关同意，外国机构、组织和个人不得在中华人民共和国境内进行本法规定的刑事诉讼活动，中华人民共和国境内的机构、组织和个人不得向外国提供证据材料和本法规定的协助。

由此可见，在外国司法或执法机构未按照我国与之签订的协定或没有协定而直接对国内企业进行司法或执法活动时，因涉及国家主权，国内企业应首先向主管机关提起数据出境申请，经审批后才能向外提供存储于境内的数据。

（二）企业在国外涉案时的现实困境

虽然我国多部法律对数据出境行为提出了明确的事前审批要求，但并未将审批流程等确立下来，导致部分在国外被诉或被执法的企业在面临数据出境需求时无所适从，陷入了处理困境。

以深圳某高科技企业遭受美国司法部与商业秘密相关的刑事调查和诉讼为例，2018 年该企业及其两家美国子公司分别收到了美国检察官送达的传票，要求企业提供与其经营管理相关的八类信息和文件：①组织构架文件；②民事诉讼的相关文件；③涉案产品的发展情况；④涉案产品源代码；⑤涉案员工的资料文件；⑥掌握的属于竞争对手的信息；⑦特定会议信息；⑧对涉案产品进行检验的信息。从该企业的现实情况来看，这八类信息和文件均存储于深圳总部，这就导致企业产生因被动应对该刑事调查和诉讼的数据出境需求。

有关数据出境审批的机制不明确，《国际刑事司法协助法》《数据安全法》《个人信息保护法》等法律中规定的司法部、网信办等相关主管部门缺少审批流程以及评估标准，目前暂未出台明确的操作指引。相关部门的审批权限、审批范围、审批标准、审批流程等目前均处于空白期，导致企业在申请数据出境审批时无法找到对应的负责机构，也无法提交数据出境审批申请。

涉外案件中涉及的证据量往往较大，而不确定的数据出境的审批流程会大大增加企业举证的难度，延长举证时间，增加向境外方释明的工作难度。当企业面对紧迫的举证期限、不确定的数据出境审批期限、大量额外的数据处理工作、境外方的不信任和疑问以及举证不利的败诉风险时，企业往往难以有效地维护自身的合法权益，处于两难境地。

随着中美关系的日趋复杂，美国不断地针对中国企业立法，如2020年年底，美国参议院通过了《2020保护美国知识产权法案》，旨在制裁窃取美国知识产权的外国个人和公司。该法案要求总统每6个月向美国国会提交一份报告，列明从事、受益于或协助窃取重大的美国商业秘密的个人或公司。对于个人，可以采取冻结资产、拒签和驱逐的方式进行制裁；对于企业，可以采取冻结资产以及列入实体清单的方式进行制裁。在美国严苛的执法工具下，因受限于数据出境难题而无法有效抗辩刑事指控的企业，无疑面临着扩散化的潜在风险并可能遭遇难以承受的危机和后果。

（三）完善数据出境合规管理的建议

数据出境事关企业自身的合法权益，也与数据主权、国家安全、地缘政治博弈等紧密相关。为了贯彻落实相关法律中对于数据出境的监管要求，同时便利企业的国际化经营，更好地维护企业的合法权益及国家主权，我们对于完善数据出境合规管理机制有以下建议。

第一，尽快制定数据出境审批的配套制度和措施。虽然《网络安全审查办法》规定掌握超过 100 万用户个人信息的运营者赴国外上市，必须向网络安全审查办公室申报网络安全审查，但该要求无法适用于涉案企业向外国司法或执法机构提交证据的情形。2021 年 10 月 29 日，国家互联网信息办公室公布了《数据出境安全评估办法（征求意见稿）》，对向境外提供数据前应当进行的安全评估做出了规定，但该征求意见稿第 2 条规定的适用范围为"境内运营中收集和产生的重要数据和依法应当进行安全评估的个人信息"，而《数据安全法》第 36 条并未对数据的范围进行限定。对于企业因案件处理而需要向境外提供不涉及重要数据及个人信息的自身业务数据的，仍无明确的流程及要求可遵循。全面、明确、具体的政策与指引是解决问题的根本，建议缩短法律规则与落地指引的政策出台空隙，各部门加快相关问题的调研、汇总、意见征集、政策出台的工作，制定清晰而明确的数据出境审批流程、审批权限、审批时限，确保企业在提交数据出境申请时能有规可依。

第二，建立沟通渠道，指引并协助企业进行数据出境评估及审批。政府对于企业涉外案件中数据出境的请求，应当高度重视，积极对待，急企业之所需，解企业之所难。对于职能权限范围内能够提供的法律释明、政策指引、意见记录等工作，相关部门应当积极协助；对于有待上级部门立法研究、释明、规划的立法问题或者实务问题，有关部门应当起到"承上启下"的作用，将基层的情况与意见及时向上级进行汇报和沟通。有关部门亦可发布指导企业对数据进行分类分级管理的指引文件，便于企业及第三方机构准确地分析数据出境风险，并对拟出境的文件和资料采取合理的处理措施，将出境的数据限定在最小必要的范围内，进一步防范潜在的风险。

第三，搭建数据出境申请审批平台，便于企业提请审批。建议在国家部委、司法局、网信办等主管部门网站上配置资源搭建数据出境审批的专门业务平台，为企业提交数据出境申请提供明确的操作流程，并可呈现申请审批的进度，便于企业查询审批标准、文件资料准备要求、问题澄清等。在数据出境安全评估的审批中，应当特别注意审批期限与涉外案件中各项时限的衔接。在涉外案件处理的过程中，事先预估所有可能需要出境的数据、文件并提前申请审批是非常困难的，现实中往往是在司法或执法机构提出要求后，企业才开始收集和整理相应的数据、文件，在提交审批之前亦应当对相应的内容进行数据安全自评估，再叠加《数据出境安全评估办法（征求意见稿）》（如适用）中规定的45~60个工作日的国家网信部门的数据出境安全评估，可能会导致举证或应辩时限等被拉长，需要企业确立合理的案件应对策略，亦需要政府部门提供足够的支持措施。

第四，强化与外国政府沟通，要求按照双边协定开展工作。我国与包括美国在内的多国政府均签订了《关于刑事司法协助的协定》。外国政府应在尊重主权和平等互利的基础上，如需对境内企业开展与刑事案件有关的侦查、起诉和诉讼，应当首先向我国司法部提出请求，不得直接向境内企业送达文书、要求证人出庭或要求提供文件资料等，从根源上减少数据出境申请的可能性。

八、关注欧盟新标准合同条款，
重视跨境数据转移合规

标准合同条款（Standard Contractual Clauses, SCCs, the "Clauses"）是欧盟委员会（European Commission, EC）发布的合同条款范本，专门针对包括欧盟在内的欧洲经济区成员国以及其他适用《通用数据保护条例》[General Data Protection Regulation 或者 Regulation（EU）2016/679, GDPR]的法域向其他法域转移（国际转移或跨境转移）个人数据。[1] 旧的标准合同条款根据 2001 年 6 月 15 日的 2001/497/EC 号决定发布且根据 2010 年 5 月 15 日的 2010/87/EU 号决定修改，新的标准合同条款以（EU）2021/914 号决议于 2021 年 6 月 4 日发布，于 2021 年 6 月 24 日生效，旧标准合同条款于 2021 年 9 月 27 日正式废止。

修改标准合同条款的重要原因在于，2020 年 7 月 16 日欧盟法院（the

---

[1] 参见 See COMMISSION IMPLEMENTING DECISION (EU) 2021/914 of 4 June 2021on standard contractual clauses for the transfer of personal data to third countries pursuant to Regulation (EU) 2016/679 of the European Parliament and of the Council, https://eur-lex.europa.eu/eli/dec_impl/2021/914/oj?uri=CELEX%3A32021D0914&locale=en.

Court of Justice of European Union，CJEU）通过"C–311/18 号案件—数据保护专员诉 Facebook 爱尔兰公司 和 Maximillian Schrems"一案（"Schrems II 案"）[1]，判决从欧洲经济区向美国转移个人数据的便捷机制"隐私盾"框架无效，但是确认了通过签署标准合同条款将个人数据从欧洲经济区转移至美国仍然有效。根据 GDPR 第 5 章，在提供了适当的保障措施确保充分水平保护后，个人数据可以从欧盟转移至境外第三国以实现跨境转移，由双方签署标准合同条款是六种保障措施之一。

从形式上看，新修订的标准合同条款最大的变化在于将多个合同范本合并为一个，不再像旧版本那样根据数据控制者和数据处理者的不同角色分别适用不同范本，但是在实质上还是区分为四个模块，由欧洲经济区的数据出口方和第三国法域的数据进口方选择适用，选择的依据是其在数据处理的不同环节所处的数据控制者或者数据处理者地位。这四个模块分别是数据"从控制者转移到控制者""从控制者转移到处理者""从处理者转移到处理者""从处理者转移到控制者"。数据出口方和数据进口方根据其控制者和处理者角色的不同，选定适用的模块，不同模块下权利义务有所不同。

我们对中国公司适用新的标准合同条款需要注意的关键事项，不具体区分模块，普遍性地从适用时间、适用目标、适用主体、适用地域、适用效力、数据主体、法律适用、管辖法院八个方面做以下理解。

（一）欧盟新标准合同条款适用时间

旧标准合同条款于 2021 年 9 月 27 日正式废止，2021 年 9 月 27 日及以后签订的合同均应使用新的标准合同条款。对于 2021 年 9 月 27 前按照旧标准合同条款签订的合同，还享有约 18 个月的过渡期，即双方最晚应于

---

[1] See Data Protection Commissioner v. Facebook Ireland Ltd and Maximillian Schemes, Case C-311/18, https://curia.europa.eu/juris/document/document.jsf?docid=228677&mode=req&pageIndex=1&dir=&occ=first&part=1&text=&doclang=EN&cid=11329902.

2022 年 12 月 27 日前完成修改。适用过渡期形式上的前提条件为，合同双方可以确保作为合同标的的处理业务保持不变，并且旧条款可以确保提供适当保障，如果实践判断下来无法满足这一前提条件，则应当随时提前按照新的标准合同条款范本修改合同。

如果中国公司实际判断下来使用旧的标准合同条款范本更加有利，或者目前合同正在谈判中，或者修改旧的标准合同条款的谈判成本较大，等等，应当尽量"卡点"于 2021 年 9 月 27 日前依照旧标准合同条款新签或者续签合同（Contract Concluded），这样可以适用 2022 年 12 月 27 日前才需要按照新标准合同条款范本修改标准合同范本的 18 个月宽限期。

（二）欧盟新标准合同条款适用目标

欧盟之所以起草标准合同条款，是因为担心第三国法律不足以保护 GDPR 赋予个人的高水平保护，因此通过合同要求位于第三国的数据进口方做出承诺，以适用 GDPR。《欧盟基本权利宪章》第 7 条和第 8 条要求保护隐私、个人信息，第 47 条要求有效救济与公平审判权利，这种基于宪法高度的数据保护期待要求欧盟以外的数据进口方在提供适当的保障措施，并为数据主体提供可执行的权利和有效的救济措施等前提条件下，才可以作为控制者或者处理者接收或处理来自欧盟的个人数据。标准合同条款还要求数据进口方做出承诺，其所在国家的法律和惯例不与标准合同条款的要求相抵触，要求数据进口方所在国家法律的惯例本质上是尊重基本权利和自由的，且该等法律和惯例没有超越民主社会保障欧盟数据主体权利的必要性和相称性。这实际上也是修订标准合同条款的重要动因，Schrmes II 案中，欧盟法院在判决结尾特别强调的结论。

因此，为确保实现高水平保护目标以及签署的标准合同条款得到实际遵守，新标准合同条款特别强调透明度，具体体现数据进口方的数据处理记录义务、向数据出口方有关数据处理的通知义务、向数据主体提供信息的披露告知义务、数据出口方向成员国主管监管部门的报告义务等，环环相扣，作为可查证渠道以及可及时纠正未遵守约定或未达到 GDPR 规定的高水平保护的证据，同时数据出口方享有单方指示变更、暂停或者停止数据跨境传输的广泛权利。中国企业作为数据进口方，尤其需要留意新标准合同条款中的处理数据的记录和通知义务，应以书面形式记录且以书面形式履行通知或者告知义务，需要对传统跨国合同中的"通知条款"进行更加细致的约定。

（三）欧盟新标准合同条款适用主体

标准合同条款适用于欧洲经济区内的控制者和处理者向欧洲经济区之外的第三国的控制者和处理者转移数据。简言之，欧洲经济区内的控制者和处理者被合称为数据出口方，欧洲经济区外的控制者和处理者被合称为数据进口方。对于包括欧盟在内的欧洲经济区内成员国之间的控制者和处理者的数据转移和处理，另行适用其他专门的合同范本。

考虑到新技术下数据处理环节增加，新的标准合同条款还具有可扩展性，可由多方实体加入成为合同一方，例如分包处理的分包处理者，当然即使多方实体加入，其法律地位仍然要么是数据控制者，要么是数据处理者。

（四）欧盟新标准合同条款适用地域

标准合同条款适用于位于欧盟 27 国 [1] 与冰岛、列支敦士登、挪威 3 个

---

[1] 法国、德国、意大利、荷兰、比利时、卢森堡、丹麦、爱尔兰、希腊、葡萄牙、西班牙、奥地利、瑞典、芬兰、马耳他、塞浦路斯、波兰、匈牙利、捷克、斯洛伐克、斯洛文尼亚、爱沙尼亚、拉脱维亚、立陶宛、罗马尼亚、保加利亚、克罗地亚。不包括英国。France, Germany, Italy, Netherlands, Belgium, Luxembourg, Denmark, Ireland, Greece, Portugal, Spain, Austria, Sweden, Finland, Malta, Cyprus, Poland, Hungary, Czech Republic, Slovakia, Slovenia, Estonia, Latvia, Lithuania, Romania, Bulgaria, Croatia. Excluding the United Kingdom.

其他欧洲经济区国家的数据出口方向该等国家之外的第三国法域转移数据。本文语境下的跨境转移标准合同条款，既不适用于欧盟认定的提供了充分保护水平的 12 个"白名单"国家[1]，也不适用于欧洲经济区内的处理者处理来自位于第三国法域的控制者委托其处理的数据，如果仅仅是处理后又将数据传输回该第三国法域。[2]

对于未通过欧洲经济区地域范围内数据出口方向境外第三国转移的个人数据处理活动，只要受到 GDPR 管辖（包括未在欧洲经济区内设立实体，但是向欧洲经济区内用户提供商品或者服务，监控欧洲经济区内用户行为），也适用标准合同条款。[3] 在此种情形下，中国公司在判定是否适用标准合

---

[1]　欧盟"白名单"国家包括安道尔、阿根廷、加拿大（商业组织）、法罗群岛、根西岛、以色列、马恩岛、日本、泽西岛、新西兰、瑞士和乌拉圭。如果为欧盟"白名单"国家，欧盟和"白名单"国家之间的数据自由流动。EU whitelist countries include Andorra, Argentina, Canada (commercial organization), Faroe Islands, Guernsey, Israel, Isle of Man, Japan, Jersey, New Zealand, Switzerland and Uruguay. In the case of EU whitelisted countries, there is a free flow of data between the EU and the whitelisted countries.

COMMISSION IMPLEMENTING DECISION (EU) 2021/914 of 4 June 2021 on standard contractual clauses for the transfer of personal data to third countries pursuant to Regulation (EU) 2016/679 of the European Parliament and of the Council, clause (5) of Whereas. 欧盟委员会 2021 年 6 月 4 日（EU）2021/914 号执行决定：根据欧洲议会和欧盟理事会的欧盟 2016/679 号条例向第三国转移个人数据的标准合同条款，鉴于条款第（5）条。

[2]　COMMISSION IMPLEMENTING DECISION (EU) 2021/914 of 4 June 2021 on standard contractual clauses for the transfer of personal data to third countries pursuant to Regulation (EU) 2016/679 of the European Parliament and of the Council, clause (16) of Whereas. 欧盟委员会 2021 年 6 月 4 日（EU）2021/914 号执行决定：根据欧洲议会和欧盟理事会的欧盟 2016/679 号条例向第三国转移个人数据的标准合同条款，鉴于条款第（16）条。

[3]　COMMISSION IMPLEMENTING DECISION (EU) 2021/914 of 4 June 2021 on standard contractual clauses for the transfer of personal data to third countries pursuant to Regulation (EU) 2016/679 of the European Parliament and of the Council, clause (7) of Whereas. 欧盟委员会 2021 年 6 月 4 日（EU）2021/914 号执行决定：根据欧洲议会和欧盟理事会的欧盟 2016/679 号条例向第三国转移个人数据的标准合同条款，鉴于条款第（7）条。

同条款时,可能出现的情况之一包括中国公司并未在欧洲经济区设立实体,但直接面向欧洲经济区进行销售,从而直接收集而非通过设立在欧洲经济区的实体间接提供个人数据。在此种情形下,中国境内的中国公司如果将该等数据转移至中国境内且与中国境内第三方共享或者委托中国境内的第三方处理时,仍然需要考虑签署标准合同条款;当然中国公司可以将数据留存在欧洲经济区,在此种情形下,如果需要与欧洲经济区境内的第三方共享数据或者委托该第三方处理数据,则可能不需要适用本文语境下的跨境转移标准合同条款。

跨国公司跨境转移还涉及多法域持续转移,并不一定仅从欧洲经济区向欧洲经济区之外单向流动,例如,欧洲经济区域内的个人数据在转移至中国境内后,中国境内的数据控制者或者数据处理者需要再次将数据转移至其他第三国,仍然有可能使用该标准合同条款。[1]例如,如果中国公司作为数据进口方或数据处理者从作为数据出口方或数据控制者的欧洲经济区公司接收数据后,再将部分数据处理分包给位于欧盟"白名单"国家内的日本,是否还需要根据标准合同条款签署分包处理合同呢?

仍然以中国公司为例,中国公司除了接受从欧洲经济区转移至中国的数据,还可能涉及不同区域经济组织成员国之间的数据转移,来自不同经济区的数据有可能是混合在一起的,而这些区域经济组织或者其他国家也可能有自己的跨境转移合同范本,在选择适用不同合同范本时需要考虑多个国家的规定。

---

[1] COMMISSION IMPLEMENTING DECISION (EU) 2021/914 of 4 June 2021 on standard contractual clauses for the transfer of personal data to third countries pursuant to Regulation (EU) 2016/679 of the European Parliament and of the Council, clause (8) of Whereas. 欧盟委员会 2021 年 6 月 4 日(EU)2021/914 号执行决定:根据欧洲议会和欧盟理事会的欧盟 2016/679 号条例向第三国转移个人数据的标准合同条款,鉴于条款第(8)条。

（五）欧盟新标准合同条款适用效力

标准合同条款本身并不具备强制力，需要合同双方或者加入合同的多方采纳并正式签订后才对合同方有约束力。标准合同条款可以是单独签署的合同，也可以是双方签署的其他合同的部分内容，双方可以全部或者部分适用标准合同条款，并且可以补充其他保障措施。需要注意的是，修改或者补充标准合同条款不能和标准合同条款相抵触，不能造成对基本权利与自由的减损。由于判断标准比较主观，因此实践中可以增加约定保障措施，尽量少修改或者删除标准合同条款的既有内容。

同样，中国公司在适用标准合同条款时可能会出现与中国法律要求或者行政命令相抵触的情况，尤其是在公权力机构要求披露信息时。虽然标准合同条款考虑到了这种情况，同时比较详细地规定了数据进口方应当在当地寻求救济或暂停要求披露，且将相关公权力机构要求披露的情况进行记录并且通知数据出口方、提出要求的法律依据和所提供的答复等，但在实际操作中很难在严格遵守合同约定和中国的公权力机构的要求中做出抉择。例如，中国公权力机构依照职权要求的披露可能本身就需要遵守中国法律有关保密的规定，从而无法向任何第三方披露要求披露的行为。

（六）欧盟新标准合同条款数据主体

标准合同条款赋予作为数据主体的个人广泛的权利，尽管数据主体并非数据出口方和数据进口方签订的合同的一方，尤其是数据主体和该数据进口方没有任何合同关系。数据主体的这一权利源于英美法下特有的第三方受益人制度。根据这种制度，数据主体可以直接向欧洲经济区外第三国的数据进口方主张权利。在这种情况下，数据主体可以向数据出口方直接主张权利，也可以直接向数据进口方主张权利，合同双方有义务向数据主体提供签订的标准合同条款副本，告知所处理的个人数据的种类，再转移时获得数据主体同意或者确保接收再转移数据第三方持续遵守同样的合同条款,等等。简言之,如果数据进口方是中国公司,数据主体有权援引合同条款作为依据,而作为数据进口方的中国公司有义务处理数据主体权利主张。如果发生纠纷,根据标准合同条款,法律适用上,数据出口方和进口方签订的合同应当适用法律上确认第三方受益人权利的成员国法律;从管辖权上,并不要求双方必须约定的法院必须位于承认第三方受益人权利的成员国内。

根据合同相对性,第三方受益人制度在中国并非一种具有普遍性的成熟法律制度,仅在保险等法律领域等有限情形下有所规定(如保险受益人可以根据投保人和保险公司签署的保险合同主张权利),因此一旦欧盟的数据主体要求位于中国境内的数据进口方满足其权利主张,且这种权利主张系基于合同而并非侵权,尤其是数据主体直接援引欧洲经济区的数据出口方与中国的数据进口方签订的合同时,可能与中国现行法律理论是相抵触的,因为根据中国法律的合同相对性理论,合同仅在签订双方之间产生约束力,第三方不能援引合同双方约定的条款来主张权利。尽管中国的《个人信息保护法》赋予个人在信息处理中的广泛权利,但是并不必然赋予个人援引其并非数据处理合同一方的条款来主张权利。这是适用标准合同条款可能遇到的中国和欧盟法律制度的根本的差异之一(另一个根本的差异在于法律文化,即作为宪法性权利的基本权利与自由在中国目前的宪法中并没有明确的文字表述)。[1]

---

[1] 《中华人民共和国宪法》没有关于个人信息保护的直接文字表述,尽管从第33条(国家尊重和保障人权)、第37条(人身自由不受侵犯)、第38条(人格尊严不受侵犯)、第39条(住宅不受侵犯)、第40条(通信自由和通信秘密)来看,可以扩展性适用于个人信息保护。The Chinese Constitution does not have direct textual expressions on the protection of personal information, although it can be extendedly applied to the protection of personal information from Article 33 (State respects and safeguards human rights), Article 37 (inviolability of personal freedom), Article 38 (inviolability of human dignity), Article 39 (inviolability of the domicile), and Article 40 (freedom and confidentiality of correspondence).

（七）欧盟新标准合同条款法律适用

根据标准合同条款，为确保合同可执行，数据出口方和数据进口方应当选择任一欧盟成员国法律作为合同所适用的法律，[1] 从字面上看，不允许选择欧盟成员国之外的法律作为解决纠纷的准据法。当然 GDPR 在任何情形下均适用，但是其仅规定数据处理事项，除此之外其他传统法律问题（如合同是否有效，合同歧义时如何解释，是否有允许惩罚性赔偿，等等）还需同时适用一个具体国家的民商事法律。那在法律选择上，合同双方是否可以分开适用不同国家法律呢？例如，数据处理部分适用 GDPR 或者成员国法律，而传统合同法律问题适用数据进口方法律？

位于中国的数据进口方当然需要同时遵守中国法律的规定，在此情况下，按照标准合同条款起草本意，中国的法律不能对数据进口方遵守标准合同条款造成障碍，核心要求还是回到不能对数据主体基本权利和自由造成不利影响。因此，在签署标准合同条款时，欧盟的数据出口方可能会要求位于中国的数据进口方在陈述与保证条款中承诺，中国的法律不会对数据进口方遵守标准合同条款造成障碍。虽然在签署合同时陈述与保证仅是形式上的问题，但一旦双方发生纠纷，该条款的解释空间又比较大，还是有导致违约的不确定风险。

（八）欧盟新标准合同条款管辖法院

法律适用和管辖法院的约定是跨国合同中的不同条款，一般情况下实

---

[1]　COMMISSION IMPLEMENTING DECISION (EU) 2021/914 of 4 June 2021 on standard contractual clauses for the transfer of personal data to third countries pursuant to Regulation (EU) 2016/679 of the European Parliament and of the Council, clause (13) of Whereas. 欧盟委员会 2021 年 6 月 4 日（EU）2021/914 号执行决定：根据欧洲议会和欧盟理事会的欧盟 2016/679 号条例向第三国转移个人数据的标准合同条款，鉴于条款第（13）条。

体问题可以约定适用并非管辖法院所在地国家的法律，也即法律适用和管辖地的约定可以为不同国家，但是标准合同条款要求确保该等纠纷的解决在欧盟境内的法院进行。除了关于管辖法院的规定，标准合同条款还进一步要求数据进口方应遵守根据适用的欧盟或成员国法律具有约束力的决定，[1] 而并未明确该决定是来自作为司法机构的法院，还是诸如成员国数据监管机构的命令，这可能与 2021 年 9 月 1 日正式施行的中国《数据安全法》直接产生强烈冲突。因为根据《数据安全法》的相关规定，非经中华人民共和国主管机关批准，境内的组织、个人不得向外国司法或者执法机构提供存储于中华人民共和国境内的数据，这也是中国在数据跨境传输方面创新性的规定。在极端情况下，作为数据进口方的中国公司将处于或者违反与境外签署的合同或者违反中国法律的两难境地，一般跨国合同中关于责任豁免的"当地国家法律有强制性规定的除外"规则，在数据跨境传输和处理中很难发挥作用，尤其是来自多法域数据混同在一起快速流动的情况下。

---

[1] COMMISSION IMPLEMENTING DECISION (EU) 2021/914 of 4 June 2021 on standard contractual clauses for the transfer of personal data to third countries pursuant to Regulation (EU) 2016/679 of the European Parliament and of the Council, clause (13) of Whereas. 欧盟委员会 2021 年 6 月 4 日（EU）2021/914 号执行决定：根据欧洲议会和欧盟理事会的欧盟 2016/679 号条例向第三国转移个人数据的标准合同条款，鉴于条款第（13）条。

下 篇

一、中国企业境外合规管理体系建设
问卷调查报告

2020 年，中国国际贸易促进委员会全国企业合规委员会联合北京新世纪跨国公司研究所对我国境外企业合规管理现状进行了问卷调研。该调研是了解境外企业对 2018 年 12 月底国家发展改革委联合商务部、全国工商联等七个部门发布的《企业境外经营合规管理指引》文件的落实情况。

（一）构建企业境外经营合规管理指标体系目的

本调研结合境外经营情况，设计了境外经营合规管理指标体系，对企业境外经营合规管理情况进行调查，并根据调查结果，对中国企业境外经营提出合规建议。

1. 有针对性地防范企业合规风险

有效回避合规风险的前提是对合规风险的准确识别，只有在准确地识别出企业自身发展中可能面临的各种合规风险后，才能有针对性地对风险进行充分的评估和分析,继而采取有效的措施规避风险,或将风险的影响降到最低。

通过构建中国企业境外经营合规管理体系,建立一套自我发现、自我分析、自我完善的风险预警机制、风险识别机制和持续改进机制。根据境外企业自身的业务特点、内外部监管环境的变化收集风险信息,注重事前预警,动态、全面地识别与评估合规风险,针对不同类型、级别的合规风险制定切实可行的防控措施,落实在企业自身业务的全过程中,并对措施的有效性进行实时监控和检测,及时进行纠正或改进。

《企业境外经营合规管理指引》中明确规定,企业应积极主动地识别和评估与企业生产经营活动相关的合规风险,并管理与供应商、代理商、分销商、咨询顾问和承包商等第三方的合规风险。对公司新产品和新业务的开发提供必要的合规性审查和测试,识别和评估新业务方式的拓展、新客户关系的建立以及客户关系的性质发生重大变化等情形下所产生的合规风险。此外,还强调企业合规管理工作应确保其对外贸易、境外投资、境外运营以及境外工程建设中全流程、全方位的合法合规,符合境内外法律法规和监管要求,避免重大合规风险。

企业在应对不确定性、风险以及发现商业机会时,应不断提升企业境外经营合规管理的执行落地和有效性,加强合规风险管控,降低未及预期的经济和声誉损失的可能性。因此,构建境外经营合规管理指标,建立系统的风险识别分析和评估流程,有针对性地开展重点业务领域的合规风险管控,有效防范企业风险至关重要。

2. 促进企业建立健全合规管理体系

在实践中,由于企业及海外分子公司在业务领域、管理模式、内部各个部门的职能等方面都不尽相同,在日常经营管理过程中遇到的风险的特点和性质也各不相同,利益关系错综复杂,因此企业在构建企业合规管理体系和制定合规制度时可能存在顾此失彼的情况,使得合规管理工作难以推进或者流于形式。

企业合规管理体系应与企业自身的经营发展情况相适应，要求企业合规管理覆盖所有境外业务领域、部门和员工，贯穿决策、执行、监督、反馈等各个环节，体现于决策机制、内部控制、业务流程等各个方面，对企业合规管理工作及各项规章制度的落实和执行情况定期反馈，及时对落实不到位的或切实难以执行的制度措施进行纠正、调整和改进，以使企业的合规管理体系以及各项规章制度、管理流程得以不断优化和完善，并得到有效运行，在不断总结经验的基础上，促进企业建立健全合规管理体系。

中国企业推进合规管理不是再单独建立一套控制体系，而是要将合规管理的要求纳入企业现有的法律风险防控体系、内控体系、全面风险管理体系等各管理体系中，构建内控、风控、合规管理一体化的推进方案和协同工作机制，通过加强横向沟通协同和纵向统筹引领，形成风险控制的合力，确保公司依法合规经营，实现持续快速健康发展。

3. 增强企业合规意识，提升企业形象

开展境外经营是中国企业实现全球化发展战略、参与"一带一路"建设、推进我国与世界各国互利共赢的重要方式，增强企业合规意识是企业境外经营行稳致远的前提。近年来，我国"走出去"的企业因缺乏合规意识，存在不合规的经营行为而被境外国家政府或国际组织制裁的数量呈现增加的趋势，这无疑需要引起国内已经"走出去"的企业以及计划要"走出去"的企业的重视。

近 10 年来，全球企业强化合规管理成为一个重要的趋势。随着经济和商业活动的全球化，通过一些国际性条约和国际组织，企业合规管理的基本要求逐步在全球形成共识，也逐步形成一套合规管理工作的国际标准。中国企业走向世界，需要按照全球公司的标准和要求来运营，才有可能生存和发展。

为了更好地引导企业规范海外经营合规管理工作，倡导企业建立健全

合规管理体系，提高企业国际竞争力，国家发展改革委、商务部等七个部门联合发布了《企业境外经营合规管理指引》，指导我国企业遵循市场导向、商业原则和国际惯例开展对外经营活动，更好地服务企业开展境外经营业务，推动企业持续加强合规管理，既促进了企业自身国际化经营，也促进了我国和有关国家互动互赢。

企业建立健全合规管理体系，增强合规经营意识，积极履行社会责任，同时树立了中国企业诚信合规的良好形象。

（二）构建中国企业境外经营合规管理指标体系

根据《合规管理体系指南》《中央企业合规管理指引（试行）》《企业境外经营合规管理指引》等合规管理指引的要求，结合国内外企业推进企业合规体系建设的实践经验，一个有效的合规管理体系应当在明确合规管理工作目标、合规管理工作原则和合规管理工作范围的基础上，以合规管理组织体系、合规管理制度体系、合规管理运行机制和合规文化建设为四大支柱进行搭建，指导企业在开展境外经营的活动中构建有效的合规管理体系。

1. 合规管理组织体系

通常情况下，公司的合规管理组织架构分为三个层级。

第一个层级，在决策层，即董事会下设立合规委员会，作为公司合规管理体系的最高负责机构，制定合规管理的目标、方针和政策，审阅报告和决议，统领全公司合规管理工作。

第二个层级，在合规委员会之下，设立合规管理协调委员会，主要由与合规管理相关的职能管理部门组成，例如人力资源部门、法律部门、审计部门、财务部门等。合规管理协调委员会主要负责职能部门之间的工作分工和协调，保证公司内部各种风险管理和监督资源的有效协同。

第三个层级，在合规管理协调委员会之下，设立合规管理部门，负责合规管理的日常工作。根据公司规模和实际工作量，合规管理部门的规模可大可小，岗位人员数量无须特别固定，可以根据企业自身的管理条件来确定。大多数公司都任命最高管理层中的一员为合规管理部门的总负责人，全面负责合规管理工作，同时任命一系列专职的合规官来负责日常合规工作。对于一些规模较小的公司，也可以考虑把合规管理任务外包给合规专家。

由于开展全球化发展的公司经营活动的复杂性，许多公司一般在总部设置独立的合规部门和首席合规官，在分支机构设置当地的合规部门和合规官。总部合规部门直接向高级管理层报告，并拥有直接向董事会或其下设委员会报告的权限；各分支机构的合规部门存在矩阵式和线条式两种报告路线，前者向上一级合规主管报告的同时，还要向合规部门所在的分支机构行政主管报告，而后者只向上一级合规部门主管报告。

《企业境外经营合规管理指引》中明确规定，合规治理结构在决策、管理、执行三个层级上划分相应的合规管理责任，而合规管理机构一般由合规委员会、合规负责人（首席合规官）和合规管理部门组成。企业任命专职的首席合规官，或由总法律顾问担任合规负责人。尚不具备条件设立专门合规管理机构的企业，可以由相关部门（如法律事务部门、风险防控部门等）履行合规管理职责，同时明确合规负责人。

2. 合规管理制度体系

公司的合规管理制度体系包括以下三个层面。

一是合规的大政方针。体现为企业的《合规行为准则》，主要内容应适用于从事海外经营相关业务的所有员工，以及代表企业从事海外经营活动的第三方。强调《合规行为准则》是最重要、最基本的合规制度，是其他合规制度的基础和依据，包括但不限于遵纪守法、诚实守信、依法纳税，维护公平竞争、防止贿赂腐败、回避利益冲突、保护企业资产、保障信息安全等方面，以便从源头上规范基本要求和管控流程。

二是合规管理的制度体系。要求针对特定主题或特定风险领域制定具体的合规管理制度,适用于全体员工、企业各部门及第三方,为企业日常运营活动中的主要合规风险领域提供具体的指导原则和标准。包括但不限于礼品及邀请政策、举报管理和内部调查政策、人力资源合规政策、赞助及捐赠政策、反洗钱政策、商业伙伴合规管理政策等。

此外,企业还应针对特定行业或地区特有的合规要求制定专门的合规管理制度。不同行业或地区的合规标准各异,企业需要根据相对应的国家(地区)法律法规、行业监管要求等,结合企业自身的特点和发展需要,制定相应的合规风险管理制度。比如,金融行业的反洗钱政策,银行、通信、医疗等行业的数据信息保护政策,等等。

三是支持以上合规管理制度的具体办法和操作流程。企业境外分支机构可以结合境外运营的实际,针对合规政策制定相应的标准操作流程;也可以将具体的标准和要求融入现有的相关业务流程中,以便让员工明确合规政策需要怎么去执行,标准是什么,由谁来决定,等等,确保各项经营行为合法合规开展。

3. 合规管理运行机制

（1）培训与沟通

从事境外经营相关工作的部门和驻外分支机构的所有员工,均应接受合规培训,了解并掌握企业的合规管理制度和风险防控要求。各级领导应带头接受合规培训,对高风险领域、关键岗位员工应有针对性地进行专题合规培训。

（2）合规汇报

合规管理部门应当定期向决策层和高级管理层汇报合规管理情况。汇报内容一般涉及合规风险评估情况、合规培训情况和效果评估、发现的违反合规的事项和处理情况、违规行为可能给企业带来的合规风险、已识别的制度或流程上的漏洞或缺陷、建议采取的纠正措施、合规管理工作的整体评价和分析等。

（3）合规考核与评价

合规考核与评价应全面覆盖境外经营相关部门和境外分支机构的各项管理工作。合规考核与评价结果应作为海外经营相关部门和境外分支机构依法合规经营管理考核指标评分的重要依据。

（4）合规咨询与举报

境外经营相关部门和境外分支机构及其员工在履职过程中遇到合规风险事项，应及时主动地寻求合规咨询或审核支持。

针对高合规风险领域，规定强制合规咨询范围。在涉及招标投标、物资采购、投融资业务、进出口贸易、安全生产、劳动用工等重点领域或重要业务环节，需要注意的是，主动咨询合规管理部门意见。

（5）合规举报与调查

根据企业自身的特点和实际情况，建立和完善本企业的合规信息举报体系。员工、客户和第三方均有权进行举报和投诉，针对举报信息制定调查方案并开展调查。需要注意的是，应充分保护举报人。

（6）合规风险识别与评估

企业应建立必要的合规风险管控制度和流程，识别新的和变更的合规要求以及合规风险，通过分析违规或可能造成违规的原因，以及违规来源、发生的可能性、后果的严重性等进行合规风险评估，提出处置建议，采取恰当的控制和处置措施。

（7）合规评审与改进

企业合规管理职能应与内部审计职能分离。企业审计部门应对企业合规管理的执行情况、合规管理体系的健全性和有效性等，单独或结合常规审计项目进行审计评价。根据合规评审情况，进入合规风险再识别和合规制度再制定的持续改进阶段，完善合规管理长效机制，保障合规管理体系全环节的稳健运行。

4. 合规文化建设

将合规文化作为企业文化建设的重要内容。树立依法合规、守法诚信的价值观，不断增强员工的合规意识和行为自觉性，积极履行社会责任，营造依规办事、按章操作的良好文化氛围，形成和谐友善的企业外部环境。

（三）中国企业境外经营合规管理问卷调查分析

项目组在前期通过多渠道针对中国企业境外经营合规管理的现状及存在的合规风险问题进行了问卷调研工作，从中得到调研分析结论。此次调研问卷的发放时段为 2020 年 11 月 16 日至 12 月 30 日，涉及参与调研企业的基本情况、相关领域合规风险的了解情况、公司合规管理体系建设情况、2021 年全球企业合规监管趋势预判等方面。参与填写问卷的人员来自公司管理层、内控内审、法务合规、财务、市场、人力资源等部门中层以上管理者，最终共计回收 124 份有效问卷。

1. 接受问卷调查企业的基本情况

此次参与调研问卷的 124 家企业中，按照企业类型划分，国有企业／中央企业有 60 家，民营／私营企业有 50 家，外资与合资企业有 7 家，其他类型企业有 7 家，如图 3 所示。

按照企业规模划分，100 人以下的企业有 44 家，100~500 人的企业有 29 家，500~1000 人的企业有 10 家，1000~5000 人的企业有 16 家，5000 人以上的企业有 25 家，如图 4 所示。

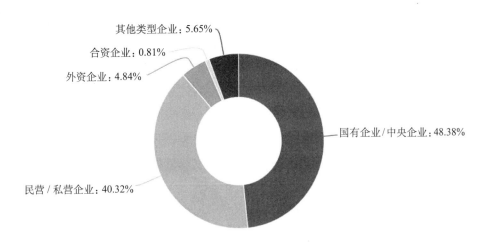

图 3　按企业类型划分企业占比统计

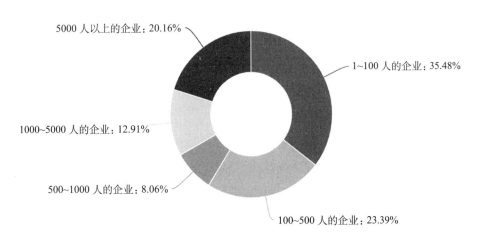

图 4　按企业规模划分企业占比统计

按照企业行业类型划分，详细选取了 30 个不同行业领域，大部分企业为房地产建筑行业、制造行业、互联网行业等，具体分布如图 5 所示。

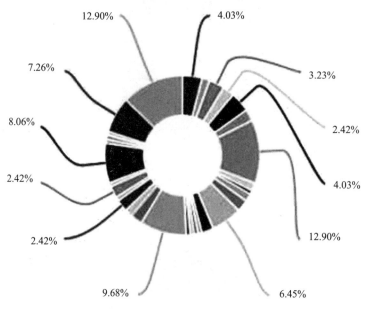

图5　按企业行业类型划分企业占比统计

按照企业国际业务情况划分，其中无境外业务或投资的企业有 59 家，剩下的 65 家企业都开展了境外业务，以北美洲、欧洲、东南亚地区占多数，具体分布如图 6 所示。

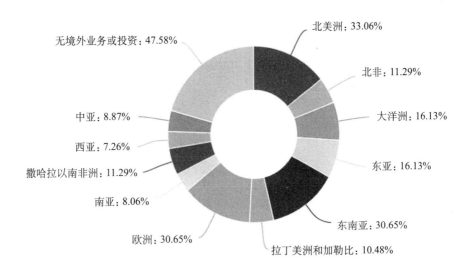

图6 按企业国际业务情况划分企业占比统计

2.企业对合规管理的了解情况

（1）企业开展合规风险识别情况

每季度开展一次合规风险识别的企业有18家，每半年开展一次的企业有16家，每年开展一次的企业有42家，认为本企业应该加强合规风险识别的企业有48家（见图7）。参与调研企业对合规风险识别的重视程度还是较高的。

（2）投资经营所在国家（地区）的安全审查要求了解情况

在参与调研的企业中，有44家企业表示与企业业务不相关并不了解，有50家企业表示了解，有30家企业表示不太了解，正在加强学习了解相关法律法规和监管要求，具体情况如图8所示。

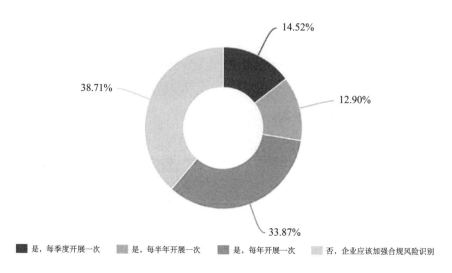

■ 是，每季度开展一次　　■ 是，每半年开展一次　　■ 是，每年开展一次　　□ 否，企业应该加强合规风险识别

图 7　企业开展合规风险识别情况

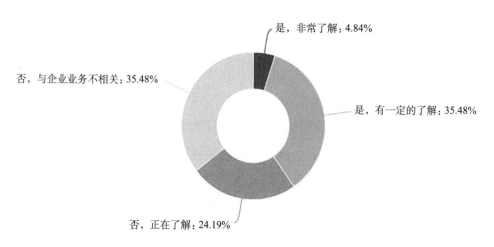

图 8　投资经营所在国家（地区）的安全审查要求了解情况

（3）对业务所在国家的法律与合规风险进行跟踪和预警

在参与调研的企业中，有 62 家企业表示对自身企业的法律与合规风险跟踪和预警工作正在不断地完善并逐步到位，有 54 家企业表示尚待开展，有 8 家企业表示合规风险跟踪和预警工作对企业无影响。过半数企业都未开展合规风险跟踪和预警工作，说明大部分企业对合规风险动态管控管理工作还有待加强，风险防控机制有待完善，具体情况如图 9 所示。

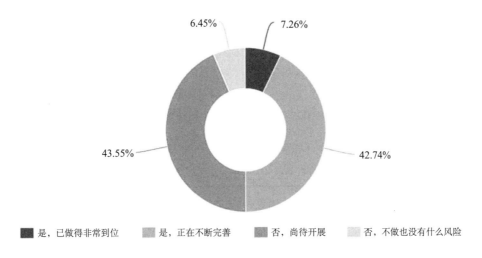

6.45%　　7.26%

43.55%　　42.74%

■ 是，已做得非常到位　　■ 是，正在不断完善　　■ 否，尚待开展　　■ 否，不做也没有什么风险

图 9　对业务所在国家的法律与合规风险进行跟踪和预警情况

（4）企业对商业合作伙伴合规情况审查

在参与调研企业中，有 24 家企业表示对商业合作伙伴进行全面的合规审查，有 69 家企业表示只进行部分合规审查，有 31 家企业表示不知道如何开展对商业合作伙伴的合规审查工作。近 1/4 的企业加强对商业合作伙伴的合规管理工作，在开展合作前对合作伙伴进行合规审查可以有效地规避合作过程中发生合规风险，具体情况如图 10 所示。

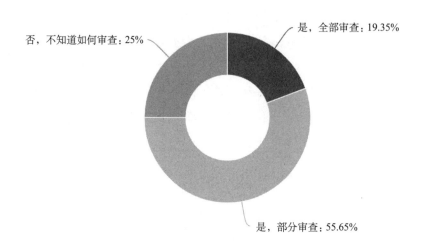

图10 企业对商业合作伙伴合规情况审查

3. 企业合规管理体系建设情况

（1）企业是否已建立合规管理体系

在参与调研的企业中，有9家企业表示已经建立了非常完善的合规管理体系，有59家企业表示已经建立了合规管理体系，目前正在不断完善中，有52家企业表示尚待建立，有4家企业表示不需要建立合规管理体系。数据表示，超过半数的企业对合规管理建设的重要性、必要性有一定认知并认可，同时也在不断地提升合规管理的意识；近半数的企业还需加快自身业务发展与合规管理相融合步伐，以助推企业稳定健康发展，具体情况如图11所示。

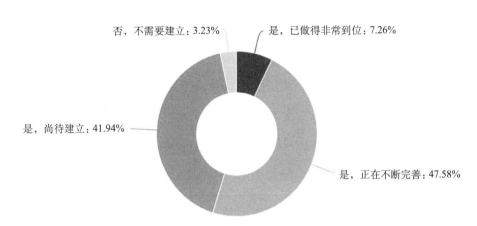

图 11　企业建立合规管理体系情况

（2）企业内部是否有专门的合规管理委员会或风险管理委员会

在参与调研的企业中，有 46 家企业表示已经设立专门的组织架构，有 71 家企业表示尚待设立，有 7 家企业表示不需要设立。建议企业在业务发展、人员规模与部门设置允许的情况下，专门设立合规管理委员会，或者赋予公司治理层里其他组织机构合规管理职能，进行合署办公，作为合规管理的决策机构，统领公司合规管理工作，具体情况如图 12 所示。

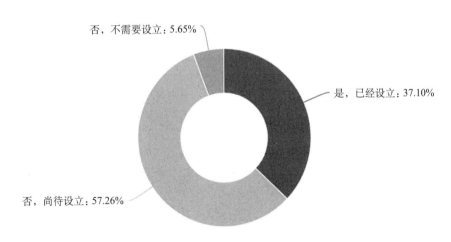

图 12　企业内部设立专门的合规管理委员会或风险管理委员会情况

（3）企业是否任命首席合规官或合规管理负责人

在参与调研的企业中，有22家企业表示已经任命专职人员，有24家企业表示由其他人员兼任，有68家企业表示尚待任命，有10家企业表示不需要该项岗位职能。建议企业在业务发展、人员规模与部门设置允许的情况下，任命专职或者兼职的合规管理负责人，作为公司合规管理工作具体实施的负责人、决策者和日常监督者，对公司合规管理工作负具体管理责任，具体情况如图13所示。

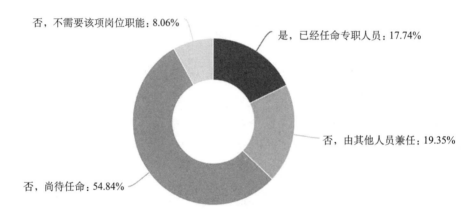

否，不需要该项岗位职能：8.06%

是，已经任命专职人员：17.74%

否，由其他人员兼任：19.35%

否，尚待任命：54.84%

图13 企业任命首席合规官或合规管理负责人情况

（4）制定一套规范员工行为的《商业行为准则》或相似文件

在参与调研的企业中，有49家企业已经制定规范员工行为的《商业行为准则》或相似文件，有70家企业尚待制定，有5家企业表示不需要制定。数据反映大多数企业都需要拟订行为准则和运作规范，以明确公司价值观、确定符合公司期望的商业道德要求。这样做不仅能够严令禁止不道德或欺诈行为的发生，还可以引导员工积极地工作，具体情况如图14所示。

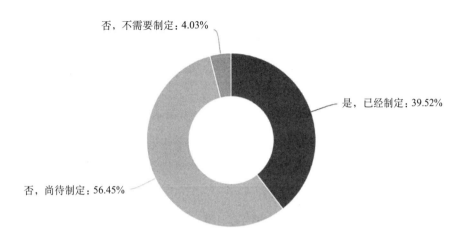

否，不需要制定：4.03%

是，已经制定：39.52%

否，尚待制定：56.45%

图14 《商业行为准则》或相似文件制定情况

（5）制定专项合规管理政策

此次问卷针对境外经营需重点关注的劳动用工、环保、个人数据保护等七个专项合规领域，在参与调研的企业中，在劳动用工领域约占76%、环保合规领域约占32%、个人数据保护领域约占61%、反洗钱领域约占27%、反垄断领域约占19%、境外业务合规管理领域约占31%、企业社会责任管理领域约占68%的企业已制定相关制度并在不断优化完善中，具体情况如图15所示。

（6）企业合规培训情况

在参与调研的企业中，对全体员工进行合规培训达到覆盖率90%以上的企业有20家，达到覆盖率50%以上的企业有40家（见图16）。在重点专项领域的合规培训频率，综合各企业数据反馈，基本上能做到每年1~2次合规培训，还有待进一步提高，如图17所示。

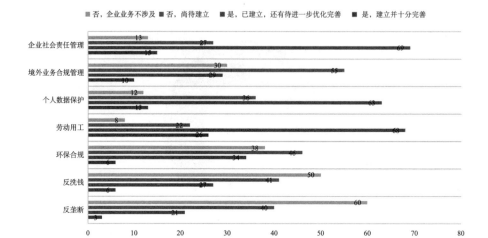

图15 专项合规管理政策制定情况

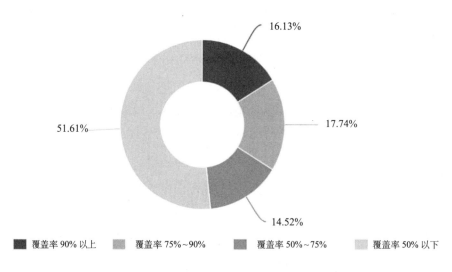

图16 企业对全体员工进行合规培训达到的覆盖率情况

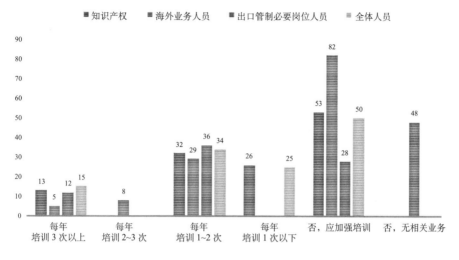

图 17　企业合规培训情况

4. 全球企业合规监管趋势预判

（1）对企业境内外业务面临的合规风险趋势

在参与调研的企业中，有约占 73% 的企业表示，2021 年与 2022 年企业面临的合规监管与风险趋势更加严峻，需要增强合规风险防范的意识，避免企业发生违规被罚风险。

（2）企业需要加强合规管理体系建设与专项领域

从数据反馈来看，目前近 70% 的企业已建立并正在不断完善公司合规管理体系，对知识产权保护、商业合作伙伴管理、劳动用工、反腐败、贸易（出口管理与经济制度）等合规领域给予重点关注，并有加强提升这些领域合规管理的需求，以加大合规风险防控的力度。企业可以根据自身业务发展特点和目标，关注内外部监管变化，开展阶段性、有计划的合规管理体系提升与优化工作，具体情况如图 18 和图 19 所示。

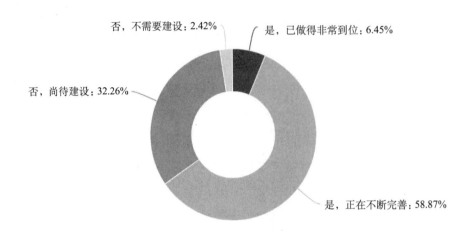

图18 企业合规管理体系建设情况

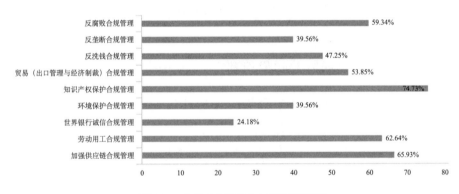

图19 企业专项领域合规管理情况

　　此次调研问卷反馈，在当前全球企业合规监管日趋严格，尤其是新冠肺炎疫情带来的全球产业链变化的背景下，中国企业境外经营面临多重困难，势必要求企业进一步关注并提升自身企业合规经营程度，加强重点业务领域的合规风险管控，不断改进优化企业合规管理，增强合规意识，推进合规文化建设，提高企业软实力。

（四）推进企业境外经营合规管理体系建设

推进企业境外经营合规管理体系建设，主要体现在三个方面。

一是高度重视企业境外经营的合规管理。"走出去"企业合规管理的能力滞后，因为不熟悉当地的法律法规而遭受经营所在国或地区的处罚，或被合作方追究违约责任和巨额索赔，或因为自身违规行为遭受世界银行等国际组织实施的制裁，或因为无法准确识别、评估项目风险而造成投资损失，在这样的严峻背景下，合规必然会引起中国企业的高度重视。企业管理层要从经济适度出发，在必须满足国家监管机构制定的法律、法规等强制性合规要求的基础上，以适合其企业经营管理水平、规模、复杂性、结构和运营的方式，对市场、客户、监管机构等相关方进行主动合规承诺，树立诚信合规的企业形象，赢得更多的商机合作。同时，企业在内部倡导诚实守信的行为操守准则，并通过加强对企业员工的合规培训，将合规意识渗透到每个岗位中，体现到每个具体业务的操作流程中，融入企业员工的行为和态度中，最终在企业内部形成合规经营的良好文化氛围。

二是加快企业境外经营合规管理体系建设。《中央企业合规管理指引（试行）》《企业境外经营合规管理指引》等指引性文件都为境外企业开展合规管理工作提供了明确的操作指引，具有重要的引领作用和指导意义。境外企业可以依据上述合规文件，结合企业自身的发展特点、组织结构和业务规模等实际，搭建覆盖决策层、经营管理层、合规管理部门、业务职能部门及海外子公司等的合规管理组织架构，充分赋予各层级必要的职责与权限，尤其是要赋予合规管理部门充分调动资源的能力，加强合规管理部门与企业其他部门之间的协调合作，建立完善的合规管理体系，加强境外经营合规管理。此外，企业还可根据自身的业务需要，与外部第三方专业机构如咨询机构、会计师事务所、律师事务所等展开紧密合作，在海外经营的全过程中充分发挥第三方专业机构的作用，与企业内部的合规人员一起识别、规避合规风险，共同为企业"走出去"保驾护航。

三是结合重点领域完善境外经营合规管理体系。企业可在《企业境外经营合规管理指引》的基础上,针对特定主题或者特定风险领域制定更具体的指引,结合境外经营实际,制定相应的合规操作流程,进一步细化标准和要求,将具体的标准和要求融入现有的业务流程中。企业开展对外货物和服务贸易,应全面掌握关于贸易管制、质量安全与技术标准、知识产权保护等方面的具体要求,关注业务所涉国家或地区开展的贸易救济调查,包括反倾销、反补贴、保障措施调查等。针对不同业务、不同重点领域合规风险制定切实可行的防控措施,落实在企业的自身业务及外包业务的全过程中,并对措施的有效性进行实时监控和检测,及时进行纠正或改进。实现各个业务的重点领域风险防控和公司风险管控的有机结合,及时在公司内部和业务之间进行风险提示、风险预警和风险防范,在不断总结经验的基础上,完善境外企业合规管理体系建设。

二、重视跨境经营风险，加强合规管理

中国企业"走出去"是全球化背景下的一股浪潮，也是中国经济发展到一定阶段的产物。当前，国际政治、经济和法律环境更加复杂，国际贸易保护主义抬头，摩擦不断。一些国家对外来投资与进出口交易进行更严格的审查和监管，也带来了更多的风险管理和合规要求。

根据我国商务部发布的《中国对外投资发展报告（2018）》，联合国贸易和发展会议统计，仅在 2017 年，全球出台了 18 项旨在对投资进行限制和加强监管的政策措施，这些限制大多以国家安全和战略性资产保护为名展开，其中包括美国于 2017 年通过的《外国投资风险审查现代化法案》（FIRRMA）。美国于 2018 年 11 月启动该法案试点项目，并在 2020 年 3 月全面执行。美国还在 2018 年 11 月推出《中国行动计划》，在 2020 年 5 月颁布《外国公司问责法案》，在 2021 年 4 月发布《2021 年战略竞争法案》，以及颁发行政禁令，将一些中国企业列入各种"清单"，等等。

商务部《中国对外投资发展报告（2018）》也表明，中国 2017 年度对外直接投资存量在全球位列第二，流量位居全球第三，总体平稳发展。"一带一路"沿线国际合作已成为我国对外投资的重点。因此，加强中国企业的跨境经营合规管理以保障顺利开展跨境经营,具有重要的意义。

(一)合规应行

随着中美经贸摩擦,包括 2018 年的中兴事件以及其后华为副董事长在加拿大被扣留一事,给管理层提出了警示。当中国企业在跨境经营中的法律风险充分暴露,国际合规大潮通过中外交流合作,外资企业合规实践等在中国落地,中国也以更开阔的视野和坚定的决心加强廉洁政府和经济建设,注重借鉴成熟的合规理念和实践,合规管理成为企业参与全球经营和竞争、对标国际企业一流管理的内在要求。

因此,我国有关国家机关自 2018 年以来密集发布相关合规管理指引,应该不是偶然。国家发展改革委在 2017 年 7 月 5 日公布了《企业境外经营合规管理指引(征求意见稿)》,在 2018 年 12 月 29 日正式发布。《企业境外经营合规管理指引》是国家发展改革委联合外交部、商务部、人民银行、国务院国资委、外汇局、全国工商联共同制定,供企业参考。《企业境外经营合规管理指引》在总则第一条明确,其参考了 2018 年 7 月 1 日中国标准化研究院发布的《合规管理体系有效性指南》,以及有关国际合规规则。《企业境外经营合规管理指引》与 2018 年 11 月国务院国资委颁布的《中央企业合规管理指引(试行)》相比,虽然侧重有所不同,但是在对企业合规的国际理念和良好实践的接纳上却如出一辙,一脉相承,互相呼应。这充分说明了国家有关决策层在合规管理理念以及合规保障企业行稳致远和提升国际竞争力方面有较统一的认识,也为我国企业"走出去"进行合规风险管理做出了清晰的指引。

（二）企业合规管理架构

如果说中国国有企业在"走出去"中扮演了先锋者角色，近年来民营企业也发挥了越来越重要的作用。合规风险管理往往决定了中国企业跨境经营的成败，是突出问题，近年来已引起相关管理部门的高度关注和重视。《企业境外经营合规管理指引》不再仅适用于中央企业，但与《中央企业合规管理指引》保持了一致的体系，在吸收企业经营管理经验的基础上，借鉴良好的国际合规理念和实践，对企业合规建设的基本原则、管理架构、制度制定、运行机制及保障均有系统性的安排，是企业跨境经营合规管理的共识。

①确立合规管理原则，即独立性、适应性和全面性原则。原则准确和高度把握了合规管理的精髓和要求，是合规管理的"纲"和"神"。

②明确管理架构。在合规管理架构上，对决策层、管理层和执行层赋能明责，是对公司管理层以身作则和发挥领导力的明确要求，也是间接回应把合规仅看作合规人员工作的片面性认识。国家发展改革委有关负责人就《企业境外经营合规管理指引》发布回答记者问中提到，规定合规管理架构是"倡导企业在决策、管理和执行三个层级上均明确合规责任，决策层应充分发挥表率作用"。此外，《中央企业合规管理指引（试行）》还针对实践中企业内部相关部门（岗位）存在互相推诿和"打架"的情况，规定管理协调的基本思路，厘清彼此的分工与合作关系，增强协同和联动。

③完善制度和流程。公司合规制度不仅是全员合规行为规范，或专项合规管理制度，以及不可忽视的财务会计制度，应在对公司合规要求、义务和风险全面和充分识别的基础上，进一步通过控制点融入公司制度和流程，促进合规管理实施。

④健全合规管理运行机制。实时追踪外部合规要求变化；建立合规风险识别和预警机制，加强合规风险应对（恰当控制和处理）；建立健全合规审

查（包括合规咨询和调查）机制，强化违规问责；定期开展管理体系评审，根据内外部环境变化动态调整管理制度和运行机制；等等。

⑤做好合规管理保障。包括信息化建设、人才队伍培养、完善考核评价、合规培训、合规汇报，以及言行合一的合规文化培育。合规文化是企业合规管理的基础，是企业合规的血液、企业的软实力，也是企业合规健康度的综合体现。

（三）重点关注

"走出去"企业在加强公司内控、突出合规"全流程和全方位"的同时，合规管理应该以实践中的问题为导向，增强针对性和务实性。

企业跨境经营具体合规风险的关注点，与公司所在行业及业务相关，区分贸易、投资和承包工程，在日常经营中有不同侧重。实践中，作为跨境经营的重要投资工具，并购重组等特定领域也应充分关注。

企业应根据其经营范围、组织结构、业务模式、规模等因素，量身打造适合本企业的有效合规管理制度。应特别注意细化和完善流程，如《中央企业合规管理指引》第16条第2项所规定的"重视开展项目的合规论证和尽职调查"。对跨境经营的尽职调查怎么强调都不为过。尽职调查决定具体项目是否继续推进，以及其后的交易架构和合同安排，甚至整个项目的成败。实践中很多失败案例均表明，不充分和不彻底的尽职调查埋藏着很多"坑"。

应密切跟进经营地法律和监管政策，采用《中央企业合规管理指引（试行）》第16条第1项的表述，即"明确海外投资经营行为的红线、底线"。对跨境经营有关政策和法律的关注是合规风险管理的必然和首要要求。

突出关注重点领域、重点环节及重点人员的合规管理，具体见《中央企业合规管理指引》，也可供企业在跨境经营中参考。

在"一带一路"沿线国家，关注常见的法律和政策风险，如腐败和商业贿赂问题，政局不稳定问题，等等；紧跟时势，确保企业在反垄断、反不正当竞争、反洗钱、质量安全与环保、数据安全与隐私保护，以及出口管制与贸易方面的合规，并与时俱进。

通过完善公司内控，包括但不限于健全组织架构、合规管理制度、合同管理流程、公司财务制度及反舞弊和内部审计等，进行全面和系统的合规风险管理，特别是规章制度制定、重大决策、重大合同、重大项目运营、大额资金管控和境外子企业公司治理等方面的风险排查和合规审查，如图20所示。

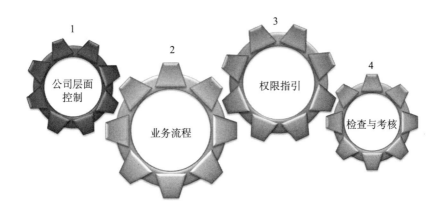

图20　全面和系统的合规风险管理

对于境外投资的公司，以及其在境外设立的分支机构（如子公司、分公司和代表机构等），应该将其纳入公司的合规管理体系，同时关注其合规管理中的特殊要求，并加强信息沟通、监督和考核。

（四）特别提示

自2018年以来，中国政府颁布了一系列重要的合规管理文件，以此提供与国际接轨的合规管理基本标尺和参考工具，因此2018年被业界称为合规元年。这些对企业合规管理的系统和基础性指引，提供了有操作性的参考，也为企业建立适合自身情况的合规管理制度留下很大空间。

国务院国资委于 2019 年 10 月 19 日发布了《关于加强中央企业内部控制体系建设与监督工作的实施意见》（以下简称《意见》），其依据已出台的合规管理指引，提出要"建立健全以风险管理为导向、合规管理监督为重点，严格、规范、全面、有效的内控体系"，实现"强内控、防风险、促合规"的管控目标，"切实全面提升内控体系有效性"。《意见》体现了一种综合的内控统领思路。

国际标准化组织于 2014 年发布了 ISO19600《合规管理体系指南》，该指南被我国国家标准化管理委员会在 2017 年等同转化为国家推荐性标准 GB/T 35770—2017《合规管理体系指南》；国际标准化组织也于 2021 年正式发布基于 ISO19600《合规管理体系指南》制定的可认证性标准 ISO37301《合规管理体系标准》。该标准体现了国际上组织合规的良好实践，不仅是指导企业建立合规管理体系的标准，也是对企业合规管理体系进行审查和认证的依据。

企业面对全球经营中的风险，强化合规管理，在有关合规管理指引中成熟的框架下管理合规风险，是保障交易安全和可持续发展的理性选择。从风险管理角度，应密切关注以下六个方面。

1. 跟踪交易各方政策变化

密切跟进我国、投资目的地和交易对方所在国家有关法律法规和政策，进行相应的风险预警和应对，包括调整有关商业策略甚至技术方案。中国近两年制定了一系列有关制度，如下。

2020 年 9 月 19 日，商务部发布了《不可靠实体清单规定》，于同日起施行。其中，第 12 条规定，中国企业、其他组织或者个人在特殊情况下确需与该外国实体进行交易的，应当向工作机制办公室提出申请。

2020 年 10 月 17 日，全国人民代表大会常务委员会通过了《出口管制法》，于 2020 年 12 月 1 日开始实施。

2021 年 1 月 9 日，商务部发布并于同日起实施《阻断外国法律与措施不当域外适用办法》。

2021 年 4 月 28 日，商务部发布了《关于两用物项出口经营者建立出口管制内部合规机制的指导意见》。

2021 年 6 月 3 日，最高人民检察院、司法部、财政部、生态环境部、国务院国资委、国家税务总局、国家市场监督管理总局、中华全国工商业联合会、中国国际贸易促进委员会联合发布了《涉案企业合规第三方监督评估机制》。

企业进行定期和不定期合规体检及合规风险识别，并进一步审查，修改和完善公司内部制度，根据自身实际完善有关合规组织架构、管理架构和工作流程，加强风险管理和违规追责。

2. 突出项目合规与合同管理

"走出去"企业应了解和针对"一带一路"沿线国家常见及高发的各类风险，通过企业内控中合规管理制度和流程加以管理，包括完整的全生命周期闭环式合同管理流程，如图 21 所示。

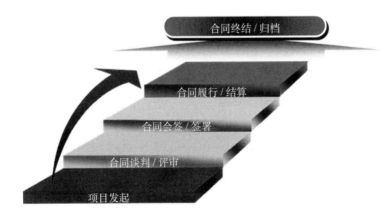

图 21　完整的全生命周期闭环式合同管理流程

3. 开展尽职调查

把握交易对方所在国别政治和法律动态。根据项目本身的特性，重点关注交易对方，包括中间商的"合法性"资质情况。根据有关适用法，如果需要，还需确认交易对方是否被列入各种清单，如美国的各种制裁清单，如图 22 所示。

图 22　开展尽职调查情况

重视交易所涉行业实践和隐患风险，如在能源、矿产资源、基础设施项目中交易方的权属，质量、健康、安全和环保，设备损坏和赔偿，项目验收，保险，不可抗力，保密等问题。

4. 开展项目合规性审查

（1）把握项目本身的合规性

针对不同类型的合同，对交易标的及标的物、交易架构、支付条款的合规性进行审查。关注项目文件中的风险管理安排是否到位，如对方的承诺与声明、违约责任、免责条款等。

（2）合同履行及合同终结

在合同履行中，保持业务人员和公司法务或合规人员的信息分享和沟通，对履行中出现的问题及时跟进和处理，并注意留存有关文档。对合同支付与结算是否合规及守约的有关状态应加以关注。合同终结应该根据公司合同管理制度在相关流程履行后进行。

5. 加强合规培训

帮助管理层和员工了解合规的成功和失败实践，增强合规意识，明确工作中的流程和合规要求，为他们合规履行工作职责以及与相关职能部门和岗位的合作奠定良好的基础，特别是管理层应以身作则，通过言行示范在工作中培养企业合规文化，并在工作中防范因利益冲突带来的合规风险。

6. 与专业机构合作

"走出去"企业与专业机构（法律、税务、资产评估等）合作，从外部获得必要和独立客观的专业支持，完成制度制定、尽职调查、交易架构、合同谈判、内部调查、劳动纠纷处理、当地法律和政府事宜的咨询和处理，与有关主管机构积极沟通，做好材料准备工作，等等，在专业服务的保驾护航下，稳健经营。

三、对标世界一流企业，推进海外
经营合规管理提升

2020 年国务院国资委启动国有重点企业对标世界一流管理提升行动，作为践行国家"一带一路"倡议和"走出去"战略龙头骨干企业的合规管理，尤其是海外经营合规管理是企业管理工作的重中之重，开展对标世界一流企业海外经营合规管理具有重要意义和实践价值。就合规管理对标而言，锁定关键对标点至关重要，合规管理对标内容一般包括合规管理组织架构、合规管理推进、合规工作落实和合规工作创新，下文内容将围绕这几个方面予以展开。

（一）世界一流同类企业的合规管理现状概述

在全球知名建筑类企业中，德国豪赫蒂夫公司、西班牙 ACS 集团、法国布伊格公司和万喜公司的合规管理被公认为处于世界领先水平，总的来看，这些世界一流建筑类企业的合规管理主要具有以下三个特点。

一是企业高层重视。这些大企业的合规管理普遍成为公司治理的重要内容。在董事会层面，通常由风险和审计专业委员会直接听取首席合规官的合规管理报告，重大问题直接提交公司董事会进行审议。

二是管理体系相对完善。通过长期实践，这些大企业逐步形成了以"三道防线、九项措施"为主要内容的合规管理体系。

三是内部监督十分严格。这些企业的合规管理体系特别强调对公司生产运营各个环节的全面监督，不仅包括对个案的合规事件处理，而且包括对公司整体制度性缺陷或管理短板的不断补缺和更新，为保证公司合规管理体系实施的效果，大多数公司都将合规管理要求纳入全员绩效考核。

此外，这些企业还有一个共同的显著特点，即它们的国际化经营程度非常高。近年来，德国豪赫蒂夫公司的国际营业收入占比在90%以上，西班牙ACS集团的国际营业收入占比在80%以上，法国布伊格公司和万喜公司的国际营业收入占比分别在50%和45%左右。

（二）中国电力建设集团合规管理工作开展情况

1. 建立健全集团层面"大合规"管理组织体系

集团公司按照国务院国资委相关工作要求，结合公司实际，组织制定了全面覆盖、内容明确的公司合规管理实施办法，积极构建公司层面风险管理、内部控制、内部审计、纪检监察相互联动、高效协同的"大合规"管理体系，成立了公司合规管理委员会。董事长作为公司合规管理委员会的主任，高度重视合规管理工作，是公司合规管理的组织者、推动者和实践者。集团公司在合规管理委员会的统一领导下，建立了合规管理"三道防线"：第一道防线为合规管理的业务部门，主动开展本领域合规风险识别和隐患排查、发布合规预警、及时应对处置合规风险事件；第二道防线为公司合规管理牵头部门，负责组织、协调和监督合规管理工作，为其他部门提供合规支持，等等；第三道防线为合规管理专责部门，在其职责范围内履行合规管理监督、责任追究等专项职责。

2. 夯实强化海外合规经营风险管理

中国电力建设集团（以下简称中国电建）是最早开展国际经营的中央企业之一，近年来的国际营业收入在24%左右，随着公司海外业务规模的迅速增长和国际经营环境的日趋复杂，海外经营合规风险逐步显现。为了有效防控海外经营风险，集团公司秉持业务为合规让路的经营理念，已经建立起较为完善的海外风险组织管理制度体系，保障了集团在海外业务发展和风险控制上的总体平衡，在此基础上，按照国务院国资委关于做好中央企业境外合规风险管控的总体要求，集团切实建立起境外经营合规风险排查制度，实现了包含合规风险在内的重大经营风险受控在控，并根据不同的风险情况，采取风险规避、风险转移、风险承担等有效措施化解海外经营合规风险。通过组织对项目开发期、建设期、运营期各阶段合规风险的动态跟踪与定期开展合规风险评估工作，实现对合规风险的动态管理和精准防控，摸索构建集团海外业务合规风险的高效防控机制。

3. 健全完善海外合规管理体系

要求海外项目必须明确本项目单位合规分管领导、主管部门以及配备专兼职合规人员，并要求根据人员变动及时备案，完善海外合规风险防范组织体系。持续推进和全面深化集团公司海外经营业务合规管理体系建设，切实提升海外业务合规管理水平，制定并印发了《海外业务合规管理实施方案》；持续加强和规范关键业务的监督和流程管理，编制并发布公司加强投标文件信息披露和工程业绩合规管理的规定，在投标业务中增加公司审查环节，有效降低了因投标信息和资料不实而招致的合规风险；此外，梳理和编制了海外合规管理工作流程图，有序推进合规工作标准化建设。

4. 强化国际业务合规预警和风险报告

针对国际业务的特点，建立健全了总部、主体企业和境外项目部三级风险管理架构，规范分级授权、优化管理流程、加强内部控制等措施，强化对国际业务的制度约束，明确各业务流程的风险控制重点，建立风险管理解决方案。根据国际业务发展需要，形成"双重"（重大风险、重点关注）风险项目管控制度、重点关注项目巡查制度、风险项目会诊制度、合同风险紧急预案制度、非传统安全紧急预案制度等一系列覆盖项目全生命周期制度组成的国际业务风险管控制度体系，定期和实时发布海外业务合规预警和风险报告。

5. 以合规考核和审计为抓手促进合规管理措施的落地

立足于合规工作考核机制，通过建立可量化的年度合规工作计划，下达分解任务，规范集团海外事业部对各海外区域总部和各子企业进行归口管理的合规管理体制。海外经营年度合规审计采取海外事业部（国际公司）合规部门和区域总部合规部门两级开展的模式，有效推进各项合规措施在业务单元的贯彻和落实。通过培训、常规合规审查等方式，加强制度宣传贯彻、检查和督导，扎实推进各项合规任务在海外事业部（国际公司）各海外区域总部和各子企业的执行。

6. 严格执行合规监督与责任追究管理制度

强化违规经营问责制度，完善违规行为处罚机制，明晰违规责任范围，细化惩处标准。针对违规经营问题和线索，及时开展调查，根据国务院国资委和公司关于违规经营责任追究相关文件的规定严肃追究违规人员责任。公司于 2020 年发布了《关于进一步强化合规经营的若干规定》，确定公司及各子企业在经营管理工作中应严格执行"三个不准""八个严禁"。对未在经营管理中严格执行"三个不准""八个严禁"而给企业造成损失的，负有责任的单位和个人，将按公司违规经营投资责任追究工作相关规定追责问责。

7. 创新国际业务法律合规与风险内控一体化管理

近年来,集团公司持续探索实施国际业务法律、合规、风险和内控一体化管理,整合一体化管理治理架构,目前在中国电建集团海外投资有限公司开展的一体化试点工作已取得阶段性成果。在一体化管理架构中,在法律审核平台中嵌入内控、风险和合规风险一起审查,在风险评估流程中嵌入法律、内控和合规风险一起评估,在海外业务合规管理平台中嵌入法律、内控和风险要求一起查询。一体化架构体系全面梳理了法律、合规、内控和风险管控众多审查点,并进行清单式管控,实现了法律合规审核的制度化,推动从"靠人管理"向"靠制度管理"的转变。通过一体化管理体系的建设,进一步提升了公司的风险管控效能和经营管理效率。

(三)对标世界一流,提升合规管理的思路和举措

目前,我国正处于"百年未有之大变局"时期,国内外合规环境更趋严峻、复杂、多变,合规风险日益凸显,国内外监管机构对企业的强势监管已成为常态。对标世界一流、结合工作实际,将合规管理作为提升企业管理水平、增强竞争软实力的一项重要工作的具体思路和举措如下。

1. 长效规划,优化制度体系

长效规划,优化制度体系,主要体现在以下两个方面。

一是构建合规管理长效机制。2021年是"十四五"发展规划开局之年,集团将合规管理体系建设纳入公司"十四五"发展规划,从公司发展的战略高度对合规管理工作进行整体安排部署,开展对标研究。二是整合优化制度流程。完善发布合规手册,推动合规管理体系融合,整合现有的合规管理制度,梳理制度内容,优化制度流程,确保合规管理体系与企业日常管理深度融合。

2. 加强依法合规文化建设

文化具有最为持久的生命力，其潜移默化的作用无法替代。合规文化对于养成全体干部职工的法治自觉起着重要的、基本的推动和保障作用。下一步将开展多层次、多维度、多领域的合规教育培训，营造依法合规文化，逐步形成领导带头、全员参与的合规管理的企业文化氛围。

3. 重点关注国际业务，不断拓展海外合规

重点关注国际业务，不断拓展海外合规，具体做好以下三个方面工作。

一是要以梳理和完善合规管理制度为抓手，从合同管理、案件办理、风险事件处理等基础业务入手，完善境外公司的风险防控体系。

二是要认真做好境外业务法律合规审核工作，严格海外业务法律合规审查标准，建立从项目追踪、资格预审、法人授权、合同谈判、风险评估到项目实施、履约跟踪、保函索兑、纠纷处理的全过程法律风险防范机制，加强海外法律合规风险的统筹防控能力。

三是要抓好重点领域和关键环节，加强合规审查。国际业务进一步重视反商业贿赂、投标禁止、在被制裁国家和地区开展业务、涉美风险、国际疫情风险、投资准入、税收、环境保护、劳动用工等重点业务、重要环节的合规管理，防范合规风险。

附　录
反腐败风险评估指南

A. 关于《反腐败风险评估指南》[1]

在过去几年里，就有效反腐败合规方案的重要性颁布监管指南的工作一直稳步进行，意义重大；由于一些企业支付的罚款数额巨大，还引起了媒体的关注。媒体的关注反过来又促使管理层、董事会成员和投资者更加关注腐败相关风险对股票价值、公司声誉、员工士气和受影响国家人民的影响。有效评估和减轻企业的腐败风险是近期与监管机构达成的诸多和解的一个要素。经济合作与发展组织（以下简称经合组织，OECD）的《内控、道德与合规最佳实践指南》[2]与《英国反贿赂法》随附的指导意见均强调了这一点。该要素也是《联合国反腐败公约》的一个关键要素，涵盖了联合国全球契约组织的第十项原则。

本文概述的风险评估必要性和评估方法符合联合国全球契约管理模式（见附图 A.1）框架的评估步骤。[3] 通过该步骤，企业能够确定一旦违反《全

---

[1] 本文翻译自联合国全球契约组织发布的报告：*A Guide for Anti-Corruption Risk Assessment*。原文下载地址：www.unglobalcompact.org.

[2] http://www.oecd.org/daf/anti-bribery/oecdantibriberyrecommendation2009.htm.

[3] 联合国全球契约管理模式：联合国全球契约组织《执行框架》。http://www.unglobalcompact.org/docs/news_events/9.1_news_archives/2010_06_17/UN_Global_Compact_Management_Model.pdf.

球契约十项原则》就可能影响其业绩和声誉的各类风险。

世界各地越来越多的公司在贿赂起诉中获得更宽大的处理，在员工行为不当时作为其反腐败方案质量的积极抗辩。评估某一企业面临的反腐败风险是有效方案的一个关键组成部分。尽管许多现有的监管指南具有指导意义并强调了有效风险评估的重要性，但是未能提供此类评估的操作方法。

本文阐述了操作方法的有关信息。风险评估的适当范围因企业而异，具体取决于行业、规模、地理位置和业务范围等因素，导致操作方法具有挑战性。因此，本文针对如何在没有规范引导又要保持行业中立、不受地理位置限制的情况下进行反腐败风险评估，力求提供一个实用的分步指导。

以下各节阐述了反腐败工作的背景、有效风险评估的重要性以及评估结果的潜在用途。这些章节可以帮助、指导企业在开展风险评估之前进行内部讨论。沿着这些思路，读者会发现一系列可以采用的原则。我们还组织制定了一个用于开展风险评估的六步流程，即建立流程、识别风险、风险评级、确定缓解控制措施、计算剩余风险以及制订行动计划。

需要注意的是，并非每项原则同样适用于所有企业。一些原则可能不适用于你的企业，尤其是当你的企业属于中小规模企业。届时，你可以关注其他原则。这些原则包括附录在内，均可用作开展内部讨论评估的指导意见，但这些原则并不详尽，每个企业应根据实际情况制定风险评估方案。我们已经努力确定组织的规模将在何时何地影响本文所讨论的原则。风险评估流程的工作量应与企业的规模、运营性质和地点相匹配，这是开展此类工作的一个关键原则。

最后，为了给读者提供实用、用户友好的材料，我们在本文附录中提供了相关清单。请注意，这些附录仅供指导参考之用，清单并不详尽，也不涵盖不同行业之间存在的细微差别；每个企业应根据实际情况制定风险评估方案。

附图 A.1 联合国全球契约管理模式

B. 引言和背景

腐败是一个影响全世界数百万人生活的潜在问题，广义上的腐败是指滥用委托权力谋取私利。[1] 不足为奇的是，腐败已成为各国政府、国际机构和私营部门日益关注的焦点。对企业处以巨额罚款，对违规企业的高级管理人员处以监禁，等等，反腐败法的执法力度大幅上升。此外，越来越多的国际金融机构和出口信贷机构还制定了反贿赂要求，禁止或惩罚参与腐败的企业。

为了避免腐败造成的巨大代价并防止参与这种破坏性行为，企业需要制定有效的反腐败方案。反腐败方案中应包括一些关键要素，例如通常由企业领导层做出的明确、公开的反腐败承诺，相关的政策和程序、控制、培训和交流以及报告机制，定期审计和监测。[2] 在许多法域，有效反腐败合规方案的存在即使无法成为起诉和其他执法机关决定的完全辩护，也可以作为减轻处罚的一项有利因素。[3] 虽然这些反腐败方案可以维护企业利益，

---

[1]　联合国毒品和犯罪问题办公室《企业反贿赂、道德与合规方案：实用指南》。

[2]　参见《联合国全球契约第十项原则报告指南》和透明国际组织《商业反贿赂守则》。

[3]　参见《英国反贿赂法》第 7(2) 条和《美国联邦量刑指南手册》第 8B2.1 节。

但耗时长、成本高。对于那些负责促进道德和合规的机构来说，关键是要将资源引向该企业面临的具体威胁，以及这些资源在减少腐败方面可能产生最大效果的领域。由于每个企业都有不同的风险状况和资源，资源分配的情况也千差万别，因此每个企业至少需要确定某版适用的反腐败方案。[1]

B.1 反腐败风险评估

只有了解企业可能面临的风险，才能有效、适度地预防和打击腐败。在面临的风险状况方面，向政府出售大型基础设施项目的企业与向其他企业出售咨询服务的企业截然不同，与经营零售业务的企业相比亦是如此。对于大部分业务位于拉丁美洲的公司，其腐败形式可能和在东南亚开展业务的公司不同。对于具有重要全球影响力的大型企业所面临的风险，刚刚进入市场的小型企业往往不会出现类似风险。这些风险状况都与制定有效反腐败方案高度相关，如果不定期进行有意义的反腐败风险评估，就无法制定有效方案。

广义上的反腐败风险评估包括企业用来估计内部和外部互动中可能出现特定形式腐败的各种机制，以及此类腐败可能产生的影响。只有全面深入地了解企业，才能实现有效的风险评估。一方面，这意味着需要对企业提出大量问题，了解其运营环境并了解在公共和私营部门中与企业产生互动的各方；另一方面，意味着要了解各种反腐败计划和控制措施在企业中的运作方式及其对风险的影响。唯有这样，企业才能最大限度地利用合规资源。

有效的反腐败风险评估不应是孤立的一次性事件。以最有效的方式持续部署资源，需要准确了解风险现状。对许多企业来说，开展本项工作需

---

[1] 英国司法部关于防止贿赂的"适当程序"的首要原则是，"商业组织防止贿赂的程序应当与其面临的贿赂风险以及商业组织活动的性质、规模和复杂性相匹配"。英国司法部，2011 年发布的《反贿赂法指南》，第 21 页（重点强调）。

要进行年度风险评估。根据各自的风险状况和资源情况,其他企业进行审查的频率可能较低。另外,也有可能会发生进入新市场、重大重组、合并和收购等触发事件,为更新风险评估创造机会和动因。虽然进行全面风险评估的频率没有必要高于一年一次甚至每两年一次,但是必须持续监控企业风险较高的领域,并对可能增加或产生新风险的事件、关系和互动始终保持警惕。

每个企业都有责任了解并应对其面临的各种风险,不仅包括各种合规和监管风险,还包括管理层每天面临的运营、竞争和财务挑战。对于许多企业来说,协调这些风险评估工作具有重要的意义。无论是要将各种评估与相关监管环境相协调,还是要通过更广泛的企业风险管理工作来协调所有风险评估,企业都将从某种程度的风险评估协调中受益。协调的风险评估可以节省时间和金钱,避免"风险评估疲劳"。例如,在不同的风险评估中应尽可能使用一致的定义和方法来估计固有和剩余风险的情况。

尽管如此,即便反腐败风险评估可能与其他风险评估工作保持一致步调,但是考虑到反腐败风险评估的特定目标和重点,如果将反腐败风险评估作为一项独立工作,对许多企业来说利大于弊。

某些证券交易所和公司治理条例要求进行风险评估,而且一些重要的指导文件中也对此进行了探讨,遗憾的是,国际反腐败公约或国家反腐败立法中没有具体提及风险评估。

经合组织通过了一项带有相关风险评估指南的反腐败公约,即《打击国际商业交易中对外国公职人员行贿公约》(以下简称《经合组织反行贿公约》)。2010年,经合组织通过了《内控、道德与合规最佳实践指南》。[1]该指南作为一份不具法律约束力的文件,旨在指导如何制定有效的内部控制、道德和合规措施,防止和侦查境外行贿。该指南建议在针对企业具体

---

[1] 作为经合组织理事会2009年11月26日《关于进一步打击在国际商业交易中贿赂外国公职人员的建议》(http://www.oecd.org/dataoecd/5/51/44884389.pdf《经合组织公司治理原则》《经合组织国有企业公司治理指引》)的组成部分通过。

情况的风险评估基础上制定措施，并定期监测、重新评估风险，必要时进行调整。[1]

美国 1977 年《反海外腐败法》（FCPA）和 2010 年《英国反贿赂法》是公认的最重要的国家级反贿赂法律。目前已发布这两部法律的相关指南，其中就包括风险评估。2012 年，美国司法部和美国证监会（SEC）联合发布了《反海外腐败法资源指南》，其中指出风险评估是合规计划的重要组成部分，美国证监会和司法部将在评估企业合规方案时评鉴企业的风险评估情况。该指南建议，考虑到工作量应当与企业的风险状况相匹配，并且按级别（如高、中或低）识别风险是确定不同反腐败合规方案要素资源分配的关键，所以企业应当避免对反腐败风险评估采取"一刀切"的办法。该指南还建议，评估腐败风险时要考虑所在行业、国家、规模、交易性质和第三方赔偿金额等因素。

2010 年，《英国反贿赂法》通过，当时企业担心该法存在一些潜在的不确定性，要求政府予以澄清。作为回应，英国司法部于 2011 年 4 月发布了《反贿赂法指南》。该指南规定了六项原则，其中包括一项风险评估原则。政府认为，对于希望防止贿赂的商业企业来说，应公布此类企业需要制定的适当程序。原则 3（风险评估原则）规定："商业组织应评估其面临的本组织关联人士代表组织行贿的潜在外部和内部风险的性质和程度。还应定期进行评估，通报评估情况并记录在案。"（原则 3 全文见附录 1）此外，英国标准 10500《反贿赂管理体系规范》（ABMS）还规定，企业应实施相关程序，确保能够评估与其活动相关的贿赂风险，并评估其政策、程序和控制措施是否足以将这些风险降低至可接受的水平。

虽然其他全球守则和条例没有具体述及反腐败风险评估，但是确实强调了作为一个企业进行风险评估的重要性。例如，南非证券交易所发布了《国王三世》报告，强调风险管理应被视为企业战略和商业过程的一个组

---

[1]　A 节 最佳实践指南。

成部分。澳大利亚标准 8001—2008《欺诈和腐败控制》强调需要控制欺诈和腐败风险，并将这一治理义务赋予企业控制方。财务报告委员会（FRC）发布了《英国公司治理准则》，其中提出的原则包括以下内容："董事会负责确定其在实现战略目标时愿意承担的重大风险的性质和程度。董事会应维持健全的风险管理和内部控制制度。"[1]

B.2 腐败形式

在设计反腐败方案时，企业应当界定其对腐败及其各种形式的理解，在风险评估流程中供参考之用。透明国际组织将腐败广义定义为滥用委托权力谋取私利，但具有多种表现形式。

①贿赂。指提供、承诺、给予、接受或索取利益，以此作为某一非法、不道德或失信行为或阻止采取行动的行为诱因。[2]贿赂可以是直接或通过中间人支付的金钱或实物的不正当利益。企业应在其风险评估中考虑最常见的贿赂形式，包括回扣、疏通费、礼品、招待、费用、政治和慈善捐款、赞助和宣传费。

②回扣。指在企业与客户签订合同后兑现的贿赂，主要发生在采购部门、合同部门或其他负责决定是否授予合同的部门。供应商直接或通过中介将部分合同费用返还给买方，以此行贿。

③疏通费。此类费用通常为小额款项，旨在确保落实或加快落实付款人依法或以其他方式有权采取的例行行动或必要行动。此类费用引起了各实体的担忧，因为在诸如从海关放行易腐货物或在出入境通关口寻求入境等情况下，经常会敲诈勒索此类费用。

④慈善和政治用途捐款、赞助、差旅费和宣传费。这些属于实体的合法

---

[1]《英国公司治理准则》（财务报告委员会，2009 年 6 月），C 节 - 问责制。

[2]《商业反贿赂守则》（透明国际组织，2009）《经合组织反行贿公约》，第 1 条;《联合国反腐败公约》第 15~16 条。

活动，但可能被滥用，充当贿赂的托词。应当指出的是，许多国家（特别是《经合组织反行贿公约》缔约国）的海外贿赂犯罪显示，如果可以判定为获得或保留业务已经向外国公职人员提供了好处，则此类交易具有风险。

⑤利益冲突。当对企业负有责任的个人或实体存在利益、责任或承诺冲突时，则会发生利益冲突。存在利益冲突本身并不是腐败，但当董事、员工或签约第三方因涉及其他利益而违反对实体应尽的义务时，就会产生腐败。[1]

⑥围标。舞弊的一种表现形式，指在采购方通过竞争性投标获得商品或服务的情况下，与竞争对手们合谋有效提高价格。本质上，竞争对手们已经事先同意谁将通过竞争性投标流程，提交中标合同。与价格垄断一样，并非所有投标人都必须参与合谋。[2]

⑦卡特尔。舞弊的一种表现形式，企业之间为实施非法行为或欺诈行为而达成的秘密协议或舞弊行为。通常涉及价格垄断、信息共享或通过设定生产和供应配额来操纵市场。

⑧价格垄断。舞弊的一种表现形式，竞争者为提高、固定或以其他方式维持其商品或服务销售价格而达成的协议。竞争对手既没有必要同意按照完全相同的价格收取费用，也没有必要让某一行业的所有竞争对手都参与这一舞弊行为。价格垄断可以采取多种形式实现，任何限制价格竞争的协议都可能违反适用的竞争法。

⑨旋转门。与高层员工从公共部门工作岗位流向私营部门工作岗位（反之亦然）相关的腐败。主要问题在于企业的做法将如何损害公职的公正性和完整性。对于企业来说，讨论或承诺未来聘用公职人员或利用前公职人员作为董事会成员、员工或顾问可能存在风险。

⑩赞助。某一人士因隶属关系或关联关系而被选中从事某项工作或获

---

[1] 《联合国反腐败公约》第 12 条第 2 款 (e) 项。

[2] http://www.justice.gov/atr/public/guidelines/211578.htm.

得某项福利,无论其资格、优势或权利如何。

⑪ 非法信息中介。通过非法手段获取的公司机密信息的中介关系。

⑫ 内线交易。证券交易的幕后黑手知悉非公开的重大信息因而违反保密义务时进行的证券交易。[1]

⑬ 漏税。本应在该地区纳税的个人、企业或信托机构非法不向其所属司法管辖区的政府缴纳税款。[2]

B.3 对整体反腐败合规方案的影响

如前所述,良好的反腐败风险评估是建立或维持健全方案的基础。本节将着重阐述良好的风险评估核心方案构成部分提出的关键问题。通过反复进行风险评估来衡量加强培训计划或宣传工作等举措的进展情况,并进一步制定和完善总体方案。

书面标准和政策

企业书面标准方面有效风险评估的关键问题,主要包括以下两个。

①我们的政策是否准确地反映了我们的风险情况并为我们的员工提供了必要指导?

②我们是否制定了适当政策?我们是否需要根据评估中确定的国家风险,将我们的政策翻译成其他语言?

一个企业的书面标准首先应该是为满足企业需要而量身定制的标准。这些标准还应在字面上和语言上对目标群体开放。

风险评估流程可以帮助那些没有制定官方政策的公司确定指导形式化的最佳领域;对于那些已经制定政策的公司,反腐败风险评估的结果可能

---

[1] 美国证券交易委员会,2000 年,规则 10B5-1。

[2] 税收正义网:http://www.tackletaxhavens.com/Cost_of_Tax_Abuse_TJN_Research_23rd_Nov_2011.pdf.

会表明关键的行动项。

例如，如果评估显示政策没有翻译成所有适用的当地语言、难以查找且书写水平较高，那么当务之急应该是修订该政策，使其更易于阅读，将其翻译成所有高风险地区语言（至少），并适当地传达如何查找该政策。

培训计划和交流工作

与有效反腐败合规方案的所有其他方面几乎一样，培训必须具有针对性，并立足于公司的风险状况。关于企业培训计划的有效风险评估所回答的关键问题，主要包括以下三个。

①我们的员工群体中是否有特定的子群体（如中层管理人员等）需要额外培训？中层管理人员该如何回应呢？他们是否需要额外的培训？

②我们是否衡量了培训材料的质量和充分性，或者是否测试了标的的员工保留率？

③这些培训的频率和时间安排如何？

风险评估结果有助于企业提高现有培训的质量，对于规模较小的企业，风险评估结果有助于确定亟须培训的风险群体。正如许多现有监管指南所述，有效的沟通工作对反腐败计划取得总体成功具有重要的作用。反腐败风险评估的结果可用于规划今后 18 个月的交流工作，需要特别强调的是要利用那些可能触及最高风险受众的机制。应特别注意利用评估中收集的关于关键风险期的信息，对这些工作进行时间安排。

监测和审计活动

关于企业监测和审计活动的有效风险评估所回答的关键问题，主要包括以下两个。

①作为对已识别的关键风险采取后续行动的一部分，我们是否需要对监测和审计活动进行更改？

②我们是否需要额外的技术或流程来保证本阶段的计划稳步进行？

在风险评估期间收集的信息应在推进企业持续监测工作中发挥作用。例如,风险评估揭示的差旅费和开支报告控制措施的弱点导致需要开发一个功能更强大的在线差旅费和开支报告系统,包括关于企业差旅费和开支政策的管理员消息提醒或"弹出窗口"功能。风险评估得出的风险优先级可用于确定要测试的控制措施和测试频率。

第三方沟通、合同条款和规定及尽职调查

针对企业第三方控制措施,有效的风险评估能解决的关键问题主要包括以下两个。

①我们的评估是否确定了当前尽职调查流程未解决的关键第三方风险?

②我们的合同语言是否足以保护我们的企业?目前我们如何与第三方交流?

企业与其第三方互动的每个方面可以根据风险评估的结果进行评估,特别是如何选择第三方、在合同中做出哪些陈述和保证,以及如何将企业对第三方行为的期望传达给第三方。风险评估往往允许企业对其第三方进行风险评级,将其尽职调查工作对准风险最高的实体并最大限度地减少与尽职调查相关的支出。

B.4 通常涉及的人员

在开始反腐败风险评估之前,重要的是要确定评估参与方,以及每个参与方将发挥什么作用。一项计划周密的反腐败风险评估将明确界定已经得到明确阐述和理解的角色和职责。

高级管理人员和董事会等其他治理层认同不同利益相关方在反腐败风险评估中所扮演的角色和承担的职责,这是反腐败风险评估取得成功的一个关键特征。如果没有此类高层的支持,风险评估就可能会失去势头。规避或无法充分处理某些问题,或者由于其他高级管理人员和管理人员选择

不参与，会导致风险评估的质量受到影响。

B.5 总体责任和领导力

企业中的治理层如董事会或同等监督机构（包括信托人、顾问、监督人等），或指定扮演此角色的董事会委员会（包括审计委员会、治理委员会或风险管理委员会），应总体负责反腐败风险评估工作。对于反腐败风险评估，董事会应了解影响企业的腐败风险，以及企业减轻和补救此类风险的计划。董事会在推动风险评估方面发挥着重要作用，可以促进管理层的流程推进。非执行董事还可以协助企业，确保其充分关注与腐败有关的风险，并采取风险评估等适当措施。审计委员会或伦理委员会应定期从管理层处获取反腐败风险评估流程的最新信息，并在适当情况下审查和批准风险评估的最终结果。风险评估流程完成后，审计委员会应指派内部审计部门（或其他指定人员 / 外部方）监测及测试已识别的关键控制措施，以减轻腐败风险。如果企业未设立董事会或治理层委员会，则总体责任可以交给高级管理团队中的个人。

管理层应负责进行风险评估，并定期向治理层报告反腐败风险评估的状况和结果，以及由此产生的任何风险缓解行动计划的实施情况。符合资格条件的个人应执行风险评估流程，管理层应考虑是否需要外部有经验的专业人员参与。从历史上看，某些企业的内部审计职能部门往往是反腐败风险评估的牵头机构，但人们更多地认为，进行反腐败风险评估应当是一项管理职能，内部审计职能部门应当保持足够的独立性，确保能够发挥其客观地评价关键内部控制的作用。可适当负责反腐败风险评估的职能部门包括合规、法务、道德或风险管理部门。企业运营各参与方的投入起着关键作用；对于规模较大的企业，最好由运营单位或区域负责开展本单位和区域的反腐败风险评估活动。关键是让牵头的职能部门在整个企业中拥有最大的既得利益和适当的影响力。确保职能部门或个人所在的委员会分担领导责任可能会成为另一个成功的战略。在这些领域没有专门设立职能部门的企业，可以将领导权交给高层管理团队中的个人，例如合规、道德风险管理或法务专员。

B.6 参与方

指定的反腐败风险评估负责人通常会与诸多利益相关方接触。成功的反腐败风险评估应包括评估那些了解企业运营腐败风险敞口的人员的参与和投入情况。除了高级管理层成员之外，还可能涉及合规、道德、法务、内部审计、风险管理、销售和营销、采购、运输、会计和财务及人力资源等职能部门的人员。企业内不同级别的个人（高级管理层和基层员工）参与评估具有重要的意义。一般情况下，高级管理层了解职能部门应该如何运作，而基层员工更多的是知道职能部门在实践中的运作情况。如果适用，建议让来自不同办事处和运营单位的个人参与评估。在某些行业、地区或组织结构中，其他职能部门也发挥着重要作用，例如为了获得规定政府许可和批准，负责在贿赂风险较高的地区建设新设施的业务开发职能部门。

策略良好与否关键是让各运营单位／区域办事处主管反腐败风险评估工作。按此方法，各运营单位／区域办事处将负责执行与其所在分部相关的风险评估。如此一来，具有特定本地、业务和行业知识的个人就能够基于由统一主管部门（如总部）提供的参数和指导意见为每个相关分部编制风险评估计划。一旦收到来自各指定分部的输入数据，就要集中所有人对数据进行综合，提供整体企业视图以及分部腐败风险特定视图。

在关系良好的情况下，企业可以向第三方（包括关键供应商或客户）征求有关腐败风险的信息。这些第三方的内部审计人员会针对其实体与风险评估对象企业交易中存在的潜在腐败风险，提供宝贵信息。无论是哪种情况，在尝试建立此类沟通以管理法律风险之前，应先咨询法律顾问。

以下更为具体地阐述了反腐败风险评估流程中一些共同参与方的潜在

角色和职责；根据规模、行业和位置，可能还存在其他与你的企业相关的职能部门。以下是假设的最全面的治理、运营和控制职能部门。然而，人们认识到，某些企业中设立的职能部门比本文中阐述的要少得多，或者这些职能部门可能被嵌入另一个职能部门中。

合规职能部门

合规职能部门可以通过强调企业或在同一行业或同一地理风险地区运营的其他企业过去发生的违反反腐败法的行为，帮助确定相关风险。合规职能部门还可以协助确定现有的反腐败合规控制措施和方案，以减轻腐败风险。

风险管理职能部门

即使不是牵头部门或主管部门，风险管理职能部门也可以确保反腐败风险评估与企业其他风险评估计划（如企业风险管理）采取一致方法。风险管理职能部门还可借鉴其他风险评估计划的结果，在反腐败风险评估流程中加以利用。

法务职能部门

法务职能部门通过确定相关地理区域的反腐败法律，并强调违反这些法律的途径来支持风险评估流程。法务职能部门还可以提供为获得许可和其他批准而与政府部门和官员互动的信息，以及允许在合同中纳入反腐败陈述和条款的支持政策。虽然反腐败风险评估通常不需要在律师—当事人特权下进行，但有时企业可能会选择使用这种特权。届时，法务职能部门需要参与反腐败风险评估协议的设计。最后，关于处理和沟通风险评估流程中发现的任何实际违反反腐败法的新披露协议，应在开始执行前与法务职能部门进行讨论并予以澄清。

内部审计职能部门

内部审计职能部门可以通过推动反腐败风险评估流程(如通过访谈或调查、研究风险和控制信息来源或推动召开管理层的自我评估会议)来协助管理层开展工作。内部审计职能部门可以评估管理层反腐败风险评估流程的有效性,并将风险评估结果纳入其审计和监测计划。内部审计职能部门可以从其经验、企业或其他类似企业的腐败历史以及以往内部审计的相关结果中吸取教训,确定需要考虑的适当风险和控制措施。

会计和财务职能部门

会计和财务职能部门可以为高风险总账账户、杂项暂记账户、零用金、佣金和差旅费的计算,以及与政府官员在所得税和娱乐性消费等方面的互动提供与账户对账流程相关的宝贵风险信息。会计和财务职能部门在确定减轻腐败风险的财务控制方面发挥着尤为重要的作用。

采购职能部门

采购职能部门可以提供有关采购流程的相关信息,包括围标和选择的第三方违反独立交易原则等风险领域的信息,还可以提供相关政策和控制措施,以及深入了解以往任何涉及回扣或贿赂的事件信息。此外,采购职能部门可以提供关于过去一年新供应商的信息,以及该年度签署的金额巨大的合同信息。

销售和营销职能部门

销售和营销职能部门可以提供相关议题的信息,例如礼品和娱乐性消费、销售佣金、与海关人员在货物出口方面的互动、销售人员过去提供回扣或贿赂的事件、附加协议以及利用第三方和代理进行销售。

供应链小组

供应链小组可以提供宝贵的信息，包括潜在供应商的贿赂或回扣方式，以及企业与供应链中任何第三方关系的性质。对于某些企业来说，供应链小组可以纳入整体风险评估管理流程中。

人力资源职能部门

人力资源职能部门可以提供有关高层的信息、任何与反腐败相关的违规行为的纪律事项以及员工背景调查流程。

公司事务（公共关系）职能部门

腐败事件可能带来声誉风险并破坏市场，公司事务（公共关系）职能部门正发挥越来越重要的作用。

本指南的其余部分将提供实用的指导意见以及一系列工具，帮助企业领导和合规从业人员在其企业内开展最高效和最有效的反腐败风险评估。

C. 建立流程

C.1 引言

本节将介绍反腐败风险评估的不同要素以及评估可用的方法，旨在提供一种结构化的方法，按照上述步骤进行企业级反腐败风险评估。

考虑到每个企业面临的腐败风险不同，这些步骤以常见的腐败风险和隐患为例，阐述了一种通用方法并提出了识别和评估风险的其他方法。

C.2 了解问题

深入了解腐败风险、隐患以及潜在的法律后果是进行合理风险评估的先决条件。因此，提高参与该过程的主要利益相关方的认识将大有助益。

可考虑由法务、风险管理、合规或内部审计部门（无论是否有外部反腐败专家从旁协助）筹备一次启动研讨会（见附表 C.1），更详细地探讨腐败风险。

召开此类会议的目的是解决腐败问题，承认企业可能面临腐败风险，并商讨探索腐败风险敞口的工作流程。

附表 C.1　议程启动研讨会示例

议程启动研讨会示例	
10'	引言：欢迎词、与会人员介绍以及本次会议的目的
30'	会议讨论主题：展示的腐败事实和数字，包括企业经营活动较为活跃的行业或国家的腐败案例、法律环境的变化等
40'	专项议题 / 风险讨论：我们的企业是否会发生类似情况？ ①疏通费 ②与代理合作 ③礼品和娱乐性项目 ④其他
10'	针对其他企业特定风险进行头脑风暴
30'	未来计划：确定后续行动、责任和时间安排

C.3 规划

对于腐败风险评估，一个或两个小时的头脑风暴是一种良好的实践，但稳健的评估通常要求开展多项活动来确定其风险敞口，包括以下六个问题。

①谁主管流程并需要参与进来？

②将在该流程中投入多少时间（包括里程碑、交付成果、决策日期等规划工作）？

③如何收集数据？

④需要哪些内部资源和外部资源？

⑤应进行哪些补充分析？

⑥将采用什么方法？

目标、利益相关方和资源，促使进行腐败风险评估的原因有很多。在规划阶段应考虑这些原因，从而协助设计出可实现基本目标的评估方案。一般来说，评估的主要目标是更好地了解企业面临的腐败风险，从而做出明智的风险管理决定。其他目标可能包括以下五个。

①确定反腐败活动的议程或优先事项。

②针对反腐败计划，确定行动计划或关键绩效指标（KPI）。

③衡量以往反腐败举措的进展或成效。

④提高参与该流程的关键利益相关方对腐败风险的认识。

⑤监测腐败风险的发展事态并分析发展趋势。

建立风险容忍度

在反腐败风险评估流程中，尽早确定风险容忍度水平具有重要的意义，但可能会牵扯到董事会或公司治理层（如审计委员会）。过去发生的若干重大腐败事件都存在一种共同的情况，即事后看来，管理层承担的腐败风险高出治理层了解并认为可以容忍的腐败风险水平。事先确定风险容忍度有助于确保相对简单、客观地评估剩余风险。如果事先没有确定风险容忍度，管理层就可能会合理地认为现有的腐败风险水平在可接受的范围内，从而损害了反腐败风险评估的目的和价值。

参与方可能会提出与风险容忍度有关的难题，例如，在管理层声称对腐败"零容忍"的情况下，是否有可能在一定程度上容忍或接纳腐败风险的存在？对此，一个简单答案是：防止腐败是一门不完美的艺术。即使管理层竭尽全力避免腐败的出现并坚持主张对腐败行为"零容忍"，我们还是无法避免一定程度的腐败风险。在评估腐败风险时，管理层会考虑各腐败隐患的风险水平是否在管理层对腐败风险的风险容忍度或风险接纳范围内。

除了较大的企业，对于通常资源有限、无法投资采取所有"同类最佳"反腐败做法和控制措施的中小型企业来说，风险容忍度的概念也同样意义重大。通过建立风险容忍度，此类企业将能够确定对它们来说是最关键和最重要的风险，以便集中力量解决并分配稀缺资源。

风险台账

在反腐败风险评估的规划阶段，必须确定如何记录风险评估。一种通用且实用的方法是，单独识别和记录每个风险因素、风险内容和风险隐患，并作为风险台账的一部分录入电子表格或 word 文档中。此外，还将利用该风险台账记录每个风险和隐患的评级结果，以及减轻每个风险的方案和控制措施。在反腐败风险评估的风险识别阶段，针对每个隐患确定风险的详细信息（如企业内部或第三方可能落实该隐患的潜在方）将大有助益。此外，如果制定了一个以上的方案和控制措施来减轻腐败隐患，则应在风险台账中记录减轻该隐患的所有方案和控制措施。

对于规模较大的企业，可以按办事处或运营单位编制风险台账。按办事处或运营单位进行风险评估的优势在于，可以定制评级和控制措施，根据受风险影响的国家或地区以及运营单位不同，面对同一风险，企业可能存在不同程度的风险敞口。通过这种方式，办事处或运营单位的本地管理层可以了解其所在区域或运营单位特有的腐败风险敞口概况。如果按办事处或运营单位记录风险台账，则仍然可以通过合并各个办事处或运营单位风险评估的结果并汇总影响企业的腐败风险全企业视图，来形成一份企业级风险概况合并结果，相同隐患具有不同评级的企业可以对每个办事处或运营单位的评级进行平均分处理，从而为每个隐患提供一个企业级合并评级。

风险台账中包含的详细信息可协助企业编制其存在潜在腐败风险敞口领域的热力图以及风险评估的汇总结果，有关汇总和报告反腐败风险评估结果的更多详细信息，请参见 D 节。

风险台账的示例模板如附图 C.1 和附表 C.2 所示。

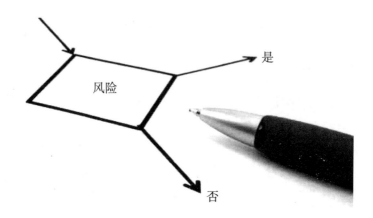

附图 C.1 风险台账

附表 C.2 风险台账的示例模板

位置 / 地区:A 国 业务单位:单位 XYZ		
腐败风险因素	当地商业环境		
腐败风险	贿赂政府官员以获得、保留或影响不当的业务决策		
腐败隐患	①可能向海关官员支付不当款项,疏通与货物进口相关的手续或为非法货物进口清关	②可能向税务机关支付不当款项,确保减少或消除纳税义务	③可能向政府官员支付不当款项,获得意向不动产或有利的租赁条件
概率	中	中	中
潜在影响	高	高	高
固有风险	高	高	高

	位置 / 地区：A 国 业务单位：单位 XYZ		
反腐败 控制措施	①全球反腐败政策和程序，包括向海关付款的具体内容 ②为特定地区和关键职能部门量身定制员工反腐败培训方案 ③全球举报热线 ④对特定地区 / 国家向海关人员支付的款项进行年度反腐败审计	①全球反腐败政策和程序，包括向税务机关付款的具体内容 ②为特定地区和关键职能部门量身定制员工反腐败培训方案 ③全球举报热线 ④对向税务机关支付的款项进行年度反腐败审计	①全球反腐败政策和程序，包括就财产租赁向政府官员付款的具体内容 ②为特定地区和关键职能部门量身定制员工反腐败培训方案 ③全球举报热线 ④对与政府官员的互动 / 交易进行年度反腐败审计，确保财产租赁合规
控制风险 评级	有效	有效	有效
剩余风险 评级	低	低	低

D. 识别风险因素、风险内容和隐患

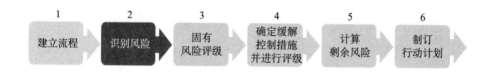

在规划企业级腐败风险评估时，应当认真考虑参与这一进程的利益相关方。如前所述，各利益相关方可以为该项工作做出巨大贡献。涉及的人员越多，就意味着可以接触更多的资源，获取更多的时间，但也催生了另一个问题，即如何以有效的方式建立这一流程？本节将探讨如何帮助企业识别风险因素（即为什么企业会发生腐败情况）以及风险内容和隐患（即腐败事件将如何在企业内发生）。

D.1 数据收集

可以采用多种方法收集数据和信息，了解企业为什么会发生腐败风险，以及腐败风险是如何发生的。我们将在本节中介绍这些方法并讨论各自的优缺点。

桌面研究

桌面研究为反腐败风险评估提供了一个良好的起点，但应兼顾外部资源和内部资源。对此，可利用内部审计部门关于合规风险、不合规案例以及常见腐败风险的内部报告。另一个内部来源是分析一份关于过去腐败案例和举报热线指控的日志，从而识别风险类型。对第三方（如供应商和代理人）的背景调查、收购的尽职调查报告以及对招标报告的评估，都可以作为一个良好的开端。此外，还可以考虑那些提供了腐败国别概况或特定行业腐败案例的外部来源。

除了现成报告外，企业还可以利用那些提供了销售数字和支付给代理商佣金的财务数据进行额外分析，以汇编国家或地区敏感性分析工具。有关敏感性分析工具示例，请参见附录2。

此外，还可以考虑按国家或运营单位分析娱乐性项目、礼品和招待支出。内部审计职能部门通常从企业会计和 IT 系统下载具体运营单位的相关数据进行分析。如此可识别出那些可能需要使用其他方法进行更深入审查的高风险领域。同一流程也可用于收集与潜在腐败风险相关的数据。

最后，分析高风险国家或地区的主要第三方（如代理、合资伙伴和承包商），加上企业与政府机关或政府官员互动的领域，也有助于确定可能存在腐败风险的领域。

采访

采访主要利益相关方，可有效、全面地了解企业腐败风险。首先，公司各职能部门（如合规、法务、风险管理、内部审计、人力资源、采购、安全和任何调查单位）可能会提出高水平的宝贵见解。日常处理运营风险的直线管理层（国家、地区或当地）通常可以从地理和运营经验中提供其他的深刻见解。某些流程的主管部门可能会识别出特定流程存在的问题。例如，可以要求销售负责人概述不同国家或地区的销售流程和做法，或者要求采购负责人演示招标流程,也可以考虑外部利益相关方(如董事会、供应商、客户、外部审计员、调查人员、地方当局、大股东或机构投资商甚至记者)的意见。

与调查或桌面审阅相比,采访可能会提供更多的细节,并有机会询问更多的问题,更详细地探讨风险的真面目。采访可以一对一或以小组形式进行,只要个人见解不会因主导性格或群体动态而被排除在外即可。

有关访谈主题和问题示例,请参见附录3。

调查和自我评估

调查可以成为一种有效的工具,用以收集员工和外部各方对腐败风险的看法,在后勤部门允许网上进行调查的情况下尤为如此。在收集不同国家、不同职能部门的管理人员和普通员工的意见时,调查就成为一种可贵的工具。除了确定风险之外,调查方法还有助于提高对腐败专题的认识。调查本身作为一种工具具有显著的优势,包括以下三个方面。

①部署成本微不足道。受益于其交付方式优势,调查的管理成本相对较低。

②易于部署。企业在开发阶段可以灵活地决定如何管理调查,即在线、面对面、通过电子邮件等方式管理调查工作。

③标准化。调查问题可以进行标准化管理,实现统一性,有助于衡量和解释调查结果。

自我评估工具是另一种风险识别资源,特别是在具有不同办事处或运营单位的企业中更是如此。自我评估工具要求企业内部的相关个人查明并汇编风险情况(在规模较大的企业中,可以由运营单位在公司总部的监督下完成),从而根据接收到的信息建立风险台账。自我评估工具的众多优势之一是,可以确定一组自定义的腐败风险,而此类腐败风险主要受到对本地业务运营环境的了解程度、态度和流程的影响,可以确保将企业关键分部(如运营单位)的运营环境纳入考量范围,而不是在公司层面确定一套通用的标准化风险，然后下推至运营单位。

通过询问（各部门或区域）管理层在哪个业务流程中观察到了腐败风险，调查还可用作（各部门或区域）管理层进行自我评估的工具。考虑采用调查方法时，由于存在一些潜在冲突，做好充分准备是关键。

①基础知识。全球不同国家对"腐败"一词的解释各不相同。在一些国家，根据适用的刑法，商务礼品可以被定义为腐败行为；而在另一些国家不是如此。

②数据质量。如果询问驻外经理其心目中前五大腐败风险，这一询问行为可能会被该驻外经理视为公司的审前调查，从而可能导致不必要地要求采取更多的控制措施和汇报程序。这种认知会影响驻外经理的响应。

③分析。在某些情况下，开放式问题可以创造巨大价值，但由于可能会使用多种不同语言，通常会加大分析的工作量。

参见附录3，了解可以在调查或自我评估中解决的主题和问题示例。

研讨会、头脑风暴会议或焦点小组

利用研讨会或头脑风暴会议来探讨腐败风险是收集不同利益相关方意见的一种有效且高效的方式。讨论对风险的不同看法，有助于更好地理解风险。研讨会可涵盖反腐败风险评估流程中的多个步骤。例如，研讨会可以以"风险室"的形式开始，带领与会人员经历界定和讨论风险、评估风险发生概率和潜在影响等阶段，并最终商定一个适合企业的风险状况。通过研讨会还可以进一步深化对风险的认识，并制订一项减轻风险的行动计划。向每个与会人员提出以下问题是识别潜在腐败风险的方法之一：如果你试图进行一项腐败行为，那么你会选择哪种方法？你会怎么做？

如果要在单个流程级别探索企业的腐败风险敞口，则可以选择另一种方法：首先绘制详细流程（如采购或销售），然后与专家团队一起审核流程并找出破坏该流程的时机。在此过程中，与会人员可以确定危险信号、潜在的腐败风险或隐患，并制定减轻这些风险的控制措施。

D.2 识别风险

下面我们将定义特定流程中的风险因素和腐败风险，并提供示例进行说明。

风险因素是企业受自身环境（包括其业务性质和所在地）影响发生腐败情况的原因。参考唐纳德·克雷西（Donald Cressey）的"舞弊三角论"[1]，就可以很好地理解风险因素。该理论定义了允许欺诈风险发生的三个要素和条件（风险因素）：压力、机会和自我合理化（见附图 D.1）。虽然这种三角关系是针对欺诈风险而专门开发的，但也可用于确定腐败风险因素。在应用"舞弊三角论"评估腐败风险时，应考虑以下三个因素。

①感知到财务压力或激励（如满足客户期望、财务目标、销售目标的压力）。

②感知到有机会实施腐败行为而被发现的可能性较低（如监察／控制措施被视为无效，或公司架构非常复杂）。

③自我合理化或态度（如企业有非法行为的历史，例如，竞争对手行贿但没有人会发现；如果本企业不这样做的话，就失去合同和工作机会，导致员工士气低落）。

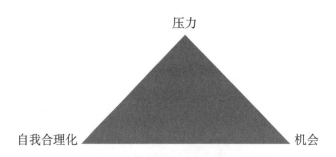

附图 D.1　欺诈风险的三个要素和条件

---

[1]　"舞弊三角论"是基于美国作家、社会学家和犯罪学家唐纳德·克雷西（Donald Cressey）（对集团犯罪和白领犯罪的研究做出了创新贡献）的假设提出的。资料来源：http://www.acfe.com/fraud-triangle.aspx.

一旦企业了解其风险因素，就可以确定在这些既定因素下可能存在何种类型的风险和隐患。这些风险和隐患是企业中腐败发生节点和发生方式的示例。为了进行彻底的腐败风险评估，需要区分腐败风险因素、腐败风险和腐败隐患。

腐败风险因素可能是一个国家的政治气候。政治气候可能会诱发一些腐败风险，例如海关当局要求贿赂。此类腐败风险可能导致不同的腐败隐患，包括现金支付、礼品或其他小费。

另一个腐败风险因素可能是竞争对手非法获取市场份额的做法，企业可能会认为，在一个国家或地区进行竞争的唯一方式是与其竞争对手一样，通过贿赂政府官员获得商业优势。参见附录4，了解腐败危险信号清单。

在接下来的章节中，将确定与特定流程、国家和行业相关的一些常见腐败风险。有关具体腐败风险领域的例子，参见附录5。

D.3 特定流程中的腐败风险

我们将在本节展示一些容易受腐败影响的特定流程示例，在进行企业反腐败风险评估时需要特别注意。

采购

对于大多数企业而言，采购或外购职能部门在其业务环节中占有举足轻重的地位。从供应商处购买产品或服务时（尤其是当供应商严重依赖合同时），需要注意一些常见的腐败风险。

（1）贿赂和回扣

供应商可能向采购职能部门的个别员工（或其经理）提供贿赂或回扣，以获取业务。此类贿赂既可以是现金，也可以是任何有价值的东西，例如礼品、旅行、非标准的用餐和娱乐性项目、使用信用卡或伪装成"贷款"

的现金转移。除此之外，还可能出现采购人员索贿的情况，例如提出同意为商品或服务支付溢价作为回报（称为"超额收费计划"）。

（2）超额收费隐患

超额收费属于财务欺诈隐患，由于该隐患涉及发票审批人员，导致企业获得的发票价格高于应支付的正常发票价格。发票审批人可能已经收到贿赂，也可能供应商只是转移现金的工具，而现金最终将返还给采购员。

（3）围标和价格垄断

在招标、报价、投标过程中，若干供应商可能会联合起来，通过商定提供最低价格的一方来赢得标的项目，从而破坏招标流程。作为回报，参与围标计划的其他供应商将在其他项目的招标中提供最低价格的报价。

当只有少数供应商能够提供服务时（即高度专业化行业的寡头垄断），或者当项目成本高昂，供应商必须进行大量投资才能赢得项目时（如大型基础设施项目），这种风险就会增加。

销售

如前所述，隐患也可适用于销售流程。此外，还应考虑以下两种腐败风险。

（1）使用代理

进入新市场时，企业往往通过代理人或顾问熟悉新的国家或地区及当地商业惯例，或将企业介绍给潜在客户。代理人工作为佣金式，将收取一定比例的销售额作为代理费。有时，代理人通过与客户方人员分享代理费的方式获得合同。根据《反海外腐败法》和《英国反贿赂法》等反腐败立法的规定，聘用代理的企业可能会被追究聘用责任并面临罚款或处罚。

（2）礼品和铺张的娱乐性项目

在许多国家，惯例性礼品、用餐和娱乐性项目都在可接受的范围内。文化差异有时会让你很难决定并有正确的做法。销售经理可能会带来昂贵的独家私人礼品，或者支付商务晚宴和深夜娱乐性项目的费用。这种情况很容易造成一个困境，使得企业难以防止越过许可做法和行贿界限的付款情况出现。当企业不了解当地习俗、面临激烈的竞争或涉及重大商业机会时，可能会感到压力，导致不得不接受这种情况，并参与违反一个或多个司法管辖区法律或条例的做法。

货物进出口

在进口或出口货物时，可能会出现海关的政府官员索贿（或优先帮助行贿的客户办理手续）的情况，特别是当有时间紧迫要加快清关（易腐货物、迟交罚款等）的情况时，清关人员可能会利用这种情况进行索贿。

当在某些地区运输货物时，即使所有官方签证或许可证均符合规定，地方官员或民兵还是可能会要求收取一定的费用后才允许运载该企业货物或人员的车辆使用特定路线或通过检查站。

这类付款在许多国家是一种常见现象，但法律或条例可能禁止付款人提议付款或做出付款，或禁止受款人要求付款或接受付款。

政府互动

开展业务往往需要和政府互动。与政府机构或官员互动的实例包括拥有国有性质的客户和国有性质的客户的合作伙伴、与海关官员打交道以及获得许可证、签证或执照（如组建法人实体，经营业务，生产、进口、运输或交付某些货物和服务，建设生产设施或其他场所，拥有或经营车辆，雇用本地或外籍员工，或企业外籍员工在境内居住、工作，等等）。

当许可证、签证或执照至关重要且企业又没有其他选择时，贿赂、回扣或敲诈的风险在某些地方就会很常见。

政治支持

在一些国家，国家或地方政府官员可能要求企业在获得许可证或建筑项目获得批准后向政党提供"自愿"捐款。尽管根据当地法律，此类捐款不一定属于非法行为，但可以被解释为违反许多国家外国贿赂法规定的不当付款。

安全协议

在某些国家，企业可能需要为其员工配备国内安全措施，以应对在某些国家造成的安全风险。法律强制要求提供此类服务的地方警察机关或政府附属第三方安保公司可要求支付超过政府规定的正常费用的贿赂金额。如果私营第三方安保公司在代表企业行事时行为不道德或违反了反腐败法，则可能会使该实体面临风险。

社会项目

当政府官员向公司或承包商施压，要求他们协助当地的基础设施工程或社会项目，而这些工程或项目与某些政客、政党或其利益直接相关时，就可能出现其他情况。

慈善捐款和赞助

慈善捐款以及活动和会议的赞助也可能成为贿赂供资的风险。企业往往没有意识到这属于贿赂行为。如果对慈善机构的捐款实际上与腐败活动有关或作为秘密洗钱工具，就可能会使某一企业在某些国家面临违反腐败法的风险。赞助由政府机构或政府官员组织或参加的会议也可能使企业在某些国家面临违反腐败法的风险。

D.4 特定国家的腐败风险

当一家企业在多个地区经营时，其风险敞口可能会增大。一些国家的腐败水平已知或被认定为高于其他国家，因此风险敞口各不相同。

附录6中的表格展示了按国家分析腐败风险的若干来源。

通过附录中的来源，可以确定企业在全球范围内面临的腐败风险。如果企业在清廉指数得分较低的国家开展业务，则需要格外谨慎。通过映射企业运营的重要性（如在收入、员工或办事处设置方面）和清廉指数（或行贿指数〈BPI〉）得分，可以识别出最脆弱的运营环节。

假设企业的国家风险因素概要样本

假设企业的国家风险因素概要样本，如附表 D.1 所示。

附表 D.1 假设企业的国家风险因素概要样本

国家	清廉指数得分	收入（占总收入的百分比，%）	办事处数量	员工数量	整体风险敞口
A 国		3			低
B 国					低
C 国					低
D 国					低
E 国					低
F 国					中
G 国					中
H 国					极高
I 国					高
J 国		2			高

该表显示，该企业在不同国家经营，则面临不同的腐败风险。H 国的收入规模较小和清廉指数得分较低，导致腐败风险较高。J 国和 A 国对总收入的贡献均处于较低水平（分别为 2% 和 3%），但清廉指数得分具有显

著的差异:在腐败问题上,J国一直表现不佳。需要注意的是,该企业在J国既未设立办事处,也没有任何员工,可能是因为该企业在J国主要和代理或经销商合作。

行贿指数

自1999年以来,透明国际组织一直在根据世界上最富裕国家的公司向国外行贿的倾向对这些国家进行监测和排名,并研究哪些工业部门的行贿犯罪行为最为严重。基于发达国家和发展中国家数千名企业高级管理人员的观点,绘制出该行贿指数。在28个最富有的国家中,总部设在A国和C国的企业被认为行贿概率最低,而H国和I国企业的行贿概率最高。

D.5 行业风险

虽然一些腐败风险可能适用于许多或所有行业,但其他风险可能更具行业针对性。正如B节"反腐败风险评估"中所讨论的,由于企业开展业务的行业部门不同,腐败风险演变为实际腐败事件的可能性也存在巨大差异。

D.6 列入风险台账的项目

每个风险因素、风险内容和隐患都可以单独记录在风险台账中。附表D.2是风险台账中记录的一项有三个关联隐患的腐败风险示例。

附表 D.2 腐败风险示例

位置 / 地区：A 国 业务单位：单位 XYZ		
腐败风险因素	当地商业环境		
腐败风险	贿赂政府官员以获得、保留或影响不当的业务决策		
腐败隐患	①可能向海关官员支付不当款项，疏通与货物进口相关的手续或为非法货物进口清关	②可能向税务机关支付不当款项，确保减少或消除纳税义务	③可能向政府官员支付不当款项，获得意向地产或有利的租赁条件
概率			
潜在影响			
固有风险			
反腐败控制措施			
控制风险评级			
剩余风险评级			

E. 评估每个腐败隐患的发生概率和潜在影响

为了高效和有效地将资源分配给企业已识别的腐败风险和相关隐患，可以选择对每个隐患发生的概率以及发生后的相应潜在影响进行评级。这样做的目的是根据这些腐败风险发生的概率及其潜在影响的组合，以合乎逻辑的形式确定应对腐败风险的优先顺序。

对发生概率和潜在影响的评估存在一定的主观性，而评级将受到评估团队成员经验和背景的影响。有时，评估可能只反映了有意识或无意识的主导观点或某种程度的偏见，导致客观的第三方或反腐败专家不相信评估结果，随后可能需要进行干预并采取补救措施。客观的引导人可以帮助企业避免在评估中发生投入大量时间和精力而没有获得有效结果的情况。

E.1 发生概率评级

应当在不考虑企业现有控制措施的情况下评估每种已识别的腐败隐患

发生的概率。想象一下，一个企业由于缺乏充分的控制环境，导致出现大量机会可以落实腐败隐患。在这种背景下，落实腐败隐患的概率有多大？管理层应考虑一个人或一群人串通落实腐败隐患的概率。在此框架下，建议将概率评估表述为在未来 12 个月内事件发生的概率。必要时，应根据企业腐败风险管理目标的特点，对这一时间框架做出调整。

在估计每个腐败隐患发生的概率时要考虑一系列因素，具体如下。

①与腐败隐患相关的交易或流程的性质（如是否与政府官员有任何互动）。

②企业过去发生的腐败隐患事件。

③企业所在行业内的腐败隐患事件。

④落实腐败隐患的地区其当地的腐败文化和环境。

⑤与该腐败隐患相关的单笔交易数量。

⑥腐败隐患的复杂性以及落实腐败隐患所需的知识和技能水平。

⑦落实该隐患所需的人数。

⑧参与该隐患相关流程或交易的批准人或审查人数。

对于具有多个办事处或运营单位的企业，每个腐败隐患发生的概率可能因办事处或运营单位而异。例如，在某些国家，为顺利清关而贿赂政府官员的可能性较大，而在另一些国家，这种可能性较小。

E.2 腐败发生后的潜在影响评级

腐败隐患潜在影响的评估过程类似于概率评估过程。评估小组应评估每个特定腐败隐患的潜在影响程度。通常，潜在影响的考虑因素范围广泛，涵盖财务、法务、监管、运营和声誉损害。

在估计每个风险或隐患的潜在影响时要考虑一系列因素，具体如下。

①企业过去腐败隐患事件的影响。

②腐败隐患事件对其他企业的影响。

③潜在罚款或罚金金额。

④企业经营或扩张能力的监管限制所产生的机会成本。

⑤对运营的影响，如企业运输货物或获得许可证或其他所需批准的能力中断。

⑥对财务报表的潜在影响。

⑦对员工招聘和保留的影响。

⑧对保留客户和未来收入的影响。

对于具有多个办事处或运营单位的企业，每个腐败隐患的潜在影响可能因办事处或业务单位而异。例如，商业企业的一些运营单位可能向个人消费者出售从零售店购买的小价值商品，而另一个业务单位可能向包括政府在内的机构出售大部分或全部高价值商品。

E.3 评级方法

可以采取许多方法来评估和沟通每个腐败风险或隐患发生的概率或潜在影响。可以使用一个简单的定性量表将每个隐患发生的概率或潜在影响明确地分为（i）高、中或低，或（ii）极高、高、中、低和极低；或者可以使用量化量表，谨慎地对每个隐患进行打分。附录7和附录8中举例说明了三分制和五分制评分矩阵的情况。

特别是在对潜在影响进行评级时，一些企业倾向于将每个类别分别定义为一系列相应的潜在价值；其他企业可能会引用某一标准或指南中阐述的一套定义，通常是用于量化其他类型风险的标准或指南。

某些企业，特别是那些规模较大且能够为此分配适当资源的企业，可能更愿意在其评分矩阵中纳入更多标准。作为上述矩阵的替代方案，还有另一种方案可供选择，即纳入某些因素的定义，从而为评估评级结果的人员提供更多的因素结构。在对概率进行评级的过程中，可以纳入事件发生的概率百分比、隐患实际案例的现状以及隐患的复杂性；在对潜在影响进行评级时，可以纳入声誉影响、财务影响、监管影响、对客户的影响以及对员工的影响等因素。上述方法的示例参见附录9和附录10。

企业在确定总体评分时侧重权衡其中某些因素（见附录11），这一方法对于寻求更高级的评级方法的较大企业来说，可以作为一种附加选项。

E.4 计算固有风险

将每个腐败隐患的可能性和潜在影响评估结合起来，就可以评估固有的腐败风险。固有风险代表了在不考虑现有控制措施的情况下各隐患的整体风险水平。正是在这些领域，减轻风险的控制措施可能是缓解腐败隐患最重要的因素。

可以采取很多不同的方法来确定每个腐败隐患的固有风险。可以定性地将固有风险确定为发生概率和潜在影响的评估因素之一。例如，"高"概率和"低"潜在影响可能导致整体固有风险处于中等水平。用于确定固有风险的定性量表示例参见附录12。

当然，也可以使用量化量表。有关简单的量化量表示例，请参见附录7和附录8中的评分格式，其中每个已识别的腐败风险都有一个概率评分和潜在影响评分。这两个得分之和可用于计算固有的腐败风险评分。

腐败风险概率评分	A
＋腐败风险潜在影响评分	B
固有腐败风险评分	C

使用附录7和附录8中1~5分的量化量表，附录13通过示例展示了如何定量确定固有风险。

E.5 固有风险计算的参与方是谁

让合适的人对每个腐败隐患发生的概率和潜在影响进行评分是确保有效风险评估流程的关键之一。重点是只允许那些熟悉每个受隐患影响交易或流程的人员参与，包括流程主管部门。如果征求多人意见，可以取分数的平均值。让多人参与（每个人负责与其相关的领域）有助于减少个人偏见带来的影响，否则可能会扭曲评分结果。

反腐败风险评估主管部门或项目经理的作用之一是评估相关方指定的原始分数是否合理，并就质疑或重新评估任何存在问题的评级提出建议。作为整体反腐败风险评估政策和程序的一部分，最好事先确定评估评级结果（包括评估参与方是谁）以及质疑或提议重新评估评级结果的协议，有助于避免一个或多个个人不恰当地推翻最接近风险的人员的判断，试图产生一个只图方便而不求准确的结果。

E.6 固有风险的计算时机和方法

固有风险水平的确定流程既可以与上一节讨论的风险和隐患的识别流程同时进行，也可以作为一个单独步骤进行。无论是哪种情况，均应在确定所有风险和隐患后就固有风险的评级工作展开讨论，因此不会妨碍风险识别流程。

目前，有五种评估固有风险的组织方法：第一种方法是召开研讨会或小组会议。与会人员则为相关职能部门或负责对一组风险和隐患发生的概率和潜在影响进行初步评级的个人。在这些会议期间，可以要求与会人员匿名或公开对每个腐败隐患进行评级。可以通过讨论每个隐患获得一致同意的评级结果，或者通过让每个与会人员单独（公开或匿名）对每个隐患进行评级，然后计算每个隐患的小组平均得分。第二种方法是实施在线调查。要求参与者通过内部网或电子邮件对每个风险进行评级。对于这种方法，应指派专人协调调查并整理结果。第三种方法是由负责协调风险评估的人员和每个参与者会面，获得参与者的评级分数，然后计算每个隐患的固有风险平均分数。第四种方法是由风险评估负责人自行对风险评级进行初步评估，然后递呈相关流程主管部门和职能部门进行审查，并在必要时进行修订。第五种方法存在一个劣势，即所提供的初始分数可能会使参与者的回应产生偏差，进而导致结果只反映个人观点。

E.7 将固有风险评级计入风险台账

可以在风险台账中记录每个风险或隐患的总体指定概率、潜在影响和固有风险评级，具体如附表 E.1 所示。

附表 E.1　风险台账

位置 / 地区：A 国　业务单位：单位 XYZ		
腐败风险因素	当地商业环境		
腐败风险	贿赂政府官员以获得、保留或影响不当的业务决策		
腐败隐患	①可能向海关官员支付不当款项，为与货物进口相关的手续办理提供便利或为非法货物进口清关	②可能向税务机关支付不当款项，确保减少或消除纳税义务	③可能向政府官员支付不当款项，获得意向地产或有利的租赁条件
概率	中	中	中
潜在影响	高	高	高
固有风险	高	高	高

续表

	位置/地区：A 国 业务单位：单位 XYZ		
反腐败控制措施			
控制风险评级			
剩余风险评级			

F. 确认缓解行动、控制措施及流程

反腐败控制措施是独一无二的，因为它们远远超出了通常用于防止财务错误而设计的典型交易级控制措施。就本次讨论而言，企业制定或采取的所有风险缓减措施、活动、控制措施和流程均称为"反腐败风险缓减控制措施"。

由于控制措施应与不当行为发生的概率和潜在后果相匹配，所以非常重要的一点是，将控制措施和其他缓解活动映射到每个腐败活动或隐患中。一旦确定了每个已识别隐患的固有风险，风险评估就可以重新开始对现有的风险缓解控制措施和流程进行识别和分类。

对于许多大型跨国企业而言，该项工作通常涉及多个利益相关方，需要跨职能部门和跨国界。虽然一些控制措施作为整体控制环境的一部分在企业范围内运作，但许多其他控制措施则被嵌入由各个职能部门主管的（包括销售、采购和物流）或由与特定地理区域或业务分部相关联的运营单位管理层所主管的业务流程中。某些控制措施可能具有财务性质或由财务职能部门主管（如差旅费报告审批或供应商发票付款授权）；部分控制措施可能属于法律或合规领域（如合同语言和审核流程、举报热线），部分可能属于人力资源领域（如员工背景调查）或企业领导层（如高层基调）。因此，识别和分类控制措施，就像识别前文所述的腐败风险因素和隐患一样，可能涉及企业中的诸多相关人员。

对于中小型企业，通常可以将控制措施的识别工作集中到少数几个关键业务流程的主管部门。此类企业可能没有正式记录相关的计划和控制措施，因此需要确定了解这一领域现有控制措施的个人和职能部门。此外，由于资源限制，此类企业可能不存在职责划分以及正式的书面政策和程序等具体规范。作为本项工作的一部分，对于此类企业来说，更为重要的是要确定目前正在实践中或具有实际操作性质的缓解措施，即使这些措施没有记录，也并非"同类最佳"。如前所述，在中小型企业中，既定的风险容忍度水平是决定反腐败程序和控制措施的成本或收益以及是否需要额外投资的关键因素。

可以通过多种方式获得有关控制措施的信息。虽然审查控制和流程文档是关键步骤，但通常还会对那些能够帮助确定适当控制措施的利益相关方进行访谈以及有针对性的调查，以此作为补充。此外，在此步骤中，牵头开展反腐败风险评估工作的团队或个人，还可以与业务流程主管部门核实所确定的缓解控制措施和方案是否确实按照政策和流程运作。核实工作有时可以发现某些可能是书面政策的一部分但尚未落实的程序。

在制定要查看的文件清单、要访谈的人员清单以及要提出的具体问题时，了解可能存在的控制分类将有所助益。以下是最常见的控制措施分类。

①通用控制措施（实体级）与特定隐患（流程级）控制措施。

②预防性控制措施与侦查性控制措施。

F.1 通用（实体级）控制措施与特定隐患控制措施

在记录其控制措施时，企业应区分特定隐患控制措施和通用（实体级）反腐败控制措施。由于不同的隐患往往会有不同的缓解控制措施，因此在隐患层面而非仅着眼于风险层面确定控制措施非常重要。需要注意的是，一个隐患可以有多个缓解控制，而一个控制措施可以应对多个隐患。尽管将控制措施与最可能的腐败隐患保持紧密对应是一种实用的常识性方法，但经验表明，这种方法往往会导致风险评估趋向细化。为了避免出现"一叶蔽目，不见太山"的局面，应从大局出发，不应该忽略更为通用的控制措施，或者忽略对降低风险具有整体影响的因素。此类控制措施通常级别较高，可能不是针对某一特定隐患，甚至表面看起来可能与该隐患没有任何直接关系，但此类控制措施的存在仍然是降低总体风险的一个重要因素。因此，仅考虑特定隐患控制措施的反腐败风险评估流程是不健全的，且编制此类流程的详尽程度和耗时都远远超过那些首先侧重实体级控制措施并在必要时辅以特定隐患控制措施，以将风险降低至接受范围的流程。通用控制措施与特定隐患控制措施之间存在一定程度的重叠，某些通用控制措施也出现在某个特定隐患控制措施中，但通常需要进行变动或具备某一特性。为了确保从所有相关角度对这些控制措施进行评估，重要的是要意识到这属于两类控制措施。有关典型实体级反腐败控制措施的清单，请参见附录14。

特定隐患控制措施必然因特定隐患及其他因素而异，例如经营地区、产品或服务性质、客户类别及相关业务模式、员工组成及所涉及的其他第三方（如中介机构）的性质（如有）。有关特定隐患控制措施的示例，请参见附录14。

F.2 预防性控制措施与侦查性控制措施

在对风险缓解控制措施进行分类时，牢记这些控制措施的目的可能会有所帮助。一方面，并非所有不当行为都属于故意行为。部分行为是由于疏忽或缺乏认识导致的。在这种情况下，预防性控制措施（如明确的政策、培训和交流）在有效缓解风险中发挥着关键作用。另一方面，故意不当行为旨在逃避侦查。预防性控制措施对于防止某些潜在的贿赂行为意义重大且通常效果显著，特别是那些规模相对较小或由于缺乏认识而导致的贿赂行为，例如那些在没有明确腐败意图的情况下落入过度招待"灰色地带"的行为。然而，预防性控制措施可能不足以打击或阻止潜在的故意作案者；顾名思义，预防性控制措施通常无法起到侦查性控制的作用。

经验表明，强大的预防性控制体系包括强大的企业道德文化和合规环境，可能会在一定程度上打击故意作案者尝试腐败。然而，即使道德水平最高的企业偶尔也会出现"害群之马"试图规避该体系的情况。这时，企业就需要采取侦查性控制措施。侦查性控制措施的目的在于帮助侦查不正当行为，最好是在早期阶段。

理想情况下，侦查性控制措施和程序应包括作案者可能不知道或可能无法合理预期到的一些控制措施和程序。为了建立一个良好的腐败监测制度，需识别此类控制措施。识别此类控制措施需要一定程度的战略推理，以预测潜在作案者的行为。战略推理需要持怀疑态度，并提出以下三个问题。

①作案者如何利用控制系统中的弱点？

②作案者如何推翻或规避控制措施？

③作案者可以从哪些方面隐瞒……（腐败行为）？ [1]

大多数已识别的控制措施都可以标记为预防性控制措施或侦查性控制

---

[1] T.Jeffrey Wilks 和 M.F.Zimbelman，《利用博弈论和战略性推理来防止和发现舞弊》，会计新视野，第 18 卷第 3 期（2004 年 9 月）。引自《商业欺诈风险处理指导手册》（内部审计师协会等）。

措施,但部分可能兼具两种性质。从这一角度对控制措施进行分类,不仅有助于确定预防性控制措施或侦查性控制措施是否能更好地弥补任何潜在差距,还有助于根据实际或潜在的预期腐败不当行为的性质调整风险缓解战略和响应计划。有关预防性和侦查性反腐败控制措施的示例,请参见附录14。

与广大的员工群体(对于规模较大的企业)传达部分(但不是全部)侦查性控制措施的相关信息,以及传达有关执法或纪律处分的特定非公开信息,可以增强其威慑效果。理想情况下,侦查性控制措施和程序应当包括作案者可能不知道或可能无法合理预期到的一些控制和程序,从而提高其侦查腐败的效力。因此,为了将故意作案者规避控制的风险降至最低,仅企业内一小部分人(如内部审计)可以知晓某些侦查性控制措施。

中小型企业可能没有实施上述某些控制措施的资源。此类企业可以选择投资针对其高固有风险领域的预防性控制措施或侦查性控制措施。根据可用资源、潜在成本和风险级别,可具体问题具体分析来选择控制措施;在某些情况下,仅对腐败风险采取侦查性控制措施而不进行预防性控制可能更为实际,反之亦然。

F.3 反腐败控制映射框架

反腐败风险评估从业人员有多种框架可供选择,对控制措施和其他风险缓解工作进行分类和归类。以下是最常用的六个框架。

①经合组织《内控、道德与合规最佳实践指南》中提出的有效反腐败合规方案的十二要素。

②英国司法部《2010反贿赂法指南》中的六项原则。

③《美国联邦量刑指南》(FSG)颁布的七项"有效合规方案的标志"。

④美国司法部针对多项延缓起诉协议和不起诉协议,在《反海外腐败法》中规定了公司合规方案的十三个步骤。

⑤透明国际组织发布的《商业反贿赂守则》。

⑥联合国毒品和犯罪问题办公室《企业反贿赂、道德与合规方案:实用指南》。

在确定反腐败风险缓解控制措施和流程时,从通用控制措施开始,然后缩小到特定隐患可能会有所帮助。使用美国 FSG 标志框架,通用控制措施(实体级控制措施或控制措施体系)的清单包括以下七个。

①方案结构和资源。正式的反腐败合规方案,具有明确的结构、所有权、权限、活动计划和预算。

②方案监督。相关内部部门的汇报关系和方案监督。

③书面标准。行为准则和相关政策。

④尽职调查流程。员工背景调查和第三方初步尽职调查、职责划分、职能权利范围、合同审查和批准(供应商、客户)以及第三方合同中的合规条款。

⑤培训和交流。正式的培训计划、与员工定期沟通、向员工提供指导和资源,以及管理层的明确承诺(高层和中层基调)。

⑥监测和审计。举报制度(举报热线和其他渠道)、明确的不报复立场、礼品和娱乐性项目追踪、费用核准和报销程序、风险等级制度、第三方持续监测和审计制度、公司交易和支出审计、员工和供应商绩效评估、员工离职谈话、道德文化和合规评估或调查以及定期评估反腐败方案。

⑦实施。不当行为调查和案件管理程序、纪律性程序和沟通以及道德和合规激励。

虽然实体级控制措施最适合根据上述任一框架进行分类,但大多数特定隐患控制措施也可以相应地进行标记。

F.4 将缓解控制措施计入风险台账中

可以在风险台账中记录各风险或隐患的缓解控制措施,如附表 F.1 所示。

附表 F.1 缓解控制措施计入风险台账

位置 / 地区: A 国 业务单位: 单位 XYZ		
腐败风险因素	当地商业环境		
腐败风险	贿赂政府官员以获得、保留或影响不当的业务决策		
腐败隐患	①可能向海关官员支付不当款项,疏通与货物进口相关的手续或为非法货物进口清关	②可能向税务机关支付不当款项,确保减少或消除纳税义务	③可能向政府官员支付不当款项,获得意向地产或有利的租赁条件
概率	中	中	中
潜在影响	高	高	高
固有风险	高	高	高
反腐败控制措施	①全球反腐败政策和程序,包括向海关付款的具体内容②为特定地区和关键职能部门量身定制员工反腐败培训方案③全球举报热线④对特定地区 / 国家向海关人员支付的款项进行年度反腐败审计	①全球反腐败政策和程序,包括向税务机关付款的具体内容②为特定地区和关键职能部门量身定制员工反腐败培训方案③全球举报热线④对向税务机关支付的付款进行年度反腐败审计	①全球反腐败政策和程序,包括就财产租赁向政府官员付款的具体内容②为特定地区和关键职能部门量身定制员工反腐败培训方案③全球举报热线④对与政府官员的互动 / 交易进行年度反腐败审计,确保财产租赁合规
控制风险评级			
剩余风险评级			

现有的控制措施在完成识别、分类并适当标记和交叉引用后,风险评估流程则可进入下一阶段,即控制风险评级。

G. 缓解控制评级和流程

对企业的风险缓解控制进行评级有助于确定剩余风险。在开始控制评级之前，企业必须考虑预期的活动深度、所使用的标准、评级量表，以及可用的数据收集机制（如调查、访谈、文档评估等）。

可以通过多种方式对缓解控制措施进行评级并传达措施的有效性。可以使用简单的定性量表评判每组减轻风险的控制措施或方案，并将其分类为（i）有效／低风险、部分有效／中等风险、无效／低风险，或（ii）非常有效／风险较低、有效／低风险、部分有效／中等风险、稍微有效／高风险、无效／风险极高。还可以使用量化量表，通过评判对每个隐患进行打分。有关评级标准示例，请参见附录 15。

控制措施评估的最终结果通常以记分卡的形式表示，其中每个控制措施都显示有定性或数字"质量"分数和基本注释。企业可以使用任何被视为合理的评级量表，但三分制评级量表就足以解决问题。

控制措施评估标准因所涉控制措施、评估的预期深度水平以及反腐败风险评估人员的经验而大相径庭。虽然一些控制措施可能仅使用几个标准作为评级依据，但在复杂的深入评估中，每个主要控制措施拥有几十个不同评估标准的情况也实属正常。更高级别的评估可能按比例减少细节层次。

对于大型跨国企业在三个领域的全面评估（员工反腐败培训和交流，礼品、招待和娱乐性项目追踪，以及反腐败政策），附录16展示了一个非常详细的评级标准示例。

任何类型的评分都会引发准确性和客观性的问题。详细的、基于事实情况（而不仅仅是感知）的标准提升了评分结果的准确性和客观性。在评级过程中使用多种类型的信息来源，也有助于实现更高的准确性和客观性，以及验证一些数据和分数，特别是那些具有定性或主观性偏见的数据和分数。虽然控制措施风险评级通常依赖参与评级的个人的判断，但对于已经执行了反腐败控制措施的独立测试或审计的企业，测试或审计结果将对所分配的控制风险评级产生重大的影响（例如，如果测试结果显示控制措施正在有效运作，则评级结果通常为"有效"或"低控制风险"）。

流程主管部门经过定性考虑后谨慎地进行打分，这是进行评级的方法之一，也是大多数中小型企业都会使用的方法。然而，为了在流程中采用更多的结构，提高流程的客观性和准确性，可以使用更为全面的方法来确定控制风险评级的结果。以下展示了更全面的办法的来源，以及相关数据收集机制的示例。

G.1 内部文件审查和评估

许多控制评级是相关问题的一个良好开端和数据来源。对于某些控制措施，相关文档可能包括以下几个方面。

①表格和业务流程文档（如费用报表和批准流程、第三方尽职调查流程和相关表格）。

②书面标准。

③组织结构图。

④合同模板和样本。

⑤礼品和娱乐性项目跟踪工具文档。

⑥事前员工调查结果。

⑦举报统计和不当行为调查案卷。

⑧离职谈话记录。

⑨内部和外部审计报告。

G.2 现场访谈

在文档可能无法提供完整信息的情况下,现场访谈是获得更多、更详细定性见解的有效方法,通常用于补充和验证通过文档审查接收到的数据。当企业文档记录不足或难以获取或翻译信息时,访谈的作用将呈指数级提升。访谈对象通常是对适用领域的流程和控制措施有一定了解的关键业务流程主管部门。这些访谈可以与其他访谈相结合,确定流程第二步中的风险,也可以单独进行。

G.3 "合规与控制环境"调查

如果需要进行现场访谈的人数太多而无法处理或人员清单中有许多同类个体(如不同区域中相同的职能部门或角色),导致许多问题在一定程度上具有统一性,则采取有针对性的在线调查,至少可以有效代替部分现场访谈且是对大规模员工调查("文化和知识评估")和文档评估的良好补充。

此类调查通常是就反腐败方案的主要利益相关方、高级管理层和第三方进行"合规与控制环境"评估。此类调查是为相关目标受众量身定制的,通常包括多项选择和开放式问题。在调查过程中,通常询问受访者对特定控制措施、流程和风险缓解举措的意见,受访者可以选择匿名或公开发表。

虽然大型企业的大规模员工调查(文化和知识评估或专项反腐败员工

调查）可以轻松地对数千名甚至数万名受访者进行调查，但即使是针对大型企业的"合规与控制环境"调查也很少超过数百人，有针对性的受访者不足百人，而且大多都是高级别或担任重要职务的人员。

G.4 焦点小组和研讨会

焦点小组和研讨会是对控制或过程的特定议题或问题进行彻底检查的有效工具。这种数据收集方法一般是将给定市场或区域中的重大危险信号或风险敞口作为提示信息，通常由来自给定市场（如某个国家）中的单个职能部门（如销售）或跨职能部门 5~10 人的小受众"现场"进行。其他版本的数据收集方法是全球范围内的单个职能部门（通常为高管级别）进行数据收集，例如在全球合规内部会议或全球销售会议上收集数据。这些焦点小组和研讨会可与那些负责进行风险识别或固有风险评级的小组和研讨会相结合。

G.5 控制风险评级计算的参与方是谁

重要的是只允许那些熟悉被评级控制措施或流程的人员参与，包括流程主管部门。对于某些控制措施，可以征求多人意见；届时，可以取分数的平均值。

反腐败风险评估主管部门或项目经理的作用之一是评估相关方指定的原始分数是否合理，并就质疑或重新评估任何存在问题的评级提出建议。与计算固有风险时一样，由于同样担心得出的结果能否准确代表企业的真实情况，因此应提前确定用于估计和质疑评级的协议。

G.6 将控制风险评级计入风险台账

可以在风险台账中记录各风险或隐患的总体控制风险评级结果，如附表 G.1 所示。

附表 G.1 控制风险评级计入风险台账

位置/地区：A 国 业务单位：单位 XYZ		
腐败风险因素	当地商业环境		
腐败风险	贿赂政府官员以获得、保留或影响不当的业务决策		
腐败隐患	①可能向海关官员支付不当款项，疏通与货物进口相关的手续或为非法货物进口清关	②可能向税务机关支付不当款项，确保减少或消除纳税义务	③可能向政府官员支付不当款项，获得意向地产或有利的租赁条件
概率	中	中	中
潜在影响	高	高	高
固有风险	高	高	高
反腐败控制措施	①全球反腐败政策和程序，包括向海关付款的具体内容 ②为特定地区和关键职能部门量身定制员工反腐败培训方案 ③全球举报热线 ④对特定地区/国家向海关人员支付的款项进行年度反腐败审计	①全球反腐败政策和程序，包括向税务机关付款的具体内容 ②为特定地区和关键职能部门量身定制员工反腐败培训方案 ③全球举报热线 ④对向税务机关支付的付款进行年度反腐败审计	①全球反腐败政策和程序，包括就财产租赁向政府官员付款的具体内容 ②为特定地区和关键职能部门量身定制员工反腐败培训方案 ③全球举报热线 ④对与政府官员的互动/交易进行年度反腐败审计，确保财产租赁合规
控制风险评级	有效	有效	有效
剩余风险评级			

H. 计算剩余风险

1	2	3	4	5	6
建立流程	识别风险	固有风险评级	确定缓解控制措施并进行评级	计算剩余风险	制订行动计划

对降低每个腐败隐患风险的内部控制措施进行评级后，下一步是确定剩余风险水平。剩余风险是指在考虑控制措施的风险降低影响后剩余的风险程度。剩余风险是导致出现固有风险和控制风险的一个因素。

尽管反腐败方案及其内部控制措施旨在降低腐败隐患发生的风险，但仍有可能发生此类隐患。因此，每项腐败隐患通常都伴随着一定程度的剩余风险。理论上，某一特定腐败隐患可能存在零剩余风险，但通常只有在该隐患与企业业务无关的情况下才会出现这种情况，前提是该企业并未在某一特定国家、某一特定行业或以某一特定方式开展业务等。内部控制对腐败隐患风险的减轻程度，主要取决于控制的设计、实施和运作如何有效降低该特定腐败隐患的风险。为减轻由一个或多个腐败隐患产生的风险而精心设计且已适当实施并在实践中有效运作的控制措施，可以极大地降低特定腐败隐患产生的风险。

如何选择方法来确定每个腐败隐患的剩余风险,取决于确定固有风险和控制评级所用的方法。如果固有风险和控制风险评级采用了定性量表(如"高、中、低"),则可以利用类似量表开展剩余风险评级工作。一方面,如果一项隐患的评级结果显示,其固有风险较高且并未识别出任何有效控制措施来减轻该隐患所产生的风险,则控制风险评级结果应为"高",而剩余风险也应为"高"。另一方面,如果需要确定强有力的控制措施来减轻"高"固有风险的隐患,则控制风险为"低",而剩余风险可能厘定为"低"。附录17中的表格为此类定性量表的示例。

如果使用量化量表来确定固有风险及控制风险评级的结果,则剩余风险的计算公式为:固有风险 + 控制风险或固有风险 × 控制风险。需要指定评分范围,确定剩余风险水平是低、中还是高。

通过剩余风险评级,可以评估管理层可能存在最大腐败风险的地方。如果剩余风险评级较高,则意味着评级较高的固有腐败风险无法通过控制措施得到实质性缓解,从而留下可能严重影响企业的剩余风险。如果剩余风险评级为中度,则意味着腐败隐患存在固有的高风险并通过控制措施得到部分减轻,或存在固有的中度风险且通过控制措施并未得到实质性缓解或根本没有得到任何缓解。如果剩余风险评级为低,则意味着腐败隐患固有的风险评级较低或通过控制措施得到实质性缓解。

出于资源或成本方面的考虑,某些企业可能选择不将剩余风险的计算明确纳入其反腐败风险评估流程中。虽然不是最优方法,但是只能在确定固有风险存在并确定减轻风险的控制措施的情况下进行反腐败风险评估。然而,由于管理层仍需考虑其是否认为腐败风险已得到充分缓解,导致其可能仍将对剩余风险水平做出隐含判断。剩余风险的明确评估更为透明,并提供了一个工作工具,这极大地促进了管理层与其他利益相关方(如治理层)之间就企业面临的腐败风险公开坦诚地进行讨论。

可以在风险台账中记录各风险或隐患的剩余风险，如附表 H.1 所示。

附表 H.1　剩余风险计入风险台账

位置 / 地区：A 国 业务单位：单位 XYZ		
腐败风险因素	当地商业环境		
腐败风险	贿赂政府官员以获得、保留或影响不当的业务决策		
腐败隐患	①可能向海关官员支付不当款项，疏通与货物进口相关的手续办理或为非法货物进口清关	②可能向税务机关支付不当款项，确保减少或消除纳税义务	③可能向政府官员支付不当款项，获得意向地产或有利的租赁条件
概率	中	中	中
潜在影响	高	高	高
固有风险	高	高	高
反腐败控制措施	①全球反腐败政策和程序，包括向海关付款的具体内容 ②为特定地区和关键职能部门量身定制员工反腐败培训方案 ③全球举报热线 ④对特定地区 / 国家向海关人员支付的款项进行年度反腐败审计	①全球反腐败政策和程序，包括向税务机关付款的具体内容 ②为特定地区和关键职能部门量身定制员工反腐败培训方案 ③全球举报热线 ④对向税务机关支付的付款进行年度反腐败审计	①全球反腐败政策和程序，包括就财产租赁向政府官员付款的具体内容 ②为特定地区和关键职能部门量身定制员工反腐败培训方案 ③全球举报热线 ④对与政府官员的互动 / 交易进行年度反腐败审计，确保财产租赁合规
控制风险评级	有效	有效	有效
剩余风险评级	低	低	低

I. 腐败风险响应计划

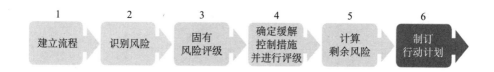

I.1 剩余风险与风险容忍度对比分析

企业可以评估每个腐败隐患的剩余风险，从而确定是否需要应对腐败风险，如果需要，则确定该隐患的预期要素。企业的风险容忍度或风险接纳水平（因企业而异）是响应计划的关键性决定因素，并因企业而异。

如果剩余风险在管理层设定的并经治理层批准的风险容忍度范围内，则此类腐败隐患均不需要进一步降低风险。如果管理层认为成本效益可以成为一个优势，则可以但必须实施额外的风险缓解措施。

如果剩余风险超出管理层设定的并经治理层批准的风险容忍度范围，则需要采取行动降低此类腐败隐患的风险，直至其风险处于风险容忍度的范围内。对于这些项目，需要制订腐败风险响应计划。

I.2 超出风险容忍度的剩余风险潜在应对措施

从历史上看，残余腐败风险最常见的应对措施是加强内部控制，从而加大腐败风险的缓解力度。龙头企业应考虑采取更广泛的潜在行动来应对残余腐败风险，主要包括以下几个方面。

①考虑到无法充分可靠地降低风险，因此需要变更经营范围，例如避免或停止在某些地区、行业领域或市场开展业务。

②改变业务流程或方法，减少或消除风险领域，例如从销售货物的"到岸价"模式（成本、保险加运费）转变为"工厂交货"模式，这意味着买方将在卖方的营业地获得货物的所有权，并负责承担运输成本以及国际运输的清关工作。这一转变可以消除卖方为在目的港清关而贿赂外国政府官员的风险。

③通过合同条款将风险转移给第三方。

④加强特定的反腐败控制。

⑤向治理层建议提高企业的风险容忍度，确保在业务条件和威胁强制执行能够合理证明变更是合理的情况下，消除采取进一步行动的需要。

I.3 腐败风险响应计划

应当指出的是，并非所有企业都有相同的资源和资金可供支配，然后以同等水平投资反腐败合规方案。一些企业可能只想针对它们认为最重要的风险领域实施反腐败合规方案和控制措施，而另一些企业可能想更多地侧重于保持"同类最佳"或最强有力的反腐败合规方案。虽然应根据企业的风险容忍度和资源制约因素来评估是否需要做出响应，但这两者因企业而异，因此我们经常可以观察到一些方法。

①剩余风险为"高"的腐败隐患通常超出了企业对剩余风险的容忍度，但由于此评级代表的是可能对企业构成严重或潜在灾难性威胁的风险级别，

因此该腐败隐患可能被指定予以特别关注。

②剩余风险为"中"的隐患可能会也可能不会超过企业对剩余风险的容忍度,因此可能需要也可能不需要采取行动。有鉴于此,管理层可以分析固有风险评级和控制风险评级,从而评估风险来源,并在确定是否采取进一步行动时考虑采取额外风险缓解措施的可行性。

③对于剩余风险为"低"的腐败隐患,企业通常不会进一步采取措施。

作为风险容忍度战略的一部分,一些企业可能选择对"高"剩余风险领域采取应对措施,而决定对"中"或"低"剩余风险领域不采取任何行动。其他企业可能会确定行动的优先次序,其中处理"高"剩余风险领域具有最高优先级,其次是"中"和"低"剩余风险领域。届时,可以根据可用时间、资源以及管理层的判断采取各项行动。

对于中小型企业而言,腐败风险响应计划是一个重要的工具,可以确定是否需要投入资源来减轻腐败风险。如果需要,则可以确定在哪些领域分配资源。这类企业可以利用这一响应计划,根据风险确定它们需要执行或加强哪些反腐败方案要素(如专门政策、培训、监测等)。中小型企业通常没有足够的风险敞口来保证在每一个反腐败方案要素中采取强有力的政策和控制措施,反腐败风险评估的结果对于此类企业来说可能是一个宝贵的工具,可以协助它们确定希望实施或加强哪些方案要素(如有)。

附录18举例说明了确定腐败风险响应计划的方法。

I.4 腐败风险响应计划

关于拟纳入腐败风险响应计划的项目应听取整个企业的意见,包括负责实施行动项目的职能部门和个人的意见,以及受潜在行动项目影响的职能部门和个人的意见。由于每个企业都可以实施无穷无尽的内部控制,因此腐败风险响应计划必须务实,而且具有选择性。一个良好的腐败风险响应计划应具有选择性和针对性,其基础是一种结构合理、切实可行的方法，能够有效地将剩余风险减少到企业的风险容忍度范围内。风险响应计划起草完成后，通常由负责反腐败风险评估的管理层批准，并由治理层进行监督。

响应计划的特征可能包括以下四个。

①每个行动项目的说明；

②每个行动项目的实施职责；

③实施时间表。虽然每个项目通常在 12 个月内解决（部分项目将快速解决），但也可能出现企业选择在第一年实施某些腐败风险响应计划项目，随后根据优先顺序完成其余项目的情况。对于中长期计划安排，可以将选定的里程碑纳入腐败风险响应计划。

④估计处理每个行动项目所需的资源，如人数、小时数和预算。

最好由一人负责协调实施腐败风险响应计划，并向管理层（可能需要）和治理层进行汇报。管理层应定期监测实施情况；此外，管理层应进行必要或适当的修订，并由治理层批准。

I.5 领导认同

高级管理人员、董事会、审计委员会或其他治理层的认同通常是成功实施腐败风险响应计划的一个关键因素。由于某些职能部门或个人可能无法对响应计划中的项目给予必要的重视和关注，因此如果没有高层的支持，响应计划的执行就可能会停滞不前。

此外，反腐败风险评估的主管部门最好向所涉各利益相关方阐明，为什么执行响应计划中的步骤可能对他们个人和整个群体都有利。一种策略是，将完成响应计划项目的进度与个人和职能部门的目标和绩效评估挂钩；另一项战略是，让各利益相关方尽早地参与反腐败风险评估流程，而不是等到需要实施响应计划时才参与进来。

J. 总结和报告反腐败风险评估结果

J.1 热力图

反腐败风险评估通常使用详细的电子数据表或风险台账等数据库模板进行记录。这些便于记录且与许多风险相关的信息，输出可能是庞大的、非常详细的而且是小规模的，所有这些因素都可能导致此类报告无法有效地向管理层和治理层传达汇总结果。因此，需要一种更简单的方法来总结一份数据中最重要的信息，并能够以一种快速而容易理解的方式进行传达。

热力图可以有效地总结反腐败风险评估的结果，并以有效的方式将结果呈现给管理层和治理层。腐败风险热力图显示了由企业识别的腐败风险，这些风险根据其概率和潜在影响放置于多种颜色的背景中，而这些颜色代表着不同的总体风险水平。简单的热力图通常只有红色、黄色或绿色部分，分别表示高风险、中风险和低风险。较为复杂的热力图使用每种颜色的多种色调来显示总体风险分值的细微变化。这一方法或许能更好地显示个人风险得分的变化，但更简单的热力图可能更快、更容易地让高级管理人员理解。高级管理人员花费更少的时间去了解数据，从而可以将更多的时间放在对关键风险问题的深入讨论上。简单的热力图背景，如附图J.1 所示。

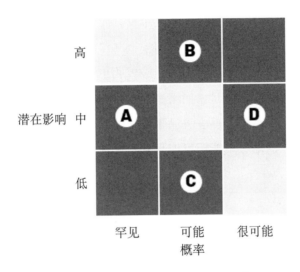

A：税务机关受贿　　　　　　　　B：通过贿赂获得零售许可

C：供应商围标　　　　　　　　　D：销售订单回扣

附图 J.1　简单的热力图背景

热力图既可用于展示整合后的企业级概况，也可按办事处、业务单位或职能部门展示相应概况。

附图 J.1 显示了添加单个腐败风险之前的简单热力图背景示例。

为了从大量数据中编制简单的热力图，企业可以对特定的腐败隐患进行分组，针对固有风险和控制风险建立一个宽泛的类别分数或评级标准。例如，一个腐败风险区域可以具有与其相关联的若干隐患，并且每个隐患可以具有不同的固有风险和控制风险定量得分。为了对固有风险和控制风险分别得出一个量化分数，企业可以取该风险所有方案的固有风险和剩余风险分数的平均值。对于定性量表,企业可以被评级为高、中或低风险方案的计数,谨慎地为具有不同固有风险和控制风险评级的若干隐患的风险分配总体固有风险和控制风险评级。

在另一个更全面的视图中,一个轴表示固有风险评级,而另一个轴表示控制风险评级。每个风险或隐患将根据其固有风险和控制风险评级或得分来绘制。此视图允许企业查看如何根据其缓解控制措施的有效性对每个固有风险进行评级。在前文讨论的传统模式下,管理层往往偏向于减轻高影响、高概率的事件;但是,如果一个风险与企业相关且影响极大,那么无论发生的概率有多大,都应予以解决。因此,有助于凸显高级管理层和治理层应该关注的不太可能但可能具有破坏性的风险(所谓的"黑天鹅事件")。附图 J.2 为一张热力图。

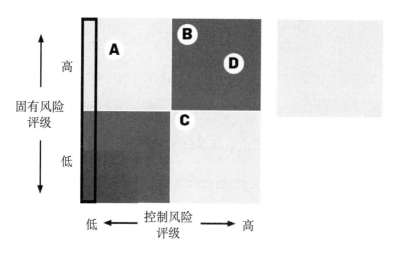

A:税务机关受贿   B:通过贿赂获得零售许可

C:供应商围标   D:销售订单回扣

附图 J.2　热力图

与风险评估流程的所有其他方面一样，如果在绘制热力图时与不同职能部门、办事处和业务单位的不同管理层和相关利益相关方进行了协商（如适用），则热力图的选择和设计也会更有效。另一个重要的考虑因素是，企业所面临的风险会随着时间的推移而发生变化，因此定期更新热力图，了解当时最相关的问题非常重要。

J.2 编制汇总报告

为了进行最终评估，反腐败风险评估流程涉及不同参与度的各种利益相关方。同样，最终评估的用户在控制风险高或低、高固有风险情况下的利益和需求也不同。虽然一些人员可能对评估的细节非常感兴趣，但高级管理人员和治理层可能会从摘要报告中受益。该摘要将简明扼要地列出所遵循的程序、确定的关键风险、关键的缓解控制措施、确定的控制差距，以及计划采取哪些应对措施以优先处理剩余风险。本汇总报告为独立文件，但也可以帮助读者在其他文档中找到更详细的信息。

为了实现这些目标，建议本汇总报告的内容包括以下各项。

①执行摘要。

②宗旨和目标声明。

③评估范围和风险容忍度概要。

④方法和工作流程摘要。

⑤利益相关方和参与方汇总清单。

⑥已确定的关键腐败风险领域。

⑦关键缓解控制措施。

⑧已确定的控制缺口。

⑨响应计划。

⑩致谢（感谢参与方、顾问和其他贡献方）。

⑪附录。

执行摘要篇幅为 1~2 页,可包括关键风险领域、关键控制措施以及响应计划中的关键项目。此外,还可考虑包括关键统计数据(如高固有风险、中固有风险、低固有风险和剩余风险的总百分比)、总体观察结果、评估涵盖的办事处和业务单位。

可以考虑包括从详细反腐败风险评估中提取的汇总图表和图形(如热力图)包括以下内容。

①最高固有风险领域。

②最高剩余风险领域。

③具有低剩余风险的高固有风险领域。

④缓解高固有风险领域的控制措施概要。

⑤按流程、业务单位或办事处说明的结果。

⑥重要性与可能性对比图。

⑦固有风险与控制风险评级对比图。

⑧固有风险与剩余风险评级对比图。

有关反腐败总结报告示例内容,请参见附录 19。

附录指数

编号	主题
附录 1	英国司法部《反贿赂法指南》
附录 2	敏感国家分析工具示例
附录 3	反腐败风险评估访谈和调查主题示例
附录 4	腐败危险信号
附录 5	RESIST 方法：场景
附录 6	按国家分列分析腐败风险来源
附录 7	概率评分矩阵示例
附录 8	潜在影响评分矩阵示例
附录 9	多因素概率评分矩阵示例
附录 10	多因素潜在影响评分矩阵示例
附录 11	基于加权平均的潜在影响和概率评级方法示例
附录 12	确定固有风险的定性量表示例
附录 13	评估固有风险的定量方法示例

续表

编号	主题
附录 14	反腐败控制措施示例
附录 15	控制评级的评分矩阵示例
附录 16	控制评级的详细评级标准示例
附录 17	确定剩余风险的定性量表示例
附录 18	确定腐败风险响应计划的方法示例
附录 19	反腐败风险评估总结报告样本

附录 1 英国司法部《反贿赂法指南》

原则三：风险评估

商业组织应评估其面临的本组织关联人士代表该组织进行贿赂的潜在外部和内部风险的性质和程度。应定期进行评估，通报评估情况并记录在案。

（1）评注

对于许多商业组织而言，本项原则可纳入针对业务目标的更为通用的风险评估中。对其他商业组织来说，本项原则的应用可能会产生更为具体的独立贿赂风险评估。本项原则旨在促进采用与组织的规模和结构及其活动的性质、规模和办事处相匹配的风险评估程序。无论采取何种方法，对一个组织面临的贿赂风险了解得越充分，其防止贿赂的工作效果可能就越好。

风险评估的某些方面所涉及的程序属于"尽职调查"这一术语普遍接受的含义范围，尽职调查作为减轻风险工具的作用在原则 4 下单独讨论。

（2）程序

无论商业组织的规模、活动、客户或市场如何，使商业组织能够准确识别其面临的风险并确定优先级的风险评估程序通常会反映一些基本特征。具体包括以下内容。

①最高管理层对风险评估的监督。

②适当的资源配置。这一点应反映组织的业务规模以及对识别所有相关风险并确定其优先级的需求。

③识别能够评估和审查风险的内部和外部信息来源。

④尽职调查询问（见原则4）。

⑤准确适当地记录风险评估及其结论。

随着商业组织业务的发展，更容易受到贿赂风险的影响，因此需要加大其风险评估的力度。例如，对于以前没有开展过业务的地区，如果商业组织打入这样的一个新市场，那么原先适用于商业组织国内业务的风险评估可能不适用于新市场的情况（关于这一点，参见原则6）。

（3）常见风险

常见的外部风险可以分为五大类：国家风险、行业风险、交易风险、商业机会风险和商业伙伴关系风险。

①国家风险。表现为明显的高度腐败、缺乏有效实施的反贿赂立法，以及外国政府、媒体、当地商界和民间社会未能有效推进透明的采购和投资政策。

②行业风险。某些行业的风险高于其他行业。风险较高的行业包括采掘垦殖工业和大规模基础设施行业。

③交易风险。某些类型的交易会产生较高的风险，例如慈善捐款或政治捐款、许可证和执照以及与政府采购相关的交易。

④商业机会风险。该风险可能出现在高价值项目，或与诸多承包商或中介机构的项目，或显然不是按市场价格进行的项目，或没有明确合法目标的项目有关。

⑤商业伙伴关系风险。某些关系可能涉及较高的风险，例如，在与外国公职人员的交易中使用中介机构、联营集团或合资伙伴，以及与政治公众人物的关系，而拟建商业关系涉及知名公职人员，或与其有关。

外部贿赂风险评估旨在帮助决定如何通过相关运营或业务关系的管理程序来降低这些风险，但贿赂风险评估还应审查内部结构或程序本身可能增加风险的程度。常见的内部因素可能包括以下几个。

①员工培训、技能与知识不足。

②奖励过度冒险的奖金文化。

③组织关于招待和宣传支出以及政治或慈善捐款的政策和程序不明确。

④缺乏明确的财务控制。

⑤最高管理层缺乏明确的反贿赂信息。

附录 2　敏感国家分析工具示例

下表显示了按国家分列的收入细目。此外，还给出了代理商或经销商完成的总销售额，以及向政府或国有企业销售的百分比。

国家	清廉指数得分	总收入（1000美元）	通过代理商/分销商完成的销售额百分比（%）	向政府或国有企业销售的百分比（%）	向第三方提供的合规培训	腐败案例历史（企业、国家、行业）
A国					否	否
B国					否	否
C国					否	否
D国					否	是
E国					否	否

续表

国家	清廉指数得分	总收入（1000美元）	通过代理商/分销商完成的销售额百分比（%）	向政府或国有企业销售的百分比（%）	向第三方提供的合规培训	腐败案例历史（企业、国家、行业）
F国					是	是
G国					否	是
H国					是	是
I国					否	是
J国					是	是

按国家评估腐败风险的总体敞口时，I国的风险高于其他国家：在总销售额方面，90%是通过代理销售的，80%的客户是政府或国有企业。鉴于在腐败问题上，J国一直表现不佳（清廉指数得分为24，且有腐败案例的历史），可考虑进行额外分析。下表更详细地探讨了按代理划分的销售情况。

国家（俄罗斯）	前5名代理/经销商（按收入排名）	按代理/经销商分列的总销售额（1000美元）	占向政府客户销售总额的百分比(%)	支付给代理/经销商的总费用（1000美元）	是否对第三方代理/经销商进行了筛选	向第三方提供的合规培训	整体风险（高/中/低）
	名称A				否	否	高
	名称B				否	否	中
	名称C				是	否	低
	名称D				是	否	高
	名称E				是	否	低

解释：代理商A和D是I国企业最重要的代理商，大部分销售涉及政府或国有企业，与其他代理商相比，收取的佣金也很高。该企业每年向代理商A支付30万美元，主要向政府官员进行销售，但没有进行背景调查或提供合规培训。

附录3　反腐败风险评估访谈和调查主题示例

（1）引言和背景

本部分访谈将主要是介绍参与方、讨论评估的目的以及回答有关评估的任何先决问题。

（2）国家/运营单位的腐败风险

①讨论企业/运营单位因客户的地理位置或感知腐败而面临的任何挑战，包括潜在腐败的指控。

②企业是否有任何政府客户？如果有，那么这些政府客户占总销售额的百分比是多少？

③是否有任何国家、政府客户或商业客户，因为国家、政府、客户认为存在腐败而给企业带来更高的风险？

（3）与政府官员和实体的互动

①了解企业与之交互的各种政府机构。

②考虑对政府官员或商业客户的实际或潜在不当付款（即保证金、海关疏通费）。

③讨论向政府客户、政府官员或其家庭成员（如有）提供礼品、用餐、娱乐性项目、差旅或任何其他补偿的类型。

④了解获得政府批准、执照和许可证所面临的挑战。

⑤是否支付过疏通费（或贿金）？

（4）使用第三方代理

①如果在业务过程中使用第三方代理，则应讨论第三方代理的角色、

职责、合同条款和支付机制。

②讨论通过第三方向政府官员或商业客户实际或可能支付的腐败款项。

（5）员工

①讨论受访者的职业路径，包括在政府机构或政治组织中担任过的职位（如有）。

②考虑向员工提供的培训是否充分。

③讨论员工的角色以及与其他员工的互动，了解职责划分并防止为不当支付提供便利。

（6）供应链

①讨论企业的整体供应链战略，包括采购、物流等。

②询问受访者是否了解存在任何旨在审查和跟踪高腐败风险合同和承包商的方案或机制。

③询问有关评估供应商声誉和诚信的政策和实践。

④讨论供应商交易跟踪和分类系统是否充分。

（7）慈善捐款和政治用途捐款

讨论任何慈善捐款和政治用途捐款（如有）。

（8）少数股权和多数股权、合资企业（JV）和并购

讨论在投资成立合资企业时执行的尽职调查程序。

（9）其他

①讨论受访者是否了解存在任何不当付款或关于可能违反反腐败法的指控。

②考虑可能要求受访者履行被视为不道德或违反企业反腐败守则的职能情况。

③围绕是否在第三方合同中纳入反贿赂的规定，讨论相关政策和实践。

④最后，让受访者有机会分享以前没有讨论过的问题且应该争取允许采取后续行动。

注意:通常会根据受访者或调查参与者的职能和领域以及企业所属行业和风险状况,讨论其他量身打造的议题。

附录4　腐败危险信号

腐败的危险信息体现在以下方面。

①在有腐败历史的国家开展业务。

②过度依赖第三方代理。

③对代理的异常支付条款。

④大额或大量现金付款。

⑤"提前支付"或预付款。

⑥请求向代理商或供应商以外的其他人付款。

⑦向编号账户或"避风港"或其他离岸银行支付的款项。

⑧国外大额慈善捐款。

⑨代理商与外国政府之间的关联。

⑩礼品——铺张浪费、保密、不准确的记录。

⑪向公司以前没有业务往来的国家或供应商支付款项。

附录5　RESIST方法:场景

1	在某一轮投标中,任务大纲(包括技术规格)偏向某一供应商或排除潜在的竞争对手
2	在预投标或投标阶段,中介在支付输家费用后向公司提供中标机会
3	在预投标或投标阶段索贿,获取机密信息
4	"回扣"情形:客户或中介会向销售代表提供隐藏报酬

5	所在国可能会强制要求或已经强制要求与指定的当地公司建立伙伴关系，这一做法可能会带来较高的腐败风险
6	客户在紧要关头要求支付"成交费"，完成一笔现在想放弃却为时已晚的交易
7	一家投诉采购过程不公平的公司受到虚假刑事起诉的威胁，将面临巨额罚款
8	一家地方政府机构要求对设备的技术批准收取费用
9	新聘员工除非支付就业附加费，否则无法获得工作许可证
10	一名当地警察要求支付一笔款项后，才能允许一名外籍工人通过一国的内部国界入境
11	国家电力公司的一名员工要求收取现金才能接入电网
12	等待已久的关键设备滞留在海关进行清关，只有支付一笔"特别"费用后，才能确保其迅速放行
13	易腐货物被海关扣留，只有在支付现金后才会放行
14	税务稽查员要求提供"回扣"，才能准予免税或接受税务争议的解决方案
15	工会领导人要求在允许公会成员卸船之前应向雇员福利基金支付款项
16	一位客户拜访你的公司总部时，要求你的公司安排在一家大医院进行体检并支付相关费用
17	一名政府官员要求免费提供产品样本供私人使用
18	一名政府代表要求赞助一项与高级政府官员私人利益相关的活动
19	在向金融产品提供商介绍客户时，除了规定佣金和费用外，金融服务中介机构还要求其他的奖励措施
20	供应商向合同经理行贿，以忽略"不合格"或劣质商品或服务
21	客户代表要求支付一笔先前未达成一致的费用，作为合同变更的条件
22	收取一定的费用后，一位"商业人士"主动提出帮助客户恢复无故中止的进度付款

附录6　按国家分列分析腐败风险来源

来源	发布机构	说明	网页链接
《清廉指数》	透明国际组织	一项年度调查，根据专家评估和民意调查确定的公共腐败程度，对近200个国家进行排名	www.transparency.org
《行贿指数》	透明国际组织	评估腐败的供给侧，即世界工业化国家的公司向国外行贿的可能性	www.transparency.org
《全球腐败舆情表》	透明国际组织	通过调查，评估不同国家公众对腐败的态度和经验	www.transparency.org
国家廉政体系（NIS）调查	透明国际组织	通过全面分析一个国家反腐败的规定和能力，呈现国家廉政体系评估的结果，包括对反腐败改革关键领域的建议	www.transparency.org
《公司报告调查》	透明国际组织	2009年和2012年公布公司报告和反腐败透明度调查，以及《促进收入透明度：2011年油气公司促进收入透明报告》	www.transparency.org
《治理指数》	世界银行	报告了1996年至2010年213个经济体的总体和单个治理指数，涉及六个治理层面，其中就包括控制腐败	http://info.world-bank.org/governance/wgi/index.asp
国家概况	联合国毒品和犯罪问题办事处	为各国提供审查报告、法律和政务信息	http://www.unodc.org/unodc/en/treaties/CAC/countryprofile/index.html
跟踪	联合国毒品和犯罪问题办事处	"反腐败知识工具与资源"中央平台	www.track.unodc.org

附录 7　概率评分矩阵示例

已识别的腐败隐患三分制评分矩阵	评分
腐败活动发生的可能性很小	
腐败活动发生的可能性适中	
腐败活动发生的可能性很高	
已识别的腐败隐患五分制评分矩阵	评分
腐败活动发生的可能性最小	
腐败活动发生的可能性很小	
腐败活动发生的可能性适中	
腐败活动发生的可能性相当大	
腐败活动发生的可能性非常大	

附录 8　潜在影响评分矩阵示例

已识别的腐败隐患潜在影响三分制评分矩阵示例	
腐败隐患潜在影响叙述性分类	评分
无重大影响	
中度影响	
重大影响	
已识别的腐败隐患潜在影响五分制评分矩阵示例	评分
无重大影响	
较小影响	
中度影响	
重大影响	
灾难性影响	

附录9　多因素概率评分矩阵示例

概率	定量	隐患实际案例的现状	复杂性
腐败活动发生的可能性极低	概率：<10%	事故的根本原因已得到补救（减少了重复发生的可能性）	没有适当的控制措施，很难实施
腐败活动发生的可能性很小	概率：10%~25%	事件的根本原因正在补救中	没有适当的控制措施，难以实施
腐败活动发生的可能性适中	概率：26%~50%	事件已得到控制	没有适当的控制措施，实施起来复杂程度适中
腐败活动发生的可能性相当大	概率：51%~75%	事件正在控制中	没有适当的控制措施也容易实施
腐败活动发生的可能性非常大	概率：> 75%	事件已经上报，目前正在调查中	没有适当的控制措施也很容易实施

附录10　多因素潜在影响评分矩阵示例

潜在影响	声誉	财务	法务/合规	利益相关方/客户	利益相关方/员工
无重大影响	本地媒体关注度极低，可迅速遏制，在短期内可恢复	财务影响小于所选预算项目（如收入或收益）的5%	发出违规/警告通知，要求采取行政诉讼和最低处罚	客户投诉最少，恢复成本最低	对 ___ 部门招聘和留住员工的能力影响不大
较小影响	当地市场对 ___ 部门品牌和声誉的影响	财务影响在所选预算项目（如收入或收益）的5%~10%	常规的监管机构诉讼，可能会面临中等程度的罚款和处罚，也可能会进行监管程序或听证	客户关系的轻微恶化，需要一些恢复成本	对 ___ 部门招聘和留住员工的能力有一定的影响

续表

潜在影响	声誉	财务	法务 / 合规	利益相关方 / 客户	利益相关方 / 员工
中度影响	本地新闻持续报道，客户影响不断升级	财务影响在所选预算项目（如收入或收益）的10%~20%	常规诉讼，面临巨额罚款或处罚，进行监管程序或听证	客户关系的受损或恶化，恢复成本适中	对 ___ 部门招聘和留住优秀员工的能力有重大影响
重大影响	全国性或区域性持续新闻报道，对公众形象造成长期损害	财务影响在所选预算项目（如收入或收益）的20%~30%	可能需要监管机构进行重大审查、调查，面临巨额罚款和处罚，其中可能包括一些刑事控告，需要进行监管程序或听证	关键客户关系紧张，恢复成本高，对未来增长构成威胁	对 ___ 部门招聘优秀员工的能力有重大影响
灾难性影响	全球媒体报道	财务影响大于所选预算项目（如收入或收益）的30%	重大审查、调查，面临巨额罚款和处罚，包括刑事指控和禁令，可能还会采取监管行动	主要客户关系流失，严重威胁未来增长	对 ___ 部门招聘和留住优秀员工的能力有持续性影响

附录 11　基于加权平均的潜在影响和概率评级方法示例

根据风险或隐患对声誉、财务、法律 / 合规、客户和员工的影响，按 1~5 分确定每项风险或隐患的潜在影响评级，然后将五项得分加权平均，计算出一个总体概率评级，具体如下。

①量化得分的 25%。

②方案实际案例现状得分的 50%。

③复杂性得分的 25%。

确定每个风险或隐患的潜在影响等级，对该风险或隐患的声誉、财务、法律/合规、客户和员工的影响各取1~5分，然后通过对5个分数进行加权平均，计算出一个总体潜在影响评级，具体如下。

①声誉影响得分的30%。

②财务影响得分的30%。

③法律/合规影响得分的20%。

④客户影响得分的10%。

⑤员工影响得分的10%。

附录 12　确定固有风险的定性量表示例

概率	潜在影响	固有风险
高	低	中
高	中	高或中
高	高	高
中	低	中或低
中	中	中
中	高	高或中
低	低	低
低	中	中或低
低	高	中

附录 13　评估固有风险的定量方法示例

固有风险水平	概率和潜在影响得分之和
低	5分或以下
中	6~7分
高	8~9分

　　虽然以上是确定各腐败风险 / 隐患固有风险评级的一个简单且经常使用的方法，但部分企业特别是那些规模较大并且能够为此分配适当资源的企业，为提高评分的准确性可能会增加加权平均计算等其他因素。在上面的示例中，概率和潜在影响具有相等权重。另一种备选方法是，在计算固有风险时，潜在影响的权重高于概率的权重，我们认为对企业的潜在影响是管理层减少腐败风险的更大驱动力。在前文的量化量表示例中，可以将 60% 的潜在影响分数与 40% 的概率分数相加，得出加权的固有风险分数，而不是将概率和潜在影响的原始分数相加，计算加权的固有风险分数。可以调整这两个因素的相对权重，直到结果适当反映管理层的整体判断。

附录 14　反腐败控制措施示例

1. 典型的实体级通用反腐败控制措施

典型的实体级通用反腐败控制措施，主要包括以下方面。

①正式的反腐败合规方案。

②反腐败或合规委员会，负责审查所有高风险交易或接收高风险交易的最新信息。

③书面标准（即行为准则和反腐败准则及其他相关政策）。

④对员工进行反腐败培训和交流。

⑤高层和中层基调。

⑥员工背景调查。

⑦举报制度。

⑧批准和跟踪礼品、娱乐性项目和招待请求。

⑨利益冲突核证 / 披露程序。

⑩第三方合同的合规条款。

⑪竞标 / 招标过程，包括向潜在供应商发布征求建议书和审查建议书。

⑫第三方风险等级分类制度。

⑬第三方尽职调查（按照指定的风险等级）。

⑭供应商合同的多级批准或内部签核（如需要采购、法务和合规职能部门以及当地管理层的批准）。

⑮对供应商发票的审查、批准及付款进行会计控制。

⑯差旅和费用报告的审查、批准和报销程序。

⑰员工道德文化和知识评估。

⑱离职谈话。

⑲定期进行强制性反腐败审计。

⑳在高风险办事处强制轮换关键管理层人员。

2. 特定隐患控制措施

涉及使用顾问/调解人作为贿赂渠道的隐患可能包括以下缓解控制和流程。

①聘用顾问的业务需求记录流程。

②顾问尽职调查/特定方面的筛选，如背景调查、针对政治公众人物（PEP）名单的筛选、推荐人和证书检查、先前的聘用历史、声誉和工程成果样件审查（取决于风险等级）。

③顾问合规认证（初始认证、每年认证一次等定期认证），如反腐败政策确认和认证、供应商行为准则等。

④针对所涉采购人员、顾问的聘用/持续管理以及咨询人本人的反腐败培训和交流活动。

⑤定期进行顾问考绩、实际工作成果审查。

⑥顾问费/发票分析（如发票细节是否充分？费用是否合理？与其他类似供应商相比有何优劣势？是否与工作产品相匹配？顾问发票与企业受益的特定政府行动之间是否有关联？）。

涉及商业企业销售代表向潜在客户或现有客户提供可能不适当的礼品、招待和娱乐性项目的隐患可能包括以下内容。[1]

---

[1] 受资源限制、不适用性和不同风险状况的影响，中小型企业通常无法涵盖其中的某些项目。

①定期对销售人员及其经理进行礼品和娱乐性项目培训和交流。

②向客户传达企业的礼品、招待和娱乐性项目政策。

③中层基调：主管或市场领导与销售人员的沟通。

④销售人员和主管定期（如每年）确认或认证反腐败政策。

⑤销售人员在任何第三方用餐或其他娱乐活动中强制使用企业信用卡。

⑥销售代表轮换。

⑦客户调查 / 访谈。

⑧为客户人员提供热线服务。

3. 预防性反腐败控制措施 [1]

预防性反腐败控制措施，主要包括以下几个方面。

①制定正式的反腐败方案，明确规定结构、所有权、汇报关系和计划活动，并定期衡量方案的有效性。

②书面标准（准则、反腐败政策）。

③反腐败培训和交流，包括资源库。

④高层和中层基调：高层和中层管理人员设定了明确的预期目标。

⑤针对第三方、公司各办事处和业务活动的风险分类制度（即一个分级制度，据此，高风险方将比低风险方受到更严格的尽职调查和监督）。

⑥适当关注和尽职调查，包括人员背景调查、第三方初步尽职调查、政策认证 / 确认。

⑦礼品、招待和娱乐性项目预先核准。

⑧职责划分。

⑨关于遵守一般法律和具体反贿赂法的合同规定。

⑩正当行为激励措施、道德奖以及根据具体的道德操守和合规规定进

---

[1]　受资源限制、不适用性和不同风险状况的影响，中小型企业通常无法涵盖其中的某些项目。

行（在某种程度上）绩效考核。

对于许多方案，可以通过侦查性控制措施强化预防性控制措施，以便及早发现不当行为（包括有意和无意）。

4. 侦查性反腐败控制措施 [1]

侦查性反腐败控制措施，主要包括以下几个方面。

①礼品、招待和娱乐性项目跟踪（事后）。

②费用报告审计。

③定期第三方监测（如绩效考核、重新认证）。

④举报制度、调查流程和案件管理。

⑤离职谈话。

⑥公司审计、交易审计、第三方审计。

⑦员工道德文化和合规评估，尤其是要包括实施不当行为的压力、实际违反政策等问题。

⑧客户、卖方或第三方调查或访谈。

附录 15　控制评级的评分矩阵示例

控制评级三分制评分矩阵示例		
定性分类	数值分类	控制风险评级
良好 / 有效		低
整体 / 部分有效		中
差 / 无效		高

---

[1] 受资源限制、不适用性和不同风险状况的影响，中小型企业通常无法涵盖其中的某些项目。

续表

控制评级五分制评分矩阵示例		
定性分类	数值分类	控制风险评级
优异 / 非常有效		极低
良好 / 有效		低
整体 / 适中 / 部分有效		中
差 / 有点有效		高
非常差 / 无效		极高

附录 16　控制评级的详细评级标准示例

A. 反腐败培训评分矩阵				
序号	控制评级标准	分数 （输入模拟 / 示例分数）	权重 （非常重要：3； 重要：2； 不太重要：1）	标准评分指南
1	反腐败培训是否针对相关受众？			全部：3 部分：2 极少：1
2	是否使用了相关语言？			全部：3 部分：2 极少或没有：1
3	是否强制进行反腐培训？			是，针对全体成员：3 部分员工：2 否：1
4	培训是嵌入新员工入职培训中，还是在入职 3~6 个月内进行？			是，3 个月内：3 3~6 个月：2 6 个月后：1

续表

A. 反腐败培训评分矩阵				
序号	控制评级标准	分数 （输入模拟 / 示例分数）	权重 （非常重要：3； 重要：2； 不太重要：1）	标准评分指南
5	是否定期进行培训？			每年一次：3 每年两次：2 两年以上或者无：1
6	培训内容的质量如何？			好：3；一般：2；差：1 （注意：质量考虑因素可能包括存在关键相关主题、高层基调、互动性、导航已于浏览导航、视觉呈现、语言水平、内容的清晰度等，这些标准可以单独进行正式评分，或者将这些标准用作评估人员的定性指南，帮助评估人员为该内容质量标准分配准确的分数）
7	培训是否包括书面确认或政策认证表？			是：3 否：1
8	培训是否包括测试？			是：3 否：1
9	是否跟踪和保留测试结果？			是：3 否：1
10	是否跟踪培训的完成情况，是否保留这些记录？			是：3 否：1

序号	控制评级标准	分数 （输入模拟 / 示例分数）	权重 （非常重要：3； 重要：2； 不太重要：1）	标准评分指南
	A. 反腐败培训评分矩阵			
11	目标受众的培训完成率是多少?			66% 以上：3 33%~66%：2 低于 33%：1
12	未完成培训是否会导致纪律处分?			是：3 否：1
13	完成培训是否成为员工年度绩效考核的一部分?			是：3 仅部分员工（如仅限经理）：2 否：1
14	书面培训计划的质量如何?			好：3；一般：2；差：1 (注意：质量方面的考虑因素可能包括多年战略和年度时间表、规定的目标 / 目的、确定的目标受众、详细的课程、规定的目标完成率、计划频率、交付方式、推出时间表、关键绩效指标〈KPI〉、是否与其他职能部门协商制订计划等)
15	是否定期评估培训计划的绩效?			是，至少每年一次：3 每 2~3 年一次：2 每 3 年一次或没有：1

续表

A. 反腐败培训评分矩阵				
序号	控制评级标准	分数（输入模拟/示例分数）	权重（非常重要：3；重要：2；不太重要：1）	标准评分指南
16	培训方案评估结果是否用于修改培训方案范围？			是：3 否：1
17	培训方案绩效报告的质量如何？			良好：3；一般：2；差：1（注意：质量考虑因素可能包括报告是否充分完整/详细、报告KPI、定期提供给企业内的适当机构）
18	正式培训中沟通计划的质量如何？（如印刷材料、电子邮件、视频、播客、博客、内部网资源等）			良好：3；一般：2；差：1（注意：质量考虑因素可能包括主题的覆盖范围、语言可用性、频率、高层/中层基调、内容的清晰度及所用运载工具的范围）
19	培训计划在整体上是否足以让相关员工对有关事项有一个良好的认识？			是：3；部分：2；否：1（注意：这是一个相互制衡的问题）这里的分数应该和上面的平均分数保持一致。考虑因素可能包括员工/经理的反馈或另一方的评估
加权总分（1~3分）				2.15

序号	控制评级标准	分数（输入模拟/示例分数）	权重（非常重要：3；重要：2；不太重要：1）	标准评分指南
	B. 礼品、招待和娱乐性项目（GHE）跟踪流程评分矩阵			
1	企业是否跟踪员工收到的礼品？			无论价值多少，全部追踪：3 部分追踪（如价值高于阈值）：2 否：1
2	企业是否跟踪向员工提供的娱乐性项目/招待？			无论价值多少，全部追踪：3 部分追踪（如价值高于阈值）：2 否：1
3	企业是否跟踪员工向第三方提供的礼品？			无论价值或接收方，全部：3 部分（如价值高于阈值或提供给特定类型的接收方，如政府官员）：2 没有：1
4	企业是否跟踪其员工向第三方提供的娱乐性项目/招待？			无论价值或接收方，全部：3 部分（如价值高于阈值或提供给特定类型的接收方，如政府官员）：2 没有：1
5	向第三方提供礼品、招待和娱乐性项目是否需要提前批准？			无论价值或接收方，全部：3 部分（如价值高于阈值或提供给特定类型的接收方，如政府官员）：2 没有：1

续表

	B. 礼品、招待和娱乐性项目（GHE）跟踪流程评分矩阵			
序号	控制评级标准	分数 （输入模拟 / 示例分数）	权重 （非常重要：3； 重要：2； 不太重要：1）	标准评分指南
6	如果是，则回到问题 5；此类批准申请是否需要合规或法务职能部门的审核和批准？（谁审核和批准员工的礼品、招待和娱乐性项目申请？）			是，所有申请；需要 1~2 个批准人签字（包括合规或法务签字）：3 是，对于超过特定限值的请求或特定类型的受益人；需要 1~2 个批准人签字，其中一个来自合规部；其他请求需要一个批准人签字（如某员工主管）：2.5 是，对于超过特定限值的请求或特定类型的受益人；至少需要两个批准人签字，其中一个来自合规部；对于其他请求，不需要批准：2 仅特定限值或对于特定类型的受益人，需要一个批准人签字（如某员工主管）：1.5 否：1
7	如果向第三方提供的 GHE 没有获取正式的事先批准，则跟踪流程是否要求"追溯性"披露？			无论价值多少，全部：3 部分（如价值高于限值）：2 否：1

续表

B. 礼品、招待和娱乐性项目（GHE）跟踪流程评分矩阵				
序号	控制评级标准	分数 （输入模拟/ 示例分数）	权重 （非常重要：3； 重要：2； 不太重要：1）	标准评分指南
8	在没有获取事先批准的情况下(或在未请求批准的情况下)，跟踪流程是否要求对员工从第三方收到的礼品和娱乐性项目进行"追溯性"披露？			无论价值多少，全部追踪：3 部分追踪（如价值高于限值）：2 否：1
9	流程或工具是否要求或允许对照"政治公众人物"(PEP)数据库审核第三方？			是，是所有礼品、招待和娱乐性项目的强制性要求：3 是，是所有高于特定限值（或其他标准）的礼品、招待和娱乐性项目的强制性要求，其他项目可自主决定：2.5 是，无论标准如何，可自主决定：2 否：1
10	该流程是否要求使用企业资金(如公司信用卡，即不允许个人支付向企业客户、供应商、业务合作伙伴、服务提供商和			是：3 部分但不是全部，偶尔但不是一直如此：2 否：1

续表

序号	控制评级标准	分数（输入模拟/示例分数）	权重（非常重要：3；重要：2；不太重要：1）	标准评分指南
	B. 礼品、招待和娱乐性项目（GHE）跟踪流程评分矩阵			
10	其他相关方提供的礼品、招待和娱乐性项目等相关业务）支付员工向第三方提供的所有礼品和娱乐性项目			
11	跟踪流程自动化，易于使用			是：3 适中：2 否：1
12	已向所有相关员工清楚地传达跟踪流程和相关需求			是：3 适中：2 否：1
13	跟踪流程允许对每个礼品和娱乐性项目的接收方、提供方及自己的企业进行累积跟踪			是：3 适中（礼品送出但未接收，仅送出礼品并未涉及娱乐性项目；特定的业务单位而不是其他业务单位等）：2 否：1
14	跟踪流程是否涵盖全企业？			是：3 企业大部分部门：2 企业小部分部门：1
15	如果未能遵循既定流程，是否会实施纪律处分？			是：3 可能：2 否：1

续表

B. 礼品、招待和娱乐性项目（GHE）跟踪流程评分矩阵				
序号	控制评级标准	分数 （输入模拟／ 示例分数）	权重 （非常重要：3； 重要：2； 不太重要：1）	标准评分指南
16	是否定期评估跟踪流程和相关工具的有效性？			是，定期评估，且具备足够的深度和广度：3 是，不经常评估或评估范围有限：2 否：1
加权总分（1~3分）				2.35

C. 反腐败政策评分矩阵				
序号	控制评级标准	分数 （输入模拟／ 示例分数）	权重 （非常重要：3； 重要：2； 不太重要：1）	标准评分指南
1	企业是否制定了反腐败政策？			是，统一的全球政策或全球和地方政策组合：3 是，仅有需要的办事处制定了地方政策：2 是，只有部分但不是所有存在风险敞口的办事处制定了地方政策：1.5 否（如否，下列问题请回答"否"）：1
2	政策的格式是什么？			纳入行为准则和一份独立（更详细）文件中：3 仅纳入行为准则中：1

续表

序号	控制评级标准	分数 （输入模拟 / 示例分数）	权重 （非常重要：3； 重要：2； 不太重要：1）	标准评分指南
\multicolumn{5}{c}{C. 反腐败政策评分矩阵}				
3	政策内容是否足够全面（即政策是否详尽地处理所有相关问题 / 议题）？			是：3；略有：2；否：1（注意：如果该政策仅作为行为准则的一章进行阐述，请考虑其内容是否足够全面，足以传达行为期望）
4	政策语言是否清晰、可读和一致？对于普通员工来说是否容易理解？			是：3 适中：2 否：1
5	政策是否有良好的组织和结构？			是：3 适中：2 否：1
6	对疏通费的政策立场是什么？			不允许，除非在威胁生命的情况下：3 一般不允许，除非事先得到书面许可：2.5 一般允许，在规定的情况下，不需要事先书面许可：1.5。 允许：1 未定义：1 因办事处而异：1.5

续表

C. 反腐败政策评分矩阵				
序号	控制评级标准	分数 （输入模拟 / 示例分数）	权重 （非常重要：3； 重要：2； 不太重要：1）	标准评分指南
7	如果存在不同版本的地方政策，则此类政策是否与公司策略一致，或此类政策是否在标准、内容和表示方式方面一致？			一般来说，是：3 有些，但部分比一般企业标准更严格：2.5 有些，但部分比一般企业标准更宽松：1.5 否：1 无，因为我们有一个单一的全球政策：3
8	该政策是否有企业开展业务之地适用的语言版本？			是，在企业开展业务的所有或大多数国家，包括关键风险区：3 在部分但不是所有关键风险区：2 否：1
9	相关员工群体是否能够轻易通过企业内部网查阅该政策？			是：3 适中：2 否：1
10	政策是否已很好地传达给相关员工群体？			是：3 适中：2 否：1
11	是否有定期（如每年或每2~3年）涉及相关员工的政策确认流程？			是，所有相关员工：3 部分，但不是所有相关员工：2 否：1

续表

C. 反腐败政策评分矩阵				
序号	控制评级标准	分数（输入模拟 / 示例分数）	权重（非常重要：3；重要：2；不太重要：1）	标准评分指南
12	是否定期（如每2~3年）审查和更新政策？			是：3 部分但不是全部，偶尔但不是一直如此：2 否：1
加权总分（1~3 分）				2.25

注意：以上问题的答案应使用选定的评级量表（如在前文的示例中，三分制评级量表中的1~3分），是非问题的答案取极值。然而，在许多情况下，与简单的二元方法相比，存在更多的细微差别。标准得分的简单平均值或加权平均值构成给定控制的得分。此外，企业还可以使用较小的问题库开展评级工作，而不必全部使用前文所列的问题。

另一种选择是简化评级标准。例如，从理论上说，评分矩阵可以缩小为一个单一标准，例如，我们是否向员工提供反腐败培训？是：3；否：1。然而，反腐败培训方案的质量存在巨大差异，从几乎无质量可言到质量非常稳健。如果回答"是"且由于接受过反腐败培训而获得最高3分，则即使培训设计不佳、实施不佳或运作效率低下，也可能造成误导管理层、董事会和审计委员会或其他治理层的错误印象。

此外，还可能造成法律和监管风险。出于上述原因，强烈建议做一个兼顾设计、实施和运作质量的更精细的评估。

附录 17　确定剩余风险的定性量表示例

如果固有风险为	且控制风险评级为	则剩余风险通常为
高	高	高
高	中	高或中
高	低	中或低
中	低	低
中	中	中或低
中	高	中
低	高、中或低	低

附录 18　确定腐败风险响应计划的方法示例

在该方法中，根据固有风险和控制风险之间的相互作用，确定了四个象限。每个象限都有一个默认或优势应答。被认为有效或部分有效地减轻低固有风险项目的控制措施被归类为"非重点关注问题"，表明不需要额外关注方案或控制措施，这些风险领域没有列入任何监测或审计计划（届时，有机会将专门用于该领域的控制措施和资源重新分配给其他领域）。被视为有效减轻了高固有风险项目的控制措施被归类为"持续审查"，表明即使减轻风险的控制措施是有效的，但由于这些控制措施缓解了高固有风险领域，其持续有效性尤为重要。此类控制措施应成为连续（如季度）监测方案的一部分。在减轻低至中等固有风险项目方面部分有效或无效的控制措施被归类为"定期审查"，表明即使控制措施可能无法有效地减轻风险，但由于风险水平不高，这些控制措施可以作为长期（如每两年）监测方案的一部分。此外，还可以进一步完善控制措施。在减轻高固有风险项目方面无效或部分有效的控制措施被指定为"积极管理"，表明建议对现有方案和控制措施进行积极补救。

确定腐败风险响应计划的方法如下图所示。

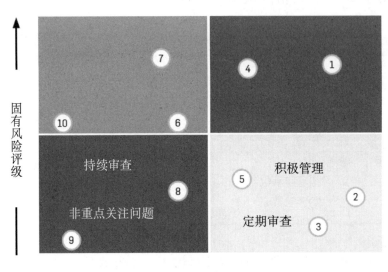

固有风险评级

控制风险评级

持续审查

积极管理

非重点关注问题

定期审查

持续审查。控制措施是充分的，但需要进行继续监测，确认其充分性；监测频率至少为每季度一次。

积极管理。主要针对其当前处理方案需要经历准备、积极审查和持续管理等阶段的风险。

非重点关注问题。主要针对具有充分管理系统和流程的风险。需要考虑采取多余或冗余的控制措施。

定期审查。控制措施的力度不强，但风险后果的严重性不高。可以选择改善控制措施或监测风险后果，确保风险不会随着时间的推移而增加。

附录 19 反腐败风险评估总结报告样本

反腐败风险评估摘要

- 相关国家按具体条例分类的控制措施识别研讨会。
- 为世界各地不同业务单位和合规部门的员工举办了44次控制措施识别研讨会。
- 前五名风险类别如下。
  - 向海关官员行贿；
  - 政治和慈善捐款；
  - 使用第三方代理和承包商；
  - 差旅费和娱乐性消费；
  - 销售团队支付佣金和红利。

观察结果

- 在确定了固有风险的风险类别中，73%~88% 被视为高风险。
- 在已确认的控制措施中，15%~18% 被判定为"强有力"，43%~60% 被判定为"充分"，21%~42% 被判定为"不足"。
- 在识别了剩余风险的控制措施中，4% 为"高"，45% 为"中"，51% 为"低"。
- 总体控制观察结果：对代理人和承包商关键人员的背景调查不足。
- 某些市场没有控制措施的或控制不力的已识别风险如下。
  - 没有定期筛选客户 / 供应商，以确定是否为政治公众人物；
  - 向有关监管机构申请资料的请求没有根据规定的时限按要求提交；
  - 赠送外国政府官员的礼品不符合授权要求；
  - 支付给员工的出差预借款未及时结算；
  - 向未授权方披露信息，表明该实体对某个人、实体或交易产生了怀疑，或向监管机构报告了可疑事项；
  - 合规体系和控制措施不是最新版，未能遵守和适应特定法规的变更。

风险类别	固有风险	控制评级	剩余风险
客户身份	高	部分有效	中
卖方、代理商、顾问、供应商（VACS）	高	部分有效	高
中间人（高风险卖方、代理商、顾问、供应商）	高	部分有效	高

培训	高	有效	低
记录保存	高	有效	低
用餐、礼品、娱乐性项目的付款监控与报告	高	部分有效	中

图例	固有风险	高	中	低
	控制评级	有效	部分有效	有效